최신 출제 경향 리포트

✿ 2021년 출제 경향

> **총평**
>
> 올해부터 시험이 공개되어 문제에 더욱 신경을 많이 쓴 것으로 보인다. 공개된 문제로 경향을 파악함으로써 차차 난이도와 유형이 정형화
> 될 것으로 보인다. 경영학은 여전히 지엽적인 문제가 출제되고 있어 기본 이론을 꼼꼼하게 학습하는 것이 중요하다. 7급은 9급과 비교했을
> 때 난도가 높은 시험은 아니었다. 기본 이론에 충실한 학습을 하는 것이 중요하다.

9급

시험 문제가 전범위에 걸쳐 골고루 출제되었다. 기본 개념의 이론에서 크게 벗어나지 않았지만 여전히 지엽적인 문제가 출제되고
있다. 기존의 출제 경향과는 비슷하며 문제는 짧고 간결한 내용을 확인하는 문제가 출제되었다. 2021년 시험에서는 회계학과 재
무관리에서 계산 문제가 나오지 않았으나, 계산식은 학습해두는 것이 좋다.

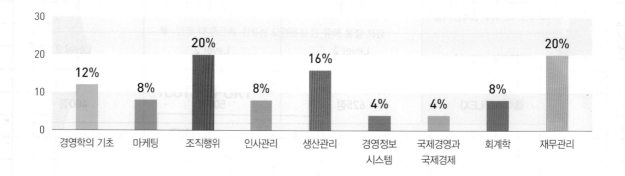

7급

9급 문제와 난이도가 크게 다르지 않았으며 오히려 더 쉬운 문항도 있었다. 지문의 길이가 길어 문제를 꼼꼼하게 읽는 것이 중요
하다. 조직행위에서 문제가 가장 많이 출제되었다.

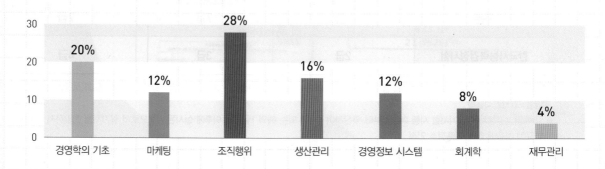

☆ 2020년 출제 경향

총평

난이도는 중상 정도로 볼 수 있다. 계산문제가 1문제 출제되었지만, 기본개념만 이해하고 있으면 간단하게 풀 수 있는 문제였다. 조금 까다로운 문제가 출제되기는 했지만, 전반적으로 예전과 유사한 수준이었고 단순한 암기를 통해 풀 수 있는 문제보다는 이해를 해야 풀 수 있는 문제가 많은 비율을 차지하고 있다. 경영학에서는 자주 접하지 못한 이론에서 문제가 나왔다. 기본 이론을 학습하고 다양한 문제를 풀어 생소한 문제 유형과 내용에 당황하지 않도록 해야한다.

영역 분석

- **경영학의 기초:** 기업들의 특징을 자세히 파악하고 있어야 하고, 시스템에 대한 절차를 알고 있어야 함
- **마케팅:** 마케팅 유형에 대한 내용과 그 특징을 알고 있어야 하며, 장단점도 학습해야 함. 마케팅을 하는 과정의 순서를 파악해야 함
- **조직행위:** 이번 시험에서 가장 많이 나온 영역으로 학자의 이름을 알고 그에 대한 이론을 숙지해야 하는 문제가 출제됨. 조직구조의 모형 또한 학습하고 이론의 특성을 파악해야 함. 다양한 이론에 대한 특징을 확인하고 암기하는 것이 중요
- **인사관리:** 제일 비중이 작게 나온 부분으로 이론에 대한 내용을 잘 파악해야함
- **생산관리:** 이론을 정의하는 용어와 특성을 파악해야 함
- **경영정보시스템:** 시스템 모델과 관련된 문제가 주로 출제됨
- **회계학:** 계산 문제에 대한 공식을 확실하게 알고 있어야 하며 계산에 실수가 없도록 주의해야 함
- **재무관리:** 이론을 정의하는 용어와 특성을 파악해야 함

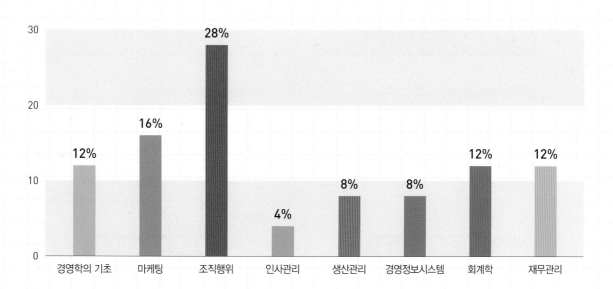

이 책의 구성과 특징

STEP 1 '기출 이론 저격'으로 출제된 핵심만 저격

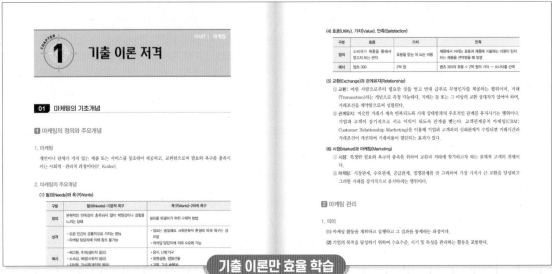

기출 이론만 효율 학습

군무원 시험에 반복해서 출제된 개념만 수록하였습니다.

STEP 2 '기출 문제 저격'으로 빈출부터 저격

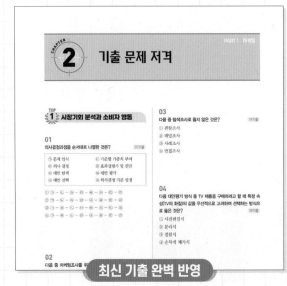

최신 기출 완벽 반영

최신기출을 영역별로 분류하여 수록하였습니다.

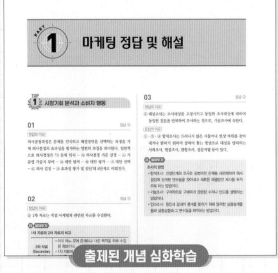

출제된 개념 심화학습

해설편의 '더 알아두기'를 통해 출제 개념을 심화 · 확장하여 학습할 수 있습니다.

STEP 3 '실전모의고사'로 합격의 고지 점령

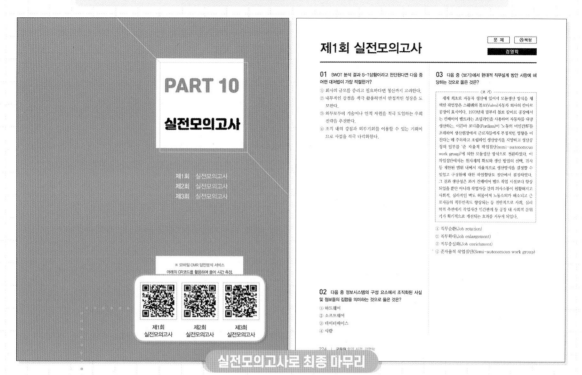

실전모의고사로 최종 마무리

기출 동형의 실전모의고사를 통해 합격 가능성을 스스로 확인할 수 있습니다.

모바일 OMR 답안분석 서비스

풀이 시간 측정, 자동 채점 그리고 결과 분석까지!

OMR 입력 | **채점결과** | **성적분석**

문제편에 수록된 기출문제에 대한 객관적인 결과(점수, 순위)를 종합적으로 분석

❶ 스마트폰을 활용하여 QR코드 접속
❷ 시험 시간에 맞춰 풀고, 모바일 OMR로 답안 입력 (3회까지 가능)
❸ 종합적 결과 분석으로 현재 나의 합격 가능성 예측

QR코드 찍기 ▸ 로그인 ▸ 시작하기 ▸ 응시하기 ▸ 모바일 OMR 카드에 답안 입력 ▸ 채점결과&성적분석 ▸ 내 실력 확인하기

GUIDE
REVIEW

군무원 필기시험 합격 수기

군무원 합격의 1등 공신!

안녕하세요? 2021년 군무원 군수직에 합격한 박○○이라고 합니다.

원래 일반 행정직 공무원을 준비하다가 영어를 너무 못해서 영어에 부담 없는 군무원 시험으로 전향하게 되었습니다. 그러나 일반 행정직과 달리 군무원은 재작년까지도 시험문제가 비공개라서 출제경향을 파악하기가 너무 힘들었습니다. 공무원 시험과 출제과목은 같지만 분야에 대한 출제 빈도 등이 다르다고 말로만 듣고, 그걸 토대로 공부하기에는 너무 시간이 아까운 것 같다는 생각을 하던 차에 "군무원 합격 저격"을 발견했습니다.

기출 학습이 중요하다고 익히 들었는데, 기출을 어떻게 공부해야 하는지는 몰랐습니다. 그런데 기출은 출제 빈도가 중요하다고 하더라고요. "합격 저격"은 기출을 영역별로 출제 빈도에 따라 분류하고 있어서 기출 학습의 효율성을 높이기에 최적화된 도서였습니다. 학습을 해보니, 빈도별 영역 구분이 어째서 중요한지 깨달았습니다. 우선, 기출이 계속 반복되고 있다는 게 명확히 보였습니다. 그리고 영역 구분을 통해 내가 어느 영역에서 유독 취약한지 파악하고 집중적으로 공략할 수 있었습니다.

또한 "합격 저격"은 반복 출제된 개념만 간단하게 수록하고 있어서, 기출 학습을 하면서 부족한 개념을 보충하기에도 안성맞춤입니다. 이렇게 기출 학습을 여러 번 반복하고 나서, 실력을 점검하고 싶을 때쯤이면 어느새 필기시험 날이 가까워져 있을 겁니다. 바로 이 시점에 실전모의고사를 풀어 보시면 좋습니다. 저는 기대보다 점수가 낮아서 자책하기도 했지만 더욱더 기본기를 다져야겠다는 각오로 오답 정리를 열심히 했습니다.

그밖에도 시대고시기획에는 군무원 시리즈의 라인업이 탄탄하여 합격을 하기까지 정말 도움을 많이 받았습니다. 저는 "합격 저격"으로 시작해서 "필승 봉투모의고사", "면접관이 공개하는 군무원 면접 합격의 공식"의 커리큘럼을 따라가다 보니 자연스럽게 결국 고득점 합격으로 이어진 것 같습니다.

다들 시대고시기획의 군무원 시리즈로 원하시는 직렬에 합격하셨으면 좋겠습니다!

특별부록

2021 기출문제
군무원 9 · 7급 경영학

2021 경영학 기출문제

☑ 해설편 004쪽

조직행위

01

가치사슬 분석에서 본원적 주된 활동에 해당하지 않는 것은?

9급

① 구매
② 생산
③ 판매
④ 연구개발

02

진성 리더십(Authentic Leadership)의 내용과 관련이 없는 것은?

9급

① 명확한 비전제시
② 리더의 자아인식
③ 내재화된 도덕적 신념
④ 관계의 투명성

03

다음 중 리더십에 관련된 이론에 대한 설명으로 가장 옳지 않은 것은?

7급

① 하우스(House)의 경로목표이론에서 상황적 변수는 집단의 과업내용, 부하의 경험과 능력, 부하의 성취욕구이다.
② 거래적 리더십(Transaction Leadership)은 장기적인 목표를 강조해 부하들이 창의적 성과를 낼 수 있게 환경을 만들어 주며, 새로운 변화와 시도를 추구하게 된다.
③ 변혁적 리더십(Transformational Leadership)은 영감적동기와 지적자극과 같은 방법을 통해서 부하들의 행동에 변화를 일으키는 리더십이다.
④ 리더-멤버 교환이론(LMX)이론에서 내집단(In-Group)은 리더와 부하와의 교환관계가 높은 집단으로 승진의 기회가 생기면 리더는 내집단을 먼저 고려하게 된다.

04

조직을 구축할 때 분업을 하는 이유로 가장 옳지 않은 것은?

9급

① 업무몰입의 지원
② 숙련화의 제고
③ 관찰 및 평가 용이성
④ 전문화의 촉진

05

조직문화의 구성요소에 대한 7S 모형은 맥킨지(Mckinsey)가 개발한 모형으로 조직문화에 영향을 주는 조직내부요소를 7가지 요인으로 나타낸 것이다. 이 7가지 요인에 해당하지 않는 것은? 7급

① 조직구조(Structure)
② 학습(Study)
③ 관리기술(Skill)
④ 공유가치(Shared Value)

06

다음 제시된 조직구조 형태에 대한 설명 중 매트릭스 조직이 가지는 특징에 해당되는 것만을 모두 고르면? 7급

> a. 두 개 이상의 조직 형태가 목적에 의해 결합한 형태이다.
> b. 프로젝트를 수행하기 위해 만들어지는 한시적인 조직 형태이다.
> c. 기존 조직구성원과 프로젝트 구성원 사이에 갈등이 생길 가능성이 크다.
> d. 업무 참여시 전문가와 상호작용이 가능하므로 창의적인 업무 수행이 가능하다.
> e. 명령일원화의 원칙이 적용되며 조직 운영의 비용이 작게 발생한다.

① a, d
② a, b
③ c, d, e
④ b, c, d

07

조직이론에서의 동형화(Isomorphism)에 대한 설명으로 옳은 것은? 7급

① 조직이 중요한 자원을 공급받기 위해 자원을 공급하는 조직과 유사하게 변화하는 것
② 조직이 주어진 환경에서 생존하기 위해 해당 환경 내의 다른 조직들과 유사하게 변화하는 것
③ 조직 내 구성원들이 응집력을 갖기 위해 유사하게 변화하는 것
④ 조직 내 상위계층과 하위계층의 구성원들이 유사한 전략적 방향을 갖게 되는 것

08

성격과 가치관에 대한 설명으로 가장 옳지 않은 것은? 7급

① 성격의 유형에서 내재론자(Internals)와 외재론자(Externals)는 통제의 위치(Locus of Control)에 따라 분류된다.
② 성격측정도구로는 MBTI와 빅파이브 모형이 있다.
③ 가치관은 개인의 판단기준으로 인간의 특성을 구분 짓는 요소 중 가장 상위개념으로 생각할 수 있다.
④ 로키치는(Rokeach)는 가치관을 수단적 가치(Instrumental Value)와 궁극적 가치(Terminal Value)로 분류하고, 궁극적 가치로서 행동방식, 용기, 정직, 지성 등을 제시했다.

09

지각과정과 지각이론에 대한 설명으로 옳지 않은 것은? 7급

① 지각의 정보처리 과정은 게스탈트 과정(Gestalt Process)이라고도 하며 선택, 조직화, 해석의 3가지 방법으로 이루어진다.

② 일관성은 개인이 일정하게 가지는 방법이나 태도에 관련된 것으로 한번 형성을 하게 된다면 계속적으로 같은 습성을 유지하려 한다.

③ 켈리(Kelly)의 입방체 이론은 외적 귀인성을 일관성(Consistency)이 높고, 일치성(Consensus), 특이성(Distincitiveness)이 낮은 경우로 설명했다.

④ 지각의 산출물은 개인의 정보처리 과정과 지각적 선택에 의해서 달라지는데 이는 개인의 심리적 특성과 연관이 있다.

10

태도와 학습에 대한 설명으로 가장 옳지 않은 것은? 7급

① 강화이론에서 부정적 강화(Negative Reinforcement)는 바람직하지 못한 행위를 소멸시키기 위한 강화방법이다.

② 단속적 강화 유형에서 빠른 시간 내에 안정적인 성과 달성을 하기 위해서는 고정비율법이 효과적이다.

③ 레빈(Lewin)은 태도의 변화과정을 해빙, 변화, 재동결의 과정을 거쳐 이루어진다고 했으며 이러한 태도 변화는 개인수준 뿐만 아니라 집단, 조직 수준에서도 같은 방법으로 나타나게 된다.

④ 마이어와 알렌(Meyer & Allen)은 조직몰입(Organization Commitment)을 정서적(Affective) 몰입, 지속적(Continuance) 몰입, 규범적(Normative) 몰입으로 나누어 설명했다.

11

다음 중 생산성이 저하될 위험이 가장 큰 상황에 해당되는 것은? 9급

① 집단 응집력이 높고 집단과 조직목표가 일치하는 경우

② 집단 응집력이 높지만 집단과 조직목표가 일치하지 않는 경우

③ 집단 응집력이 낮지만 집단과 조직목표가 일치하는 경우

④ 집단 응집력이 낮고 집단과 조직목표가 일치하지 않는 경우

12

개인적 권력에 해당하는 것은? 9급

① 부하 직원의 휴가 요청을 받아들이지 않을 수 있는 영향력

② 다른 직원에게 보너스를 제공하는 것을 결정할 수 있는 영향력

③ 높은 지위로 인해 다른 직원에게 작업 지시를 내릴 수 있는 영향력

④ 다른 직원에게 전문지식을 제공하여 발생하는 영향력

경영학의 기초

01

테일러의 과학적 관리법의 설명으로 가장 옳지 않은 것은?

9급

① 내적 보상을 통한 동기부여
② 표준화를 통한 효율성 향상
③ 선발, 훈련, 평가의 합리화
④ 계획과 실행의 분리

02

다음 중 경영기능과 그 내용이 가장 적절하지 않은 것은?

9급

① 계획화(Planning) – 목표설정
② 조직화(Organizing) – 자원획득
③ 지휘(Leading) – 의사소통, 동기유발
④ 통제(Controlling) – 과업달성을 위한 책임의 부과

03

경영과 관리의 차이점에 대한 설명으로 옳지 않은 것은?

9급

① 경영은 지향성을 가지고 조직을 운영하는 활동이라 할 수 있다.
② 경영은 기업을 운영하고 통제하는 활동이라 할 수 있다.
③ 관리는 업무를 조직화하고 감독하는 활동이라 할 수 있다.
④ 관리는 일을 진행하고 통제하는 활동이라 할 수 있다.

04

경영학의 역사적 흐름에 따라 제시된 이론의 설명으로 가장 옳지 않은 것은?

7급

① 테일러의 과학적 관리법에서 차별적 성과급제란 표준을 설정하고 표준을 달성한 작업자에게 높은 임금을 지급하는 것을 말한다.
② 베버(Weber)가 주장한 관료주의(Bureaucracy)란 합리적이고 이상적이며 매우 효율적인 조직은 분업, 명쾌하게 정의된 조직의 위계, 공식적인 규칙과 절차, 인간적(개인적)인 면을 최대한 고려한 관계 등의 원칙에 근거한다는 것이다.
③ 페이욜의 관리과정론에서는 관리활동을 계획화, 조직화, 지휘, 조정, 통제의 5단계로 구분했다.
④ 길브레스 부부는 모션픽쳐(Motion Picture)를 통해 과업을 기본동작으로 분해했다.

05

포터의 가치사슬 모형에 대한 설명으로 옳지 않은 것은? 7급

① 직접적으로 이윤을 창출하는 활동을 기간활동(Primary Activities)이라 한다.
② 가치 사슬은 다른 기업과 연계될 수 없다.
③ 판매 후 서비스 활동은 하류(Downstream) 가치사슬에 포함된다.
④ 기업의 하부 구조는 보조 활동(Support Activities)에 포함된다.

06

규모의 불경제(Diseconomies of Scale)의 원인으로 가장 적절하지 않은 것은?

7급

① 설비규모의 과도한 복잡성에서 초래되는 비효율성
② 과도한 안전 비용에서 초래되는 비효율성
③ 과도한 고정비에서 초래되는 비효율성
④ 과도한 근로인력 규모에서 초래되는 비효율성

07

기업집단화에 대한 설명으로 가장 옳지 않은 것은? `7급`

① 카르텔(Cartel)은 동종기업 간 경쟁을 배제하고 시장을 통제하는 데 그 목적을 두고 있으며, 경제적, 법률적으로 봤을 때 독립성을 유지하고 있지 않다.

② 기업집단화의 방법으로는 수직적 통합과 수평적 통합이 있으며, 그중 수평적 통합은 같은 산업에서 활동단계가 비슷한 기업 간의 결합을 의미한다.

③ 자동차 제조 회사에서 자동차 판매에 필요한 금융리스사를 인수한다면 이는 수직적 통합 중 전방통합에 속한다.

④ 기업집단화는 시장통제와 경영합리화라는 목적을 지니고 있으며, 이는 시장의 과점적 지배와 규모의 경제 실현과 같은 경제적 영향을 미치게 된다.

08

기업의 경쟁우위에 대한 설명으로 가장 옳지 않은 것은?

`7급`

① 산업 등 외부환경 조건이 아닌 기업자원 수준의 요인이 기업의 경쟁력을 주로 결정한다고 설명하는 이론은 자원기반이론이다.

② 자원기반이론에 의하면 기업의 지속적 경쟁 우위는 높은 진입장벽으로 인해 창출된다.

③ 자원기반이론에 의하면 가치가 있지만 희소하지 않은 기업자원은 경쟁 등위를 창출할 수 있다.

④ 다섯 가지 세력 모형(Five-Force Model)은 산업 수준의 요인이 기업의 경쟁력을 주로 결정한다고 설명한다.

01

식스 시그마와 관련된 내용으로 옳지 않은 것은 `9급`

① 매우 높은 품질을 확보하기 위한 혁신활동이다.

② 백만 개 중에 8개 정도의 불량만을 허용하는 수준이다.

③ 시그마는 정규분포에서의 표준편차를 의미한다.

④ 모토로라가 시작해서 GE에 의해 널리 알려졌다.

02

품질경영에 관한 설명으로 가장 옳은 것은? `9급`

① 지속적 개선을 위한 도구로 데밍(E. Deming)은 PDAC(Plan-Do-Act-Check) 싸이클을 제시하였다.

② 싱고 시스템은 통계적 품질관리 기법을 일본식 용어로 표현한 것이다.

③ 품질과 관련하여 발생하는 비용은 크게 예방 및 검사 등 사전조치에 관련된 비용과 불량이 발생한 이후의 사후조치에 관련된 비용으로 분류해 볼 수 있다.

④ 품질의 집 구축과정은 기대품질과 지각품질의 차이를 측정하고 차이분석을 하는 작업이다.

03

생산시스템 설계과정에 해당하지 않는 것은? `9급`

① 생산입지선정

② 자원계획

③ 설비배치

④ 제품설계

04

생산전략과 경쟁우선순위에 대한 설명으로 가장 옳지 않은 것은? 7급

① 품질(Quality)경쟁력은 산출된 제품과 설계된 사양의 일치정도인 설계품질(Quality of Design)의 측면으로 생각해 볼 수 있다.

② 유연성(Flexibility)경쟁력은 제품 수량의 유연성과 고객화의 2가지 측면으로 구분할 수 있으며, 고객이 원하는 시점에 제품을 전달하는 능력은 적시인도(On-Time Delivery)를 의미한다.

③ 경쟁우선순위의 상충모형에서는 품질(Quality)은 원가(Cost)와 상충되며 신뢰성(Reliability)은 유연성(Flexibility)과 상충되는 관계를 가진다.

④ 라인흐름전략(Product-Focused Strategy)은 저원가에 대한 강조를 중요시 여기며 대량의 표준화된 제품을 만들기 위한 전략이다.

05

제품설계의 방법에 대한 설명으로 가장 옳지 않은 것은? 7급

① 최종제품 설계는 기능설계, 형태설계, 생산설계로 구분하며 그중 형태설계는 제품의 모양, 색깔, 크기 등과 같은 외형과 관련된 설계이다.

② 가치분석(Value Analysis)은 불필요하게 원가를 유발하는 요소를 제거하고자 하는 방법을 의미한다.

③ 동시공학(Concurrent Engineering)은 제품개발 속도를 줄이기 위해 각 분야의 전문가들이 기능식 팀(Functional Team)을 구성하고 모든 업무를 각자 동시에 진행하는 제품개발 방식이다.

④ 품질기능전개(QFD)는 품질개선의 방법으로 표준화된 의사소통을 통해 고객의 요구를 각 단계에서 전달하는 기법으로 시행착오를 줄이는 데 그 목적이 있다.

06

생산능력(Capacity)에 대한 설명으로 가장 옳지 않은 것은? 7급

① 규모의 경제(Economic of Scale)는 생산량이 고정비를 흡수하게 됨으로써 단위당 고정비용이 감소하는 것을 의미한다.

② 실제생산능력(Actual Output Rate)은 생산시스템이 실제로 달성하는 산출량이다.

③ 병목(Bottleneck)을 고려한 정상적인 조건하에서 보여지는 산출량은 유효생산능력(Effective Capacity)이다.

④ 생산능력 이용률(Capacity Utilization)은 설계생산능력(Design Capacity)이 커지면 함께 증가한다.

07

다음 중 총괄생산계획에서 고려하지 않는 비용으로 옳은 것은? 7급

① 채용과 해고비용
② 재고유지비용
③ 초과근무비용
④ 생산입지 선정비용

08

JIT(Just-In Time) 생산시스템의 특징에 해당하지 않는 것은? 9급

① 적시구매
② 소로트의 반복생산
③ 안전재고의 저장
④ 다기능공의 존재

01

재무분석에 관한 설명으로 가장 옳지 않은 것은?　9급

① 재무분석은 기업과 관련된 의사결정에 필요한 정보를 제공하기 위하여 설계된 일종의 정보가공 시스템이다.

② 재무분석은 경영자가 내부통제 또는 재무예측을 위하여 기업의 재무상태와 경영성과의 적정성 여부를 검토하는 것을 의미한다.

③ 재무분석을 좁은 의미로 말할 때는 주로 재무비율분석을 지칭한다.

④ 재무분석 시 주로 회계적 자료를 이용한다.

02

다음 중 재무관리자의 역할이 아닌 것은?　9급

① 투자결정

② 자본조달결정

③ 회계처리

④ 배당결정

03

순현가(NPV)의 특성으로 옳지 않은 것은?　9급

① 투자안의 모든 현금흐름을 사용한다.

② 모든 개별 투자안들 간의 상호관계를 고려한다.

③ 가치의 가산원칙이 성립한다.

④ 화폐의 시간가치를 고려한다.

04

투자안 평가를 위한 실물옵션 접근법과 순현재가치법의 차이에 대한 설명으로 옳은 것은?　7급

① 실물옵션 접근법에서는 불확실성, 순현재가치법에서는 위험의 개념을 사용한다.

② 실물옵션 접근법에서는 확장옵션, 순현재가치법에서는 포기옵션에 초점을 맞춘다.

③ 실물옵션 접근법에서는 현금흐름이 고정되어 있지 않다고 가정하지만 순현재가치법에서는 현금흐름이 고정되어 있다고 가정한다.

④ 실물옵션 접근법에서는 만기가 고정되어 있지 않다고 가정하지만 순현재가치법에서는 만기가 고정되어 있다고 가정한다.

05

경영자들이 내리는 의사결정에는 다양한 오류들이 존재한다. 다음 중 매몰비용 오류에 해당하는 것은?　9급

① 선별적으로 정보를 구성하고 선택하는 오류

② 과거의 선택과 부합되는 정보만을 선택하는 오류

③ 실패 원인을 내부가 아닌 외부에서만 찾는 오류

④ 과거의 선택에 매달리고 집착하는 오류

06

타인자본 비율에 따라 기업의 수익에 차이가 발생하는 현상을 의미하는 용어로 가장 적절한 것은?　9급

① 레버리지 효과

② 가중 효과

③ 톱니바퀴 효과

④ 비례 효과

마케팅

01

신상품 개발 프로세스에 관한 설명으로 가장 적절한 것은?

9급

① 아이디어 창출단계에서 많은 수의 아이디어 창출에 중점을 둔다.
② 제품컨셉트 개발단계에서 시제품을 만든다.
③ 신상품 컨셉트는 아이디어를 소비자가 사용하는 언어나 그림 등을 통하여 추상적으로 표현한 것이다.
④ 시장테스트는 제품 출시 후에 소규모로 실시된다.

02

소비자가 특정 제품에 대해 가지는 중요성에 대한 관여도(Involvement)의 설명으로 가장 옳지 않은 것은?

7급

① 저관여 제품의 구매 소비자는 불만족한 경우 다른 상표를 구매하는 다양성 추구의 경향을 보이며 구매 시 판매촉진에 많이 영향을 받는다.
② 고관여 제품의 구매 소비자는 다양한 정보를 이용해 능동적으로 제품 및 상표정보를 탐색하고 정보처리과정을 철저하게 수행하는 동기수준이 높게 나타난다.
③ 고관여 제품의 구매 소비자는 구매 후 인지부조화가 자주 일어나며 비교쇼핑을 선호해 구매 후 자신의 구매에 대해 인정받고 싶어한다.
④ 제품에 대한 소비자의 관여도가 높은 경우에는 소비자가 광고에 노출되었을 때 형성된 광고에 대한 태도가 광고 대상인 제품에 대한 소비자의 태도에 영향을 미치게 되어 광고를 좋아 하는지 싫어하는지의 여부가 제품에 대한 태도형성에 큰 영향을 미친다.

03

제품과 상표에 대한 설명으로 가장 옳지 않은 것은?

7급

① 제품믹스의 폭이란 전체 제품라인의 수를 말한다.
② 브랜드 인지도(Brand Awareness)란 소비자가 브랜드를 재인식하거나 회상할 수 있는 능력을 말한다.
③ 상표전략에서 라인확장(Line Extension)이란 새로운 제품에 기존상표를 사용하는 전략으로 광고비용을 절약해 주지만 특정 제품이 실패할 경우 다른 제품에 영향을 준다.
④ 복수상표(Multi Branding)란 동일제품범주에서 다수의 상표를 도입하는 것으로 특성에 따른 상표를 제공하고 진열공간을 많이 확보할 수 있으나 마케팅 비용이 많이 발생할 수 있다.

04

소비자 구매행동에 영향을 미치는 요인 중 내적인 동기요인과 가장 관련이 없는 것은?

9급

① 소비자의 태도 ② 가족
③ 학력 ④ 나이

05

STP 전략에 대한 설명으로 가장 옳지 않은 것은?

7급

① 시장세분화(Market Segmentation)란 전체시장을 일정한 기준에 의해 동질적인 세분시장으로 구분하는 과정이다.
② 지리적, 인구통계적, 심리특정적, 구매행동적으로 상이한 고객들로 구분하여 시장을 세분화한다.
③ 시장위치선정(Market Positioning)이란 각 세분시장의 매력성을 평가하고 여러 세분시장 가운데서 기업이 진출하고자 하는 하나 또는 그 이상의 세분시장을 선정하는 과정이다.
④ 제품의 구매나 사용이 사회적 관계 속에서 갖는 상징적(Symbolic) 의미를 강조하는 경우에 가장 적절한 포지셔닝은 제품사용자에 의한 포지셔닝이다.

01

재무상태표에 대한 설명으로 가장 옳지 않은 것은? 9급

① 재무상태표는 자산, 부채 및 자본으로 구분한다.
② 재무상태표를 통해 기업의 유동성과 재무상태를 파악할 수 있다.
③ 재무상태표는 일정기간 동안의 경영성과를 나타낸 재무제표이다.
④ 재무상태의 자산항목은 유동자산과 비유동자산으로 구분한다.

02

이익을 계산하는 방법에 대한 설명으로 옳지 않은 것은? 7급

① 매출액에서 총비용을 차감
② 판매가격에서 단위변동비를 차감
③ 공헌이익에서 총고정비를 차감
④ 총변동비와 총고정비의 합을 매출액에서 차감

03

손익분기점을 파악하기 위해 반드시 필요한 정보에 해당하지 않는 것은? 9급

① 총고정비용
② 제품단위당 변동비용
③ 제품가격
④ 영업이익

04

감가상각의 옳은 방법이 아닌 것은? 7급

① 대상 자산의 원가에서 잔존가치를 차감한 금액을 추정 내용연수로 나누어 매년 동일한 금액을 차감하는 방법
② 추정내용연수의 합계와 잔여내용연수의 비율을 이용하여 구한 금액을 차감하는 방법
③ 대상 자산의 기초 장부가액에 일정한 상각률을 곱하여 구한 금액을 차감하는 방법
④ 대상 자산의 잔존가치를 매년 동일하게 차감하는 방법

경영정보시스템

01

전사적 자원관리(ERP)의 장점으로 가장 옳지 않은 것은?

9급

① 경영자원의 통합적 관리
② 자원의 생산성 극대화
③ 차별화된 현지 생산
④ 즉각적인 의사결정 지원

02

공급사슬관리에 대한 설명으로 가장 옳지 않은 것은? 7급

① 채찍효과(Bullwhip Effect)는 수요변동의 폭이 도매점, 소매점, 제조사, 공급자의 순으로 점점 커지는 것을 의미한다.
② 지연차별화(Delayed Differentiation)의 개념은 제품의 차별화가 지연되면 고객의 불만족을 야기하므로 초기에 차별화된 제품 및 서비스를 개발 및 제공하자는 것이다.
③ 신속반응시스템(Quick Response System)을 갖추기 위해서는 POS(Point Of Sale)이나 EDI(Electronic Data Interchange)와 같이 정보를 신속하게 획득, 공유할 수 있는 프로그램이 필요하다.
④ 판매자가 수송된 상품을 입고시키지 않고 물류센터에서 파레트 단위로 바꾸어 소매업자에게 배송하는 것을 크로스 도킹(Cross Docking)이라고 한다.

03

서비스 품질측정 도구인 SERVQUAL과 종합적 품질경영인 TQM에 대한 설명으로 가장 옳지 않은 것은? 7급

① SERVQUAL은 기대 서비스와 인지된 서비스차이를 통해 고객만족을 조사하기 위한 도구이다.
② SERVQUAL의 서비스 품질을 판단하는 차원에는 신뢰성(Reliability), 보증성(Assurance), 유형성(Tangible), 공감성(Empathy), 반응성(Responsiveness)이 있다.
③ TQM에서 '원천에서의 품질관리(Quality At The Source)'의 의미는 제품의 원재료 품질이 중요하므로 납품업체의 품질관리에 힘쓰라는 것을 의미한다.
④ TQM은 경영시스템으로 최고경영자의 장기적인 열의가 필요하고 지속적인 개선을 통해 종업원들이 주인의식을 가져야 한다.

04

전략의 통제 기법인 균형성과표(BSC)와 경영혁신 기법에 관련된 설명으로 가장 옳지 않은 것은? 7급

① 균형성과표에서는 주주와 고객을 위한 외부적 측정치와 내부프로세스인 학습과 성장의 균형이 필요하다.
② 시간기반경쟁(Time Based Competition)은 고객이 원하는 재화와 서비스를 가장 빨리, 그리고 적당한 시점에 제공하는 활동을 의미한다.
③ 노나카 이쿠지로(Nonaka Ikuziro)의 지식경영에서는 지식을 형식지와 암묵지로 구분했으며, 암묵지는 지식 전파속도가 늦은 반면에 형식지는 전파속도가 빠르다.
④ 전략적 제휴(Strategic Alliance)에서는 경쟁이 무의미하기 때문에 차별화와 저비용을 동시에 추구하도록 전략을 구성한다.

01

직장 내 교육훈련(OJT)에 관한 설명으로 가장 옳지 않은 것은? 9급

① 교육훈련 프로그램 설계 시 가장 먼저 해야 할 것은 필요성 분석이다.
② 직장상사와의 관계를 돈독하게 만들 수 있다.
③ 교육훈련이 현실적이고 실제적이다.
④ 많은 종업원들에게 통일된 훈련을 시킬 수 있다.

02

헌법이 보장하고 있는 노동자의 3가지 기본 권리에 해당하지 않는 것은? 9급

① 단결권
② 단체협의권
③ 단체교섭권
④ 단체행동권

01

다음은 기업이 세계화를 추진하는 과정에서 취할 수 있는 다양한 방법들이다. 이 중에서 경영관리를 위한 이슈나 의사결정이 가장 많이 발생하는 것은? 9급

① 글로벌 소싱(Global Sourcing)
② 전략적 제휴(Strategic Alliance)
③ 해외 자회사(Foreign Subsidiary)
④ 프랜차이즈(Franchise)

군무원 합격 저격_경영학

: 이 책의 목차

군무원

합격 저격

경영학

PART 1

마케팅

기출 이론 저격

01 마케팅의 기초개념

1 마케팅의 정의와 주요개념

1. 마케팅

개인이나 단체가 가치 있는 제품 또는 서비스를 창조하여 제공하고, 교환함으로써 필요와 욕구를 충족시키는 사회적·관리적 과정이다(P. Kotler).

2. 마케팅의 주요개념

(1) 필요(Needs)와 욕구(Wants)

구분	필요(Needs)-기본적 욕구	욕구(Wants)-2차적 욕구
정의	본원적인 만족감이 충족되지 않아 박탈감이나 결핍을 느끼는 상태	필요를 해결하기 위한 구체적 방법
성격	• 모든 인간이 공통적으로 가지는 본능 • 마케팅 담당자에 의해 창조 불가능	• 필요는 동일해도 사회문화적 환경에 따라 욕구는 상이함 • 마케팅 담당자에 의해 수요화 가능
예시	• 배고픔, 추위(생리적 필요) • 소속감, 애정(사회적 필요) • 지식욕, 과시욕(개인적 필요)	• 음식, 난방기구 • 유행상품, 생일선물 • 교육, 고급 승용차

(2) 수요(Demands): 욕구가 구매력에 의해 뒷받침되었을 경우이다.

예 '과시하고 싶은 필요'를 충족시키기 위해서 '고급승용차를 갖고 싶다는 욕구'를 가지는 사람은 많으나 그것을 살 의사가 있고 또 살만한 구매력이 있는 '수요'는 한정되어있다.

(3) 제품(Products): 필요와 욕구를 충족시키기 위하여 주어지는 유형적 제품과 무형의 서비스를 말한다.

예 '고급승용차를 갖고 싶다'는 욕구를 충족시키기 위해 '벤츠승용차'라는 제품을 기업이 제공한다.

(4) 효용(Utility), 가치(Value), 만족(Satisfaction)

구분	효용	가치	만족
정의	소비자가 제품을 통해서 얻고자 하는 편익	효용을 얻는 데 드는 비용	제품에서 바라는 효용과 제품에 지불하는 비용이 일치하는 제품을 선택했을 때 발생
예시	벤츠 300	2억 원	벤츠 300의 효용 < 2억 원의 가치 → 소나타를 선택

(5) 교환(Exchange)과 관계유지(Relationship)

① 교환: 어떤 사람으로부터 필요한 것을 얻고 반대 급부로 무엇인가를 제공하는 행위이며, 거래(Transaction)라는 개념으로 측정 가능하다. 거래는 둘 또는 그 이상의 교환 상대자가 있어야 하며, 거래조건을 계약함으로써 성립된다.

② 관계유지: 비슷한 거래가 계속 반복되도록 거래 상대방과의 우호적인 관계를 유지시키는 행위이다. 기업과 고객이 장기적으로 서로 이익이 되도록 관계를 맺는다. 고객관계유지 마케팅(CRM; Customer Relationship Marketing)을 이용해 기업과 고객과의 신뢰관계가 수립되면 거래시간과 거래조건이 개선되어 거래비용이 절감되는 효과가 있다.

(6) 시장(Market)과 마케팅(Marketing)

① 시장: 특정한 필요와 욕구의 충족을 위하여 교환과 거래에 참가하고자 하는 잠재적 고객의 전체이다.

② 마케팅: 시장관계, 수요관계, 공급관계, 경쟁관계를 잘 고려하여 가장 가치가 큰 교환을 달성하고 그러한 거래를 장기적으로 유지하려는 행위이다.

② 마케팅 관리

1. 의미

(1) 마케팅 활동을 계획하고 집행하고 그 결과를 통제하는 과정이다.

(2) 기업의 목적을 달성하기 위하여 수요수준, 시기 및 특성을 관리하는 활동을 포함한다.

2. 마케팅의 유형

(1) 수요 관리와 마케팅 과제에 따른 분류

구분	수요상태	마케팅 과업	명칭
부정적 수요	소비자들이 구매를 꺼리는 경우	제품을 싫어하는 원인을 분석하여 제품재설계, 저가격, 적극적 촉진 등 마케팅 프로그램으로 소비자의 신념과 태도를 변화시킴	전환적 마케팅
무수요	소비자들이 제품에 관심이 전혀 없는 경우	인간의 선천적인 욕구와 흥미에 부응하는 제품의 편익을 찾음	자극적 마케팅
잠재적 수요	소비자의 수요는 존재하나 그들이 알고 있는 제품으로는 충족시키지 못하는 경우	잠재시장의 크기를 측정하고 그 시장 수요를 만족시킬 수 있는 효과적 제품과 서비스를 개발함	개발적 마케팅
감퇴적 수요	제품수명주기에 따라 산업자체가 쇠퇴해 가는 경우	제품의 감퇴된 수요를 창조적 재마케팅을 통하여 회복시킴	재마케팅
불규칙적 수요	수요가 계절성을 띠거나 생산과잉이 일어나는 경우	유연한 가격절충, 촉진, 기타 자극을 통하여 동일한 패턴의 수요를 변경시킴	동시화 마케팅
완전 수요	기업이 현재 판매량으로 충분히 만족하는 경우	소비자 기호의 변화 및 심화된 경쟁에 도전하여 현재 수준의 수요를 유지함	유지적 마케팅
초과 수요	수요가 공급능력을 초과하는 경우 혹은 기업의 입장에서 해가 되는 수요가 존재하는 경우	• 일시적 혹은 영구히 수요를 감퇴시킴 • 일반적인 디마케팅은 전반적인 수요를 억제하는 것으로 가격을 인상하거나 촉진과 서비스를 축소함 • 선택적인 디마케팅은 제품의 수익성이 낮은 일부시장에 대하여 수요를 감소시킴	디마케팅
불건전한 수요	수요가 사회적으로 바람직하지 못한 경우	제품이나 서비스 그 자체가 사회적으로 건전하지 못하기 때문에 경고메시지, 가격 인상, 효용성을 낮춤으로써 수요자체를 제거함	대항적 마케팅

(2) 생산 시점을 기준으로 한 분류

(3) 분석과 계획 주체에 따른 분류

① 거시마케팅: 사회, 경제적 입장에서 산업의 생산과 소비를 연결하는 기능으로서의 마케팅
② 미시마케팅: 개별 기업의 목표를 달성하기 위한 수단으로서의 마케팅

3. 마케팅 관리 이념의 변천과정

마케팅 관리 철학은 시간의 경과에 따라 '생산 개념 → 제품 개념 → 판매 개념 → 마케팅 개념 → 사회지향적 마케팅 개념'으로 진화해왔다.

시기	마케팅 개념	시장상황	초점	경영이념	수단	목적
~1910년대	생산 개념	판매자 시장	생산	어떻게 제품을 생산할 것인가	생산 기술	생산능률에 의한 이익
1910년대 ~1930년대	제품 개념	판매자 시장	제품	어떻게 품질을 개선할 것인가	품질 관리	품질향상에 의한 이익
1930년대 ~1950년대	판매 개념	구매자 시장	판매	생산한 제품을 어떻게 팔 것인가	광고, 인적판매	매출증대에 의한 이익
1950년대 ~1980년대	마케팅 개념	구매자 시장	고객	팔릴 수 있는 제품을 어떻게 만들 것인가	통합적 마케팅	고객만족에 의한 이익
1980년대~	사회지향적 마케팅 개념	구매자 시장	사회	전체 사회 복지를 위한 제품을 어떻게 만들 것인가	통합적 마케팅	사회만족에 의한 이익

02 마케팅 계획 수립과정

1 마케팅 관리의 과정

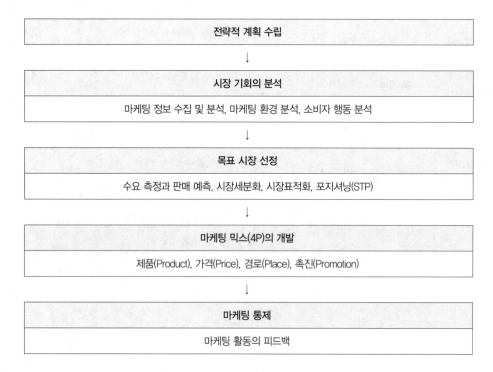

전략적 계획 수립

↓

시장 기회의 분석
마케팅 정보 수집 및 분석, 마케팅 환경 분석, 소비자 행동 분석

↓

목표 시장 선정
수요 측정과 판매 예측, 시장세분화, 시장표적화, 포지셔닝(STP)

↓

마케팅 믹스(4P)의 개발
제품(Product), 가격(Price), 경로(Place), 촉진(Promotion)

↓

마케팅 통제
마케팅 활동의 피드백

2 전략적 계획 수립

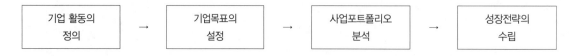

기업 활동의 정의	→	기업목표의 설정	→	사업포트폴리오 분석	→	성장전략의 수립

1. 기업 활동의 정의

(1) 기업이 궁극적으로 추구하는 기업이념의 규정을 의미한다.

(2) 시장지향성, 실현가능성, 동기부여적 개념이다.

2. 기업목표의 설정

(1) 기업 활동의 정의를 바탕으로 각 사업부마다 구체적으로 부여된 목표이다.

(2) 시간적 일정에 따라 구체적인 목표를 설정한다.

3. 사업포트폴리오 분석

(1) 개념: 기업 내 전략적 사업단위(SBU) 매력도와 시장 내 위치(강약점)를 평가하고 한정된 기업자원을 어떻게 배분할지를 결정하는 것이다.

(2) 전략적 사업단위(SBU; Strategic Business Unit) 분석

① 독립적인 사업목표를 가지고 있는 기업의 구성단위이다.

② SBU는 기업에 따라 그 기업자체, 하나의 생산라인, 단일제품, 단일 브랜드가 될 수도 있다.

③ 여타 사업부와 구별되는 독특한 임무를 가지며, 자체적으로 경쟁자, 생산자, 소비자를 갖는다.

④ 각 SBU가 속한 산업의 매력도와 각 SBU별 산업 내 위치분석이 선행되어야 한다.

(3) BCG 매트릭스

① 개념: 미국 Boston Consulting Group에 의해 개발된 대표적인 사업단위 분석도구로서 성장률-시장점유율 기법이라고도 한다. 현금흐름분석을 기본으로 자금을 필요로 하거나 현재 자금창출능력이 있는 사업부서 간의 균형을 유지할 목적으로 한다.

② 전제: 산업성장률이 높으면 시설 및 운전 자본에 대한 투자가 많이 필요해지므로 현금유출이 증가하고, 시장점유율이 높으면 제조원가, 마케팅 비용 등을 낮출 수 있으므로 현금유입이 증가한다.

③ SBU가 속한 산업의 성장률(세로축)과 그 산업 내에서 SBU의 시장점유율(가로축)을 기준으로 4분면을 만든 후 각 SBU를 위치시킨다.

④ BCG 매트릭스 작성의 기준

ⓐ 세로축은 당해 시장의 연간성장률이며 0~10%는 저성장, 10~20%는 고성장을 의미한다.

ⓑ 가로축은 상대적 시장점유율로서 당해 사업단위의 최대 경쟁기업에 대하여 시장점유율로 표시한다. 10은 자사가 시장리더(Market Leader)로서 2위 기업의 10배의 시장점유율을 차지하고 있다는 것을 뜻하며, 0.1은 자사의 시장점유율이 시장리더의 시장점유율의 10%임을 의미한다.

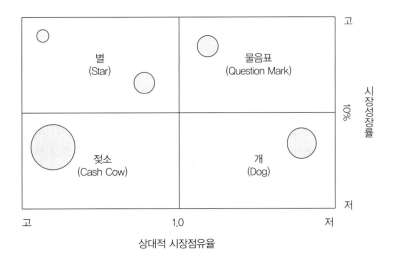

⑤ 특징

　　㉠ 별(Star)-성장사업

　　　　• 고성장, 고점유율 SBU로 제품수명주기상 성장기에 해당한다.

　　　　• 현금유입이 크지만 대규모 투자를 동반하기 때문에 현금유출도 크다.

　　　　• 성장속도가 줄면 젖소로 변화할 것이며 시장점유율 극대화에 초점을 맞춘다.

　　㉡ 젖소(Cash Cow)-수익주종사업

　　　　• 저성장, 고점유율 SBU로 제품수명주기상 성숙기에 해당한다.

　　　　• 시장점유율 유지에 드는 비용이 적기 때문에 현금유출이 작은 반면 현금유입은 크다.

　　　　• 다른 SBU가 필요로 하는 자금을 공급해 주는 역할을 수행한다.

　　㉢ 물음표(Question Mark, Hope)-개발사업

　　　　• 고성장, 저점유율 SBU로 제품수명주기상 도입부에 해당한다.

　　　　• 시장점유율을 증가시키기 위하여 시설투자가 필요하므로 현금유출이 크다.

　　　　• 경영진은 경영역량을 집중해 별로 만들 것인지 퇴출할 것인지를 결정해야 한다.

　　㉣ 개(Dog, Problem Child)-사양사업

　　　　• 저성장, 저점유율 SBU로 제품수명주기상 쇠퇴기에 해당한다.

　　　　• 산업전망도 어둡고 시장 내 위치도 불리하므로 자본투입을 최소화하고 현금유입을 최대화하는 전략을 사용한다.

⑥ BCG 매트릭스의 목적별 전략

구분	목적	적용가능 상황	수단
육성 (Build)	시장점유율 확대	미래 산업전망이 밝은 경우	젖소의 현금을 물음표와 스타에 집중투자
유지 (Hold)	시장점유율 유지	현상유지가 예상될 경우	젖소의 선도적인 위치를 이용
추수 (Harvest)	현금유입 극대화	가까운 미래에 대규모 투자가 예상될 경우	• 젖소의 현금유입 극대화 • 물음표와 개의 현금유출 최소화
전환 (Divest)	사업매각 혹은 철수	산업전망이 불투명할 경우	물음표나 개를 매각 혹은 철수

⑦ BCG 매트릭스의 유용성과 한계: BCG 매트릭스는 단순한 두 개의 축으로 현재 사업부들의 상황을 평가하고 전략을 제시하므로 시장상황을 쉽게 이해할 수 있다. 그러나 두 개 축의 구성요인이 지나치게 단순하여 포괄적이고 정확한 사업부의 평가가 불가능한 문제가 있다.

3 성장전략의 개발

[성장기회에 따른 성장전략의 분류]

1. 집중적 성장전략 (현재 사업영역에서의 성장기회)	2. 통합적 성장전략 (유통경로의 일부를 통합하는 성장기회)	3. 다각화 성장전략 (현재 사업영역 밖에 있는 성장기회)
① 시장침투	① 후방통합	① 동심적 다각화
② 시장개척	② 전방통합	② 수평적 다각화
③ 제품개발	③ 수평통합	③ 복합적 다각화

1. 집중적 성장전략-제품/시장 확장 그리드(앤소프, Ansoff)

기존의 제품과 시장에서 성장기회를 충분히 탐색하지 못한 경우에 이용되는 전략이다.

구분	기존 제품	신제품
기존 시장	① 시장침투	③ 제품개발
신규 시장	② 시장개척	④ 다각화

(1) 시장침투(Market Penetration): 기존시장에서 기존제품의 판매증대 도모

(2) 시장개척(Market Development): 기존제품을 가지고 신시장을 개척해서 판매증대 도모

(3) 제품개발(Product Development): 기존시장에 부응하는 신제품을 개발하거나 제품 개량

(4) 다각화(Piversification): 신시장과 신제품의 결합

2. 통합적 성장전략

산업의 성장성이 높은 경우에 기존 유통경로의 일부를 통합함으로써 시장에서 경쟁적 우위를 확보하려는 전략이다.

(1) 후방통합(Backward Integration)

원료의 공급시스템을 매수하거나 지배력을 강화한다.

(2) 전방통합(Forward Integration)

제품의 유통시스템을 매수하거나 그 유통시스템에 대한 지배력을 강화한다.

(3) 수평통합(Horizontal Integration)

일부 경쟁기업을 매수하거나 지배력을 강화한다.

3. 다각화 성장전략

당해 산업이 장래성이 없을 때 그 밖의 가능성이 있는 산업에 참여하는 전략이다. 현재 가지고 있는 우수한 경쟁력을 이용하여 자사의 약점을 극복할 수 있는 분야로 사업영역을 넓히는 전략이다.

(1) 동심적 다각화(Concentric Diversification)

기존의 제품라인과는 기술적으로 유사성을 지니고 있으며 마케팅 시너지효과를 획득할 수 있는 신제품을 추가한다.

(2) 수평적 다각화(Horizontal Diversification)

기존 제품라인과는 기술적으로 아무 관련이 없지만 현재의 고객에 소구할 수 있는 신제품을 추가한다.

(3) 복합적 다각화(Conglomerate Diversification)

기존의 기술 및 제품과는 전혀 관계가 없는 신제품을 추가하여 새로운 시장을 개척한다.

4 경쟁전략

1. 경쟁초점에 따른 경쟁전략

구분	원가우위 전략	차별화 전략	집중화 전략
개념	우월한 생산기술을 이용해 제조원가를 절감하여 안정된 이익을 확보하고 다시 새로운 설비에 재투자	타 기업이 가지고 있지 않은 제품을 만들어 독자적인 시장을 형성해 높은 이익을 확보	시장전체를 세분화하여 일부의 세분시장에 집중
경쟁의 초점	원가절감	독특한 기술, 품질, 디자인, 크기 및 광고	특정고객, 특정제품, 특정지역
특징	저가격 저품질	고가격 고품질	상황에 따라 상이함

2. 시장지위에 따른 경쟁전략

(1) 시장선도자 전략(Market-leader Strategies)

업계에서 가장 큰 시장점유율을 가지고 가격정책 및 신제품 개발 등의 마케팅 전략에서 타기업을 선도하는 전략이다(→ 총 시장 수요증대, 시장점유율 유지 및 확대).

(2) 시장도전자 전략(Market-challenger Strategies)

업계에서 상위에 있는 기업이지만 2위 혹은 그보다 낮은 지위를 가지고 적극적으로 선도기업, 동일규모의 기업을 공격하는 전략이다(→ 정면공격, 측면공격, 포위공격, 우회공격, 기습공격).

(3) 시장추종자 전략(Market-follower Strategies)

차위 기업 가운데 시장선도자에 도전하지 못하고 선도기업의 전략을 추종하는 전략으로 선도기업보다

가격을 낮게 책정하거나 높은 품질 및 서비스를 유지하는 전략이다(→ 완전추종, 차별적 추종, 선택적 추종).

(4) 틈새시장 전략(Market-nicher Strategies)

시장이 형성되어 있지 않거나 있더라도 너무 작아 경쟁이 미미한 틈새시장을 전문화를 통하여 침투하는 전략이다(→ 고가격 및 고품질, 한정된 제품계열, 한정된 세분시장).

---

03 시장기회 분석과 소비자 행동

1 마케팅 정보 시스템(MIS; Marketing Information System)

1. 마케팅 정보 시스템의 정의

마케팅 의사결정자를 위해 적기에 정확하고 필요한 정보를 수집, 분류, 분석, 평가 및 공급하는 구성원, 설비 및 절차로 구성되어 있는 체계이다.

2. 마케팅 정보 시스템의 구성

(1) 내부보고 시스템(Internal Report System)

기업내부에서 이루어지는 거래관련 주요정보(주문-인도-청구)를 적시에 경영층으로 보고하는 시스템이다. 발주, 판매, 재고수준, 수취계정, 지급계정 등을 보고하며 주문-지급 순환시스템과 판매정보시스템으로 구성된다.

(2) 외부 정보수집 시스템(Marketing Intelligence System)

기업외부의 마케팅환경 동향에 관한 데이터를 제공하는 하위시스템으로, 판매원, 언론, 외부 정보수집가에 의한 데이터를 지식화시켜 신속히 경영층으로 전달한다.

(3) 마케팅 조사 시스템(Marketing Research System)

기업이 직면하고 있는 특수한 마케팅 상황과 관련된 자료와 사실들을 체계적으로 계획하고, 수집 분석하여 보고하는 것이다.

(4) 마케팅 의사결정 지원 시스템(Marketing Decision Support System)

기업이 기업과 환경으로부터 관련정보를 수집 해석하고, 그 정보를 마케팅 활동을 수행하는 데 도움이 되는 소프트웨어와 하드웨어로 된 자료, 시스템, 도구 및 기법들로 구성된 일체이다.

(5) 고객 정보시스템

[마케팅 의사결정 지원 시스템에서 사용되는 계량적인 도구들]

구분		정의	예시
통계적인 도구	다중회귀분석	독립변수를 변화시킬 때 변화하는 종속변수의 등식을 예측하는 기법	단위판매량이 기업광고비, 판매원 규모, 가격수준에 따라 어떻게 영향을 받는지를 예측
	판별분석	어떤 대상물을 두 개 이상의 범주로 분류하기 위한 기법	성공적인 점포위치와 그렇지 못한 점포위치를 판별하는 변수를 결정
	요인분석	큰 변수들 중에서 몇 가지 기본이 되는 차원을 결정하기 위해서 사용되는 기법	방송국의 TV프로그램을 소규모의 기본적인 프로그램 유형으로 축소
	군집분석	대집단을 유사한 소집단으로 분류하는 기법	여러 도시들을 유사한 4개의 도시 집단으로 분류
	결합분석	상이한 제품에 대한 선호도를 변수와 가중치에 따라 분해, 결합하는 기법	항공사가 여러 가지 상이한 승객서비스를 결합함으로써 전달되는 총효용을 결정
	다차원 척도법	경쟁적인 제품이나 상표에 대한 지각적 지도를 작성하기 위한 기법	컴퓨터 제조업자가 자사제품의 브랜드 위치를 타사의 브랜드와 비교
모델	마코브 과정 모델	현재의 상태로부터 어떤 새로운 가능성을 보여주는 모델	브랜드에 대한 이탈률과 유지율을 조사하고 최종 브랜드 점유율을 예측
	대기 모델	서비스 시간과 유통경로가 주어진 상태에서 기대할 수 있는 대기시간과 대기길이를 보여주는 모델	슈퍼마켓에서 주어진 여러 시간대별로 대기길이를 예측
	신제품 사전시험 모델	구매자의 선호도와 행동에 근거하여 마케팅 대상품의 출시 후 결과를 예측	ASSESSOR, COMP, DEMON 등의 모델
	판매 반응 모델	하나 또는 다수의 마케팅 변수와 그 결과인 수요수준과의 함수적 관계를 예측하는 모델	광고비를 감소시켰을 때 잠재수요의 변화량 측정
최적화 과정	미분학	함수 내에서의 극대치와 극소치를 결정	-
	수학적 프로그래밍	객관적인 함수를 최적화하는 가치를 찾아내는 과정	-
	통계적 의사결정 이론	최고로 기대되는 가치를 생성해 내는 일련의 행동조치를 결정	-
	게임이론	하나 또는 다수의 경쟁사의 불확실한 행동에 직면하여 의사결정자의 손실을 최소화하는 결정	-
	휴리스틱 (Heuristics)	합리적 해결방안을 발견하는 데 요구되는 일을 나열하는 방법	-

자료: Lilien & Rangaswamy, Marketing Engineering

❷ 마케팅 조사

1. 의미

기업이 직면하고 있는 특수한 마케팅 상황과 관련된 자료와 사실들을 체계적으로 계획하고, 수집 분석하여 보고하는 것을 의미한다.

[마케팅 조사와 마케팅 정보 시스템의 차이]

마케팅 조사	마케팅 정보 시스템
외부정보 취급에 역점	내외부의 자료를 모두 취급
문제해결에 치중	문제해결뿐만 아니라 문제예방에도 치중
프로젝트기준으로 실시되므로 불연속적	지속적으로 존재하는 하나의 시스템
컴퓨터 없이도 가능	컴퓨터에 기반함
과거정보에 초점	미래지향적
마케팅 정보 시스템에 정보를 제공하는 하나의 자료원	마케팅 조사 이외에도 다른 하위 시스템을 포함

자료 : William J. Stanton, Fundamentals of Marketing

2. 마케팅 조사의 과정

문제 및 조사목적의 정립	→	조사계획 수립	→	정보수집과 분석	→	분석결과 제시

(1) 문제 및 조사목적 정립

① 문제의 정립: 기업이 처한 현재상황이 어떠한지를 정확히 파악하여 무엇을 조사할 것인가를 명확히 정립한다.

② 조사목적의 정립: 일반적으로 탐색조사 → 기술조사 → 인과조사 순으로 진행한다.

  ㉠ 탐색조사: 선행단계의 조사로 광범위한 문제를 세분화하여 의사결정에 관계된 변수들을 찾아내고 새로운 해결방안 제시를 목적으로 하는 방법이다.

  ㉡ 기술조사: 구체적으로 구매력과 관련된 수치나 빈도를 설명하는 방법이다.

  ㉢ 인과조사: 원인과 결과의 관계를 밝히기 위해 엄격한 실험설계를 통해 실험상황과 그 변수들을 파악하는 방법이다.

(2) 조사계획 수립

① 의미: 필요한 정보를 수집하기 위한 가장 효율적인 계획을 수립하는 과정이다. 조사계획 수립 시 그에 따르는 비용과 효용의 관계를 잘 따져봐야 하며, 자료원천, 조사방법, 조사수단, 표본추출계획 및 접촉방법에 대한 결정을 해야 한다.

② 자료원천

   ⊙ 2차 자료

      • 이미 어느 곳에 존재하고 다른 목적을 위해 수집된 정보이다.

      • 1차 자료에 비해 시간과 비용을 크게 절약할 수 있다.

      • 신상품 기획의 경우 필요정보가 존재하지 않을 수도 있다.

   ⓒ 1차 자료

      • 2차 자료에서 원하는 정보를 입수할 수 없을 때 직접 조사 프로젝트를 구성하여 수집한 자료이다.

      • 2차 자료에 비해 정확성, 신뢰성, 객관성이 높다.

③ 조사방법

   ⊙ 관찰법

      • 관련된 사람, 행동, 상황 등을 직접 관찰하여 정보를 수집하는 방법이다.

      • 제공하기를 꺼려하는 개인적인 정보를 얻는 데 유용하다.

      • 현재행동에 초점을 두어 장기적이거나 매우 드문 행동을 관찰하는 데는 어려움이 있다.

   ⓒ 목표 집단 면접법

      • 전문지식의 조사자가 8~12명의 목표 집단을 대상으로 면접을 보는 방법이다.

      • 특정한 주제에 관한 자유로운 토론으로 필요한 정보를 획득한다.

   ⓒ 질문법

      • 조사대상에게 직접 질문해 필요한 정보를 얻는 방법이다.

      • 기억력에 의존하고, 사적인 질문에는 대답을 꺼려 신뢰성이 낮다.

      • 질문자가 듣고 싶어 하는 대답을 하는 경향을 경계해야 한다.

   ⓔ 실험법

      • 실험집단과 통제집단을 선정해 집단 간의 반응차이를 조사하는 방법이다.

      • 인과관계 정보파악에 적합한 기술적 방법이다.

④ 조사수단: 1차 자료를 수집하는 두 가지 수단으로 설문지와 기계장치를 이용 가능하다.

⑤ 표본추출계획: 조사방법과 조사수단을 결정한 후 조사의 대상에 대한 표본추출계획을 설계한다.

   ⊙ 표본추출단위: 조사대상이 누구인가를 결정한다.

   ⓒ 표본크기: 얼마나 많은 사람을 조사해야 하는지를 결정하는 것으로 표본의 신뢰성과 비례한다.

   ⓒ 표본추출절차: 모집단으로부터 대표성이 있는 표본을 선정하는 과정이다.

⑥ 접촉방법: 마케팅 조사의 대상과 어떻게 접촉하느냐에 따라 전화, 우편, 대인면접, 온라인면접이 있다.

(3) 정보수집과 분석

   실제로 정보의 수집 및 통계적 집계를 수행한다.

(4) 분석결과 제시

   수집된 자료에서 의미 있는 정보를 추출한다.

1 시장세분화(Segmentation)

1. 의미

(1) 개념

다양한 욕구를 가진 전체시장을 일정한 기준에 따라 동질적인 소비자 집단으로 나누는 과정이다. 따라서 세분시장 상호 간에는 이질성이 극대화되어야 하고, 세분시장 내에서는 동질성이 극대화되어야 한다.

(2) 시장세분화의 효과

① 고객의 욕구를 더 잘 충족 → 경쟁우위 확보 가능

② 마케팅 기회 확보 가능

③ 국지적 독점이 가능 → 가격경쟁을 줄이는 효과

　⇒ 틈새(Niche)마케팅을 가능하게 하며, 특히 중소기업의 경쟁력을 높인다.

(3) 시장 세분화의 수준

구분	대량마케팅	세분시장마케팅	틈새시장마케팅	미시마케팅
특징	시장을 전혀 세분화하지 않음	규모가 큰 동질적인 집단으로 이루어진 시장을 세분화함	세분시장을 하위의 세분시장으로 나누며, 또는 특별한 이점 결합을 추구하는 독특한 특성을 소유한 집단으로 나눔	특정 지역, 개인별 마케팅 프로그램 적용
예시	Ford Model T	메리어트사의 다양한 호텔패키지	SUVs 차량을 표준형 SUV 차량(Ford와 Chevrolet)과 고급형 SUV(Lexus) 틈새시장으로 더 세분화시킴	특정 지역 마케팅과 개인별 마케팅이 포함
사례	구분 없이	그룹별 구분	틈새	1:1 타깃

2. 시장세분화의 유형

(1) 동질적 선호성

① 모든 소비자들이 동일한 선호를 가진 시장이다.

② 대량 마케팅(Mass Marketing)에 적합하다.

　→ 대량생산, 대량유통, 대량촉진, 표준화에 의한 원가절감, 규모의 경제

(2) 분산적 선호성

① 소비자들의 선호가 극단적으로 전체에 분산되어 있는 시장이다.

② 개인 마케팅(Individual Marketing)에 적합하다.

　→ 1:1 마케팅, 맞춤생산, 고객주문(Customization)

(3) 군집적 선호성

① 세분시장(Segment)으로 불리는 상이한 선호를 가지는 군집들로 구성된 시장이다.

② 계층 마케팅(Class Marketing)에 적합하다.

→ 집중적 마케팅(가장 큰 세분시장에 위치화)

3. 시장세분화의 요건(조건)

측정 가능성	세분시장의 규모와 구매력, 특성이 측정 가능한 것인가
실질성	세분시장이 충분히 크거나 수익이 가능한가
접근 가능성	세분시장에 효과적으로 도달하여 판매 가능한가
차별화 가능성	세분시장별로 상이한 마케팅 믹스와 프로그램에 각각 다르게 반응하는가
행동 가능성	세분시장을 유인하고 선점할 효과적인 마케팅 프로그램을 수립할 수 있는가

`05` 마케팅 믹스

마케팅 믹스(Marketing Mix)란 기업이 표적시장에서 원하는 반응을 얻을 수 있도록 하기 위해 '4Ps'인 제품(Product), 가격(Price), 유통경로(Place), 촉진(Promotion)을 혼합하여 사용하는 마케팅 도구의 집합을 의미한다. 마케팅 믹스는 4Ps 각각의 전략을 독립적으로 정하는 것이 아니라 서로의 관계가 균형을 이루도록 해야 한다.

`06` 제품관리

■ 제품의 의미와 분류

1. 제품의 개념

소비자의 욕구와 필요를 충족시키기 위해 시장에 제공되는 것으로 물리적 재화뿐만 아니라 서비스 경험 이벤트 정보 및 아이디어를 모두 포괄하는 총체제품(Total Product)의 개념이다.

(1) 핵심제품(Core Product)

고객이 실제로 구매하는 근본적인 서비스나 혜택 그 자체를 의미한다.

예 PC 구매 시 핵심 제품은 컴퓨터의 정보처리능력(워드프로세서 기능, 계산 기능, 인터넷에 의한 정보검색 기능 등)

(2) 유형제품(Tangible Product)＝실체제품

그 편익을 실현하기 위한 물리적 요소들의 집합을 의미한다.

예 컴퓨터를 구성하는 CPU, HDD, 모뎀, 키보드, 모니터, 마우스 등의 물리적 제품 집합

(3) 확장제품(Augmented Product)＝증폭제품

물리적 제품에 추가하여 제공되는 서비스나 혜택으로 운반과 설치, 보증, 사용법 안내, 애프터서비스 등을 뜻한다.

예 컴퓨터 매뉴얼, 2년간 무상서비스, 운반 및 설치, 사용기본교육

2. 제품의 분류

(1) 소비재(Consumer Product)

① 최종소비자가 개인적인 소비를 목적으로 구매하는 상품

② 소비자의 소비습관(Buying Habits)을 기준으로 분류

  ㉠ 편의품(Convenience Goods)

   • 의미: 고객의 일상생활에 필수적이기 때문에 습관적, 충동적으로 구매하며 근처에서 손쉽게 구매 가능한 제품을 말한다.

   • 특징

    ― 고객이 제품에 대해 잘 알고 있는 경우가 많으며, 여러 점포를 돌아다니며 비교구매하지 않는다(저관여).

    ― 가격이 저렴해 위험부담을 느끼지 않고, 특정한 상표를 꾸준히 구매하지 않는다(고객충성도 낮음).

    ― 의사결정의 기준은 가격과 편의성이다(지리적 거리). **예** 담배, 치약, 휴지, 커피, 기름 등

  ㉡ 선매품(Shopping Goods)

   • 의미: 고객이 여러 점포를 돌아다니면서 품질, 가격, 스타일에 관한 제품별 비교 후 구매하는 제품을 말한다.

   • 특징

    ― 고객이 제품에 대해 충분한 지식을 가지고 있지는 않지만 비교적 가격이 비싸고 위험이 높다.

    ― 점포요소가 상표요소보다 중요하다(선택적 유통). **예** 의류, 주요 가전제품, 중고자동차, 가구 등

  ㉢ 전문품(Specialty Goods)

   • 의미: 고객이 구매과정에서 각별한 시간과 노력을 투자하는 제품을 뜻한다.

   • 특징

    ― 고객이 제품에 대한 충분한 지식을 가지고 있으며(고관여), 특정상표만을 고집한다(고객충

성도 높음). 구매를 위해 상당기간 구매지연이 가능하다.

- 감정적 애착(Emotional Attachment)을 가지며 대체품을 거부한다.
- 구매결정의 기준은 브랜드와 제품 이미지가 된다.

  예 고급 스테레오, 신모델 자동차, 건강식품, 미식가의 음식점 선택 등

ⓔ 미탐색품(Unsought Goods): 전기자동차, 보험, 백과사전, 장의용품 등과 같이 고객에게 아직 그 제품이 알려지지 않았거나, 알려져 있더라도 잘 찾지 않는 제품으로 인적판매에 주로 의존한다.

(2) 산업재(Industrial Products)

조직이 추가적인 가공처리를 하거나, 사업 활동에 이용하기 위하여 구매하는 제품을 의미하며, 제품을 구매목적에 따라 소비재와 산업재로 구분한다.

예 소비자가 자기 집의 정원을 손질하기 위해 잔디 깎기 기계를 샀다면 이 기계는 소비재에 해당하나 동일한 소비자가 동일한 잔디 깎기 기계를 사더라도 조경사업에 쓰기 위해 구입한다면 이는 산업재가 된다.

① 자재(Materials)와 부품(Parts)
　ㄱ 의미: 원자재, 가공재와 부품으로 분류된다.
　　• 원자재: 농산물과 천연원료품(어류, 목재, 원류 및 철광석 등)이 포함된다.
　　• 가공재와 부품: 구성재료(철, 실, 시멘트, 철선 등)와 구성부품(소형 모터, 타이어 및 주물품 등)으로 구성된다.
　ㄴ 특징: 가격과 서비스가 중요한 마케팅의 요인이 되며, 상표와 광고는 그리 중요하지 않은 경향이 있다.

② 자본재(Capital Items)
　ㄱ 의미: 구매자가 제품을 생산하거나 운영하는 데 투입되는 산업재로, 설비품과 보조 장비로 구분한다.
　　• 설비품: 건물과 고정시설물로 구성된다.
　　• 보조 장비: 운반 가능한 소형의 공장용 장비와 공구, 사무실용 장비 등이 있다.
　ㄴ 특징: 보조 장비의 경우 사용기한이 설비품보다 짧으며, 단지 생산과정을 보조한다.

2 제품수명주기(PLC; Product Life Cycle)

1. 제품수명주기의 의미와 성격

(1) 의미
① 신제품이 시장에 출시되어 사라지기까지의 시간적 과정이다.
② (제품개발기) → 도입기 → 성장기 → 성숙기 → 쇠퇴기를 거친다.

(2) 성격

① 제품수준이 아니라 대체성 높은 제품들끼리 집단시켜 분석하는 것이 바람직하다.

② 신제품이나 기존제품의 개량 등에 관한 적절한 시기와 방향을 제시한다.

③ 시장수요의 변화 및 제품수익성의 추세 등에 대한 정보를 제공한다.

④ 기술혁신의 진전에 따라 제품수명주기가 짧아지는 추세이다.

2. 제품수명주기의 단계별 특징 및 마케팅 전략

[제품수명주기]

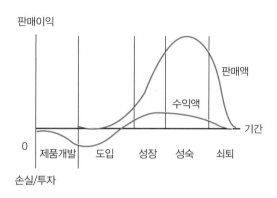

(1) 도입기(Introduction Stage)

① 제품이 시장에 도입되면서 판매가 완만하게 증가하는 기간이다.

② 소비자의 제품인지도, 수용도를 높이기 위한 적극적인 광고, 홍보 및 판촉을 통해 제품존재를 알리는 기간으로 기본수요(Primary Demand)를 자극한다.

③ 제품개발비와 초기시설투자비, 판촉, 홍보비용으로 인해 이익은 거의 없다.

④ 경쟁재의 수, 소비자의 성향에 따라 초기고가정책(Skimming Price), 초기저가정책(Penetration Price)을 추구한다.

(2) 성장기(Growth Stage)

① 신제품의 성공적인 도입으로 수요가 급증하기 시작해 성장률을 체감하기 시작하는 시점까지의 기간이다.

② 시장크기의 확대로 경쟁자들이 진입하므로 시장세분화를 통한 제품차별화 정책, 제품기능품질향상이 필요한 기간이며 선택적 수요(Selective Demand)를 유발한다.

③ 도입기에 비해 매출은 크며 성숙기에 비해 경쟁강도는 낮아 이익은 급증한다.

④ 경험 효과로 인한 가격인하요인이 발생한다.

(3) 성숙기(Maturity Stage)

① 매출이 증가하다가 어느 순간에 줄어들기 시작하여 일정한 수준을 유지하는 기간이다.

② 공급초과로 인한 가격경쟁으로 이익이 정체, 하락하는 기간이다.

③ 신규고객 유치보다 기존고객 유지가 중요하다(성장기-상표선호강조 성숙기-상표충성도 강조).

④ 시장 수정 전략, 제품 수정 전략, 마케팅 믹스 수정 전략을 통한 기업체질 개선을 추구한다.

    예 제품 사용자 수 확대 ,사용빈도 증가, 제품 성능품질 혁신, 새로운 용도 추가, 획기적인 서비스 개선

⑤ 대체수요 ,틈새시장 개발과 R&D 비용이 증가한다.

(4) 쇠퇴기(Decline Stage)

① 소비자욕구의 변화, 신기술 개발, 경쟁, 제반환경의 변화로 인해 제품매출과 이익이 지속적으로 하락하는 기간이다.

② 비용절감과 이익극대화가 중요한 시기이다.

③ 제품수명을 결정한다. **예** 수확전략 철수전략 재활성화전략(Remarketing)

3 서비스 마케팅

최근 서비스 산업의 급격한 성장으로 인해 서비스에 대한 마케팅의 중요성이 대두되고 있다.

1. 서비스의 특징

(1) 무형성: 서비스는 형태가 없다.

(2) 비분리성: 서비스 제공자와 서비스는 분리될 수 없다.

(3) 변화성: 서비스 품질은 제공자나 장소, 시간에 따라 달라진다.

(4) 소멸가능성: 서비스는 저장이 불가능하다.

⇒ 서비스는 이러한 특성 때문에 전통적인 4Ps를 사용하는 외적마케팅 이상의 내적마케팅과 상호작용 마케팅이 필요하다.

2. 서비스 마케팅의 유형

(1) 내적마케팅(Internal Marketing)
서비스를 제공하는 제공자가 고객에게 만족을 제공할 수 있게 하기 위해 교육하고 동기부여하는 활동이다.

(2) 외적마케팅(External Marketing)
기업이 고객을 대상으로 벌이는 마케팅으로, 전통적 마케팅의 개념에 해당한다.

(3) 상호작용마케팅(Interactive Marketing)
서비스가 제공되는 동안 고객들이 지각하는 서비스의 질이 고객과 제공자의 상호작용의 질에 크게 좌우되는 것을 의미하는 활동이다.

1 가격결정의 일반적 접근방법

1. 원가기준 가격결정법(Cost-oriented Pricing)

제품의 원가를 기준으로 가격을 결정하는 방법으로, 마케팅에서 중요한 수요와 경쟁을 간과하는 맹점이 존재한다.

(1) 원가가산 가격결정법(Mark-up Pricing)
① 단위 당 원가에 일정률의 이폭(Margin)을 가산하여 가격을 결정하는 방법이다.
② 방법이 단순해 적용이 용이하고, 주로 소매상에서 이용한다.

(2) 목표수익률 가격결정법(Target Pricing)
① 예상 표준판매량(예상조업도)에 기초해 총원가에 대한 특정 목표수익률을 가산하여 가격을 결정하는 방법이다.
② 주로 제조업체에서 이용한다.

2. 수요기준 가격결정법(Demand-oriented Pricing)

원가보다는 제품에 대한 수요의 강약과 소비자의 지각을 중시하여 가격을 결정하는 방법이다.

(1) 수요공급분석 가격결정법(Demand and Supply Analysis Pricing)
① 한계비용분석법: 한계비용과 한계수입이 일치하는 곳에서 매출예상과 가격결정이 이루어진다.
② 손익분기점분석법: 총수입이 총비용을 상회하는 범위 내에 수요가 최대로 되는 지점에서 결정된다.

(2) 지각가치 가격결정법(Perceived-value Pricing)
① 제품의 가격, 품질 및 서비스와 관련해 미리 특정의 목표시장(Segment)을 염두에 두고 그에 맞는 제품을 개발하는 방법이다.
② 제품의 지각가치를 먼저 결정한 후 그 가격으로 판매할 수 있는 양을 추정하는 것으로 마케팅 지향적인 사고에 가깝다(고객의 욕구에 초점).

3. 경쟁기준 가격결정법(Competition-oriented Pricing)

원가나 수요와 무관하게 오로지 경쟁자의 가격전략에 대응해 자사제품의 가격을 결정하는 방법을 말한다.

(1) 모방가격결정법(Going-rate Pricing)
① 현행 시장가격을 기준으로 업계의 가격수준에 자사의 가격을 일치시키는 방법이다.
② 제품차별성이 낮고 가격탄력성이 높은 시장(완전경쟁시장)에서 선도기업의 가격에 동조할 수밖에

없는 경우에 사용한다.

③ **지도가격(Leadership Price):** 선도업체가 설정한 가격을 의미하며 후발업체는 이 가격에 자사가격을 연동시켜 일종의 가격카르텔(Price Cartel)을 형성함으로써 가격경쟁을 회피하는 수단이 된다.

(2) 입찰가격결정법(Sealed-bid Pricing)

① 공공사업이나 경쟁 입찰 시 결정하는 가격으로 경쟁자들의 행동을 예측해 자사가 제시할 가격을 결정한다. → 게임이론(Game Theory)

② 가격은 한계비용을 약간 상회하거나 비슷한 수준에서 결정된다.

4. 심리기준 가격결정법(Psychological Pricing)

(1) 단수가격결정법(Odd-number Pricing)

단수(單數)로 가격을 책정해 소비자에게 싸다는 인상을 주려는 방법으로 주로 소매업에서 자주 사용된다. ⑩ 5,000원이라고 할 것을 4,999원으로 책정해 가격이 4,000원에 가깝다는 심리적 효과를 유도함

(2) 위신가격결정법(Prestige Pricing)

① 고가격이더라도 그것의 소유가 사회적 지위나 권위를 과시하는 상징으로 보는 상품의 가격설정 방법이다. ⑩ 고급화장품, 고급승용차, 모피, 보석

② **베블렌 효과(Veblen's Effect):** 일정한 한도까지 가격이 올라도 소비자의 위신 때문에 수요가 계속 오른다는 이론으로서 일반적인 수요곡선과 달리 좌하향하는 부분을 보이는 재화의 수요곡선이다.

(3) 가격라인설정법(Price Lining)

① 소비자는 일정한 가격의 '범위' 내에서는 가격의 차이에 대해 둔감하기 때문에 그 범위 내에서는 가격이 상승해도 판매량은 불변하다는 점을 이용해 허용가격 범위 내에서 최고가격을 설정하는 방법이다.

② 가격단계화, 가격계열화라고도 한다.

(4) 관습가격결정법(Customary Pricing)

① 관습가격(장기간 가격이 일정하게 설정되어 있어서 소비자가 당연하게 생각하는 가격)이 존재하는 제품의 경우 가격 상승 시 강력한 판매저항이 예상된다.

② 가격은 고정시키거나 약간 인상하고, 제품의 품질이나 함량을 조절하는 방법이다.

　　⑩ 초코파이＝100원이라는 인식이 너무 강할 경우, 가격은 그대로 하되 함량과 원료의 질을 떨어뜨림

(5) 복합가격결정법(Multiple Pricing)

① 복수의 제품개수에 대해 가격을 설정해 싼 가격이라는 심리를 이용하는 방법이다.

② 복수가격에 적합한 상품: 1회 구매량이 많은 상품, 보존 가능한 상품, 계절상품, 부피가 작은 상품

(6) 기타 소비자 심리 관련 가격개념

① **촉진가격(Promotional Pricing):** 고객 유인을 위하여 특정 품목의 가격을 대폭 낮게 설정한다.

② **명성가격(Prestige Pricing):** 가격-품질 연상효과를 이용하여 가격을 설정한다.

③ 유보가격(Reservation Pricing): 구매자가 어떤 상품에 대해 지불할 용의가 있는 최고가격이다.

④ 최저수용가격: 구매자들이 품질을 의심하지 않고 구매할 수 있는 최저가격이다.

2 차별적 가격전략

이미 설정된 가격을 특정 상황에 적합 또는 수정하는 것이다.

1. 판매촉진을 위한 차별가격전략

일반거래와 비교해 판매비가 절감될 때 그 절감분을 구매자에게 할인해주는 전략이다.

현금할인	대금을 현금으로 즉시 지불하는 고객에게 가격을 인하하여 주는 전략	30일 내에 대금을 지불해야 하며 10일 이내에 지불하면 2% 가격할인 적용
수량할인	대량구매 고객에게 판매비 감소분의 한도 내에서 가격을 인하하여 주는 전략	비누적적 수량할인, 누적적 수량할인
거래할인 → 업자할인	도소매상 등의 경로구성기관에 대한 가격할인	–
계절적 할인	비성수기에 구매하는 고객에게 할인을 시행해 조기주문을 촉진하고 이익의 계절성을 최소화하는 전략	여행업체, 숙박업체, 스키장비
공제	특별한 프로그램에 참여할 경우 가격을 할인해 주는 전략	핸드폰 보상판매

2. 판매통제를 위한 차별가격전략

(1) 기능적 할인(Functional Discount)

판매질서 유지를 목적으로 도매업자와 소매업자에게 부과하는 가격에 차별을 두는 방법이다.

(2) 할인환불(Rebate)

일정기간의 거래량 목표달성 시 받은 금액의 일부를 환불해주는 것으로 제조업자가 유통업자에게 판매협력을 권장하고 경로지배를 강화하기 위한 수단으로 이용된다.

3. 판매상황에 의한 차별가격전략

(1) 지역별 차별가격

각 지역의 소득, 인구 및 경쟁 등의 환경이 다르기 때문에 가격에 대한 수요탄력성이 차이가 있을 때 상이한 가격을 책정하는 것이다.

예 국내시장과 해외시장에서의 가격 차별화

(2) 시간별 차별가격

시간에 따라 수요탄력성이 차이가 있을 때 구매 시기에 따라 상이한 가격을 책정하는 전략이다.

예 극장에서 주중과 주말의 요금을 다르게 받는 것

(3) 용도별 차별가격

동일제품이 여러 가지 용도로 이용될 때 그 용도에 따라 가격탄력성이 다를 경우 상이한 가격을 책정하는 것을 의미한다.

예 우유제공업자가 음료용, 아이스크림용, 버터용 우유 가격을 차별화하는 것

4. 가격인상

(1) 가격인상의 이유

① 원재료, 임금의 인상으로 제품의 원가가 상승하는 경우

② 과잉수요가 발생하는 경우

③ 자사제품 재포지셔닝 시 원래의 기능이나 속성보다 개량된 경우

④ 시장이 쇠퇴기일 때 경쟁기업의 철수로 독점적 지위를 누릴 경우

(2) 가격인상의 방법

① 할인율을 낮춘다.

② 기존 제품계열에 고가의 제품을 추가한다.

③ 공개적으로 인상한다. 그러나 공개적인 인상은 고객의 외면을 초래할 수 있기 때문에, 효과적으로 인상할 수 있는 방법을 고려해야 한다.

---

08 유통경로관리

1 유통계열화

1. 수직적 마케팅 시스템(VMS; Vertical Marketing System)

생산자로부터 소비자에게로 흐르는 과정의 수직적 유통단계를 전문적으로 관리하고 집중적으로 계획한 유통망을 말한다. 경로를 하나의 경쟁단위로 인식하고, 규모의 경제, 규모의 시스템, 최대의 시장영향력 행사가 목표이다.

(1) 기업적 VMS(Corporate VMS)

① 의미: 상품의 판매에 있어서 유통경로가 서로 다른 수준에 있는 구성원들(공급업자, 제조업자, 유통업자)을 통합해 하나의 기업조직을 이루는 형태이다.

② 특징

㉠ 전방통합과 후방통합으로 구분한다.

㉡ 생산에서 유통에 이르기까지의 철저한 관리가 가능하나 유연성이 결여된다.

(2) 관리적 VMS(Administered VMS)

① 의미: 유통경로 내의 한 경로구성원이 위치, 지위, 명성, 자원에서 타 구성원들을 압도해 그 방침을 따를 수밖에 없게 만드는 형태이다.

② 특징

㉠ 전체로서의 목표달성을 위해 비공식적인 협력 메커니즘을 형성한다.

㉡ 경로지도자(Channel Leader): 제조업체 → 유통업체 주도권 전환 경향이 존재한다.

(3) 계약적 VMS(Contractual VMS)

① 의미: 독립적인 경로구성원들이 계약을 통해서 유통시스템의 경제성과 시장에 대한 영향력을 높이려는 형태로, 프랜차이즈 시스템, 체인점, 협동조합 등이 존재한다.

② 프랜차이즈 시스템(Franchise System)

㉠ 프랜차이즈 본부와 가맹점 사이의 강력한 계약에 의해 형성된 수직적 유통시스템이다.

㉡ 가맹점에게 일정한 지역 내에서의 독점적인 사업권을 부여한다.

㉢ 본부는 시장조사, 입지선택, 점포설계, 종업원훈련, 상품제공과 광고 등을 전담하고 특권(독점판매권, 상표사용, 경영방식 Know-How)을 제공한다.

㉣ 가맹점은 가입료, 매출에 따른 수수료를 지급한다.

2. 수평적 마케팅 시스템(HMS; Horizontal Marketing System)

(1) 의미

유통경로상 동일한 단계에 있는 두 개 이상의 무관한 개별기업들이 재원이나 유통프로그램을 결합하는 형태를 뜻한다.

(2) 특징

① 시너지(Synergy) 효과가 중요하다.

② 공생적 마케팅(Symbiotic Marketing)은 공동상표·공동구매·공동광고·공동물류·공동판매 등 도·소매업체들끼리 공동으로 마케팅 활동을 계획, 실행함으로써 비용절감과 효율화를 의도한다.

3. 복수경로 마케팅 시스템(Multi-channel Marketing System)

(1) 의미

과거 기업들이 하나의 시장에 하나의 경로만을 사용한 데 반해, 고객의 세분시장이 확대되고, 경로가 확장됨에 따라 두 개 또는 그 이상의 마케팅 경로를 사용하는 최근의 유통경로시스템을 말한다.

(2) 특징

① 장점: 시장범위의 증가, 고객주문화 판매 증가

② 단점: 경로갈등과 통제의 문제, 경로비용의 증가

③ 경로갈등관리: 고차원적이고 장기적인 목표를 설정함으로써 갈등 당사자들을 중재, 조정

2 유통기관 종류

1. 소매상(Retailers)

유형	내용
전문점 (Specialty Store)	취급하는 제품계열이 한정되어 있지만 계열 내 품목이 매우 다양한 소매상
백화점 (Department Store)	거의 모든 제품계열을 취급하며 소비자들이 일괄구매가 가능한 대규모 점포
슈퍼마켓 (Supermarket)	주로 식료품, 가정용품 등의 제품계열을 가지며 거주지역에 입지하는 소매상
할인점 (Discount Store)	박리다매의 원칙하에 염가로 표준화된 다계열 상품을 판매하는 대규모 소매상으로 주로 지대가 싼 교외에 입지함
편의점 (Convenience Store)	재고회전이 빠른 편의품 등의 한정된 제품계열만 취급하며 상업지역, 주거지역에 입지하고 주로 24시간 영업
하이퍼마켓 (Hyper Market)	슈퍼마켓, 할인점, 창고소매업 원리를 결합한 형태로 다량묶음 전시와 판매점원의 최소화를 채택
무점포 소매상	직접판매, 직접마케팅, 자동판매기 등

2. 도매상(Wholesalers)

상품을 제조업체에서 구매해 소매상이나 산업용으로 재판매하는 사업체를 지칭한다.

(1) 최종소비자를 대상으로 하지 않으므로 촉진, 분위기, 장소에 무관심하다.

(2) 소매거래에 비해 상권이 크고 거래규모도 큰 편이다.

(3) 높은 법적 규제와 세무상의 통제가 존재한다.

09 마케팅 커뮤니케이션(촉진관리, 촉진믹스)

1 마케팅 커뮤니케이션(Marketing Communication)

1. 마케팅 커뮤니케이션의 기초개념

기업이 특별한 목적을 가지고 고객들에게 자사의 제품이 어디서 팔리고 있는지를 알리고(Inform), 다른 제품과 비교하여 장점을 설득시키고(Persuade), 이를 반복적으로 환기시키는(Remind) 모든 활동을 의미한다.

2. 마케팅 커뮤니케이션의 주요수단

(1) 광고(Advertising)

특정 광고주가 자신의 아이디어, 재화 또는 서비스에 대해 금전적 대가를 지불하고 비인적 매체(Non-personal Media)를 통해 정보를 전달함으로써 판매를 촉진하는 방법이다.

(2) 판매촉진(Sales Promotion)

제품 또는 서비스의 시용이나 구매를 촉진시키기 위해 중간상과 최종소비자에게 제공하는 단기적이며 다양한 자극책(Incentive)을 뜻한다.

(3) 홍보(Publicity)

기업이 비인적 매체에서 자사의 제품이나 서비스를 중요한 뉴스로 다루게 하여 소비자들에게 알림으로써 기업이미지를 제고하고 구매수요를 자극하는 것이다. 광고와 달리 돈을 지불하지 않는다.

(4) 인적판매(Personal Selling)

잠재적인 고객들과 일대일, 혹은 일대다의 대화와 만남을 통해 제품과 서비스의 판매를 성사시키는 방법이다.

(5) 직접마케팅(Direct Marketing)

특별한 고객 및 예상 잠재고객으로부터 직접 반응을 요청하거나, 직접 의사소통을 하기 위해 우편, 전화, 팩스, 이메일, 인터넷을 사용하는 활동이다.

[마케팅 커뮤니케이션의 수단]

구분	범위	비용	장점	단점
광고	대중	보통	• 신속 • 메시지 통제 가능	• 효과측정의 어려움 • 정보의 양이 제한
인적판매	개별고객	고가	• 정보의 양과 질 • 즉각적인 피드백	• 높은 비용 • 느린 촉진속도
판촉	대중	고가	• 주의집중 • 즉시적 효과	• 제품의 비하 • 모방이 쉬움
PR	대중	무료	신뢰도가 높음	• 통제가 곤란 • 간접적 효과

2 판매촉진(Sales Promotion)

1. 판매촉진의 의미

소비자나 중간상에게 특정제품이나 서비스를 조기 또는 다량으로 판매하기 위해 단기적 이용을 목적으로 설계된 자극적 도구를 의미한다.

2. 판매촉진의 특징

(1) 광고보다 판매에 즉각적이며 측정 가능한 반응을 유발한다.

(2) 할인가격 지향적 소비자만을 유인할 가능성이 존재한다(단기적 효과).

(3) 제품의 품질, 가치 등을 의심하는 품위손상 문제를 유발한다.

3. 판매촉진의 종류

(1) **소비자 촉진**: 견본, 쿠폰, 현금환불(Rebate), 경품, 무료사용, 끼워팔기, 교차촉진, POP

(2) **중간상 촉진**: 공제(Allowance), 후원금, 거래선 보조, 무료상품

(3) **판매원 촉진**: 전시회, 판매시연, 특별품 광고

기출 문제 저격

TOP 1 시장기회 분석과 소비자 행동

01

의사결정과정을 순서대로 나열한 것은?　20기출

㉠ 문제 인식	㉡ 기준별 가중치 부여
㉢ 의사 결정	㉣ 효과성 평가 및 진단
㉤ 대안 탐색	㉥ 대안 평가
㉦ 대안 선택	㉧ 의사결정 기준 설정

① ㉠ - ㉡ - ㉧ - ㉤ - ㉥ - ㉦ - ㉢ - ㉣
② ㉠ - ㉡ - ㉧ - ㉤ - ㉦ - ㉥ - ㉢ - ㉣
③ ㉠ - ㉧ - ㉡ - ㉤ - ㉥ - ㉦ - ㉢ - ㉣
④ ㉠ - ㉧ - ㉡ - ㉤ - ㉦ - ㉥ - ㉢ - ㉣

02

다음 중 마케팅조사를 위한 자료 수집에 대한 설명으로 옳지 않은 것은?　19❷기출

① 2차 자료는 1차 자료에 비하여 획득비용이 저렴하다.
② 2차 자료는 1차 자료에 비하여 직접 마케팅과 관련된 자료를 수집하는 것이므로 마케팅조사에 있어서 관련 성이 높다.
③ 1차 자료는 2차 자료에 비하여 정보의 질이 우수하다.
④ 1차 자료는 2차 자료에 비해 시간과 비용이 많이 든다.

03

다음 중 탐색조사로 옳지 않은 것은?　19기출

① 관찰조사
② 패널조사
③ 사례조사
④ 면접조사

04

다음 대안평가 방식 중 TV 제품을 구매하려고 할 때 특정 속성(TV의 화질)의 값을 우선적으로 고려하여 선택하는 방식으로 옳은 것은?　18기출

① 사전편집식
② 분리식
③ 결합식
④ 순차적 제거식

05

다음 중 절대적 0값이 존재하는 척도로 옳은 것은?　18기출

① 명목척도
② 서열척도
③ 등간척도
④ 비율척도

안심Touch

06

다음 중 제품에 대하여 소비자가 높은 관여도(Involvement)를 보이는 경우 취할 수 있는 소비자 구매행동으로 옳은 것은? 17기출

> ㉠ 복잡한 구매행동(Complex Buying Behavior)
> ㉡ 부조화 감소 구매행동(Dissonance-Reducing Buying Behavior)
> ㉢ 다양성 추구 구매행동(Variety-Seeking Buying Behavior)
> ㉣ 습관적 구매행동(Habitual Buying Behavior)

① ㉠, ㉡
② ㉡, ㉢
③ ㉡, ㉣
④ ㉠, ㉢

07

다음 중 소비자의 구매결정과정 5단계를 순서대로 나열한 것은? 17기출

> ㉠ 대안평가
> ㉡ 구매 후 행동
> ㉢ 문제인식
> ㉣ 구매결정
> ㉤ 정보탐색

① ㉤ - ㉠ - ㉢ - ㉣ - ㉡
② ㉢ - ㉠ - ㉣ - ㉤ - ㉡
③ ㉤ - ㉢ - ㉠ - ㉡ - ㉣
④ ㉢ - ㉤ - ㉠ - ㉣ - ㉡

TOP 2 마케팅 계획 수립과정

01

경쟁의 역동성에 관한 설명으로 옳지 않은 것은? 20기출

① 경영주기는 기업마다 다르게 나타난다.
② 저속 주기순환은 타기업의 모방이 느리기 때문에 안정적으로 대응 가능하다.
③ 고속 주기순환은 매출 극대화를 위해 고객 충성도를 높이는 것을 시도한다.
④ 평균 주기순환은 모방을 상쇄한다.

02

다음 중 차별화 전략에 해당하지 않는 것은? 19기출

① 경쟁
② 제품의 특성
③ 서비스
④ 이미지

03

다음 중 마케팅 전략에 대한 설명으로 옳지 않은 것은? 18기출

① 기존 제품으로 새로운 시장에 진출하는 경우는 시장개발 전략에 해당한다.
② 의류업체가 의류뿐만 아니라 액세서리, 가방, 신발 등을 판매하는 경우는 제품개발 전략에 해당한다.
③ 호텔이 여행사를 운영하는 경우 관련다각화 전략에 해당한다.
④ 아기비누를 피부가 민감한 성인에게 파는 경우 시장침투 전략에 해당한다.

04

다음 중 BCG 매트릭스에 대한 설명으로 옳지 않은 것은?

17기출

① BCG 매트릭스는 산업이나 시장의 성장률과 상대적 시장점유율로 사업 기회를 분석하는 기법이다.
② 시장성장률은 보통 10%를 기준으로 고저를 나눈다.
③ Star 영역에서 현금흐름은 긍정적이다.
④ Cash Cow 영역일 때는 현상유지 전략이 필요하다.

05

다음 설명 중 옳지 않은 것은?

17기출

① 제조 기업이 원재료의 공급업자를 인수 · 병합하는 것을 전방통합이라 한다.
② 기업이 같거나 비슷한 업종의 경쟁사를 인수하는 것을 수평적 통합이라 한다.
③ 기업이 기존 사업과 관련이 없는 신사업으로 진출하여 여러 기업을 지배하에 두는 것을 복합기업이라 한다.
④ 제조 기업이 제품의 유통을 담당하는 기업을 인수 · 합병하는 것을 전방통합이라 한다.

TOP 3 제품관리

01

다음 중 제품수명주기 사이클에서 성숙기의 특징에 대한 설명으로 옳지 않은 것은?

18기출

① 매출이 점점 증가한다.
② 광고 지출이 많다.
③ 연구개발비 지출이 증가한다.
④ 경쟁 기업은 가격 제품을 인하한다.

02

다음 중 산업재에서 가장 많이 활용되는 마케팅 방법으로 옳은 것은?

18기출

① 광고
② 홍보(PR)
③ 판매촉진
④ 인적판매

03

다음 중 서비스 마케팅의 특징으로 옳지 않은 것은? 17기출

① 서비스는 생산과 동시에 소비된다.
② 서비스는 무형적 특성을 가지므로 물리적 요소가 결합될 수 없다.
③ 서비스는 제공자에 따라 서비스의 품질이 달라지기 때문에 표준화하기 어렵다.
④ 서비스의 공급이 수요보다 많더라도 재고로 비축할 수 없다.

04

다음 중 제품수명주기(Product Life Cycle)에 따른 경쟁자, 이익, 고객층, 가격의 변화를 설명하는 것으로 옳지 않은 것은?

17기출

		도입기	성장기	성숙기	쇠퇴기
①	경쟁자	적거나 소수	증가	다수	감소
②	이익	없거나 마이너스	창출되기 시작	최대 정점	잠식
③	고객층	혁신층	조기 수용자	조기 다수자	후기 수용자
④	가격	원가가산 가격	시장침투 가격	경쟁대응 가격	가격 인상

안심Touch

가격관리

01

제품의 현재가격은 2,000원이고, 웨버상수(K)는 0.2이다. 소비자가 차이를 느끼지 못하도록 가격인상을 최대화하고자 할 때 가능한 가격대로 옳은 것은?　18기출

① 현재가격 < 2,300원
② 2,300 ≤ 현재가격 < 2,400원
③ 2,400 ≤ 현재가격 < 2,500원
④ 2,500 ≤ 현재가격 < 2,600원

02

다음 중 소비자들에게 면도기를 저렴한 가격으로 구매하게 한 다음 면도날을 비싼 가격으로 판매하는 가격 전략으로 옳은 것은?　18기출

① 부산물 가격결정
② 선택사양제품 가격결정
③ 종속제품 가격결정
④ 묶음제품 가격결정

03

다음 중 가격전략에 대한 설명으로 옳지 않은 것은?　17기출

① 유인 가격전략이란 잘 알려진 제품의 가격을 저렴한 가격으로 판매하는 전략이다.
② 결합제품 가격전략이란 두 가지 이상의 제품 또는 서비스 등을 결합하여 하나의 특별한 가격으로 판매하는 방식이다.
③ 옵션제품 가격전략에서는 옵션제품에 대하여 높은 가격이 책정되는 경향이 있다.
④ 단수 가격전략은 비용 단위를 단순화할 수 있는 장점을 가진다.

유통경로관리

01

유통과정에서 수직적 통합의 단점이 아닌 것은?　20기출

① 기업 활동의 유연성이 낮아진다.
② 각 경로 구성원이 가진 특허권 보호가 어려워진다.
③ 유통경로 내에서 한 경로구성원에 의한 권력 횡포가 발생할 수 있다.
④ 관련 활동 간의 불균형으로 원가열위가 발생할 수도 있다.

02

다음 중 제품 판매에 있어서 소매, 도매, 정부로 나누는 기준으로 옳은 것은?　19기출

① 제품별
② 고객별
③ 기능별
④ 지역별

03

다음 중 수직적 통합에 대한 설명으로 옳지 않은 것은?　18기출

① 자전거 부품업체가 자전거 제조업체를 통합하면 수직적 전방통합이다.
② 수직적 통합은 자원이 분산되어 전문성이 감소될 수 있다.
③ 수직적 통합 시 관리에 유연성이 증가한다.
④ 수직적 통합은 제품의 생산과정상이나 유통경로상에서 공급자나 수요자를 통합하는 전략이다.

목표시장의 선정(STP)

01

시장표적화전략 유형 중 시장전문화 전략과 제품전문화 전략의 특징으로 옳지 않은 것은?　20기출

① 제품전문화전략은 새로운 기술 등장에 취약하다.
② 시장전문화전략은 생산, 유통, 촉진의 전문화로 높은 투자수익률을 낸다.
③ 시장전문화전략은 단일제품 복수 시장일 경우 유리하다.
④ 제품전문화전략을 통해 전문적인 제품 분야에서 강한 명성의 구축이 가능하다.

02

다음 중 시장세분화에 대한 설명으로 옳지 않은 것은?　19❸기출

① 시장세분화는 동질적 시장을 가정하여 하위시장으로 구분하는 것이다.
② 시장세분화가 성공하기 위해서는 시장 사이에 충분한 차별성이 존재하여야 한다.
③ 시장세분화를 통해 경쟁자보다 해당시장에서 먼저 경쟁우위를 확보할 수 있다.
④ 제품구매고객을 분류하는 대표적 기준으로는 인구통계적 기준, 가치관·성격을 비롯한 심리특성적 기준 등이 있다.

마케팅 믹스

01

다음 중 마케팅믹스(4P)로 옳지 않은 것은?　19❸기출

① 제품(Product)
② 가격(Price)
③ 장소(Place)
④ 포장(Package)

02

다음 중 마케팅믹스(Marketing Mix)의 4P 전략으로 옳지 않은 것은?　17기출

① 포지셔닝(Positioning)
② 가격(Price)
③ 유통경로(Place)
④ 촉진(Promotion)

마케팅의 기초개념

01

다음 중 고객의 입장과 가장 가까운 컨셉으로 옳은 것은?　19기출

① 생산 컨셉
② 제품 컨셉
③ 판매 컨셉
④ 마케팅 컨셉

마케팅 커뮤니케이션(촉진관리)

01

다음 중 소비자 대상 판매촉진활동에 해당하지 않는 것은?　18기출

① 샘플 제공
② 푸시 지원금
③ 프리미엄
④ 현금 환급

군무원

합격 저격

경영학

PART 2

경영학의 기초

기출 이론 저격

01 경영학의 이해

1 경영학의 개념

1. 경영의 정의

기업의 목표를 달성하기 위하여 리더십을 발휘하고 경영자원을 사용하는 방법을 결정해 나가는 과정이다 (피터 드러커, Peter Drucker, 1974).

2. 경영학의 주요 개념

구분	산출공식	개념
수익성 (Profitability)	회계이익/투입자본	이익극대화 원칙의 실현정도 측정
경제성 (Economic Efficiency)	산출가치/투입가치	투입된 비용(Cost)에 대한 효익(Benefit)의 비율을 통해 경제원칙의 실현정도 측정
생산성 (Productivity)	산출량/생산요소별 투입량	생산활동의 과정에서 생산요소 이용의 효과성과 효율성의 평가 측정

2 경영학의 발전 과정

1. 미국 경영학

(1) 미국 경영학의 발전 과정

구분	시대적 상황	주요 공헌자	주요 내용
고전적 관리론	• 기업규모 증대 • 시장규모 증대 • 전문 경영자 출현 • 전횡적 조직 출현	• Taylor(1911) • Gilbreth(1911) • Fayol(1916) • Weber(1918)	• 과학적 관리 • 관리과정 이론 확립 • 관료제 확립
인적자원 관리론	• 노동조합 결성 • 정부 규제 • 노동자 불안	• Mayo(1945) • Barnard(1938) • McGregor(1960) • Drucker(1954)	• 호손실험 • 참가적 경영 • 목표관리 • 동기부여
경영 과학	• 냉전 상태 • 기업규모 증대 • 콩글로머리트 출현	March–Simon(1958)	• 의사결정론 • 시뮬레이션 • 수리모형
시스템 이론	• 기업규모 증대 • 기업 다각화 • 불확실성 증대	Churchman(1957)	• 시스템적 접근 • 개방체제 인식 • 경영정보 시스템 개발
상황 이론	• 경제팽창 • 국제교역 증가 • 사회적 욕구불만 • 고도 기술제품 등장	• Woodward(1965) • Thompson(1967) • Lawrence–Lorsch(1967)	• 유기적 · 기계적 조직 • 동태적 환경 인식 • 사회적 책임 • 조직 변화
글로벌 경영 일본식 경영 구조조정 이론	• 세계화 • 조직문화 강조 • 아시아 금융 위기	Ouchi(1978)	• 글로벌 경영 강조 • 일본식 경영 강조 • 축소 경영 강조

(2) 고전적 관리론

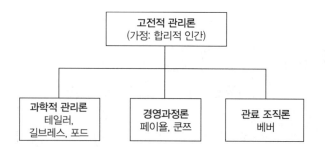

① **과학적 관리론**: 과학적 관리란 경영현상에 대한 체계적인 관찰, 실험 또는 판단을 통하여 획득한 사실에 의해 도출된 표준을 근거로 사업 또는 업무를 수행하는 관리방식을 말한다. 과학적 관리론은 19세기 후반과 20세기 초에 테일러(Taylor)에 의해 기초가 이룩된 경영학에 관한 최초의 이론이다.

㉠ 기본 개념: '고임금 저노무비'의 실현을 통한 노사 공동 번영과 사회발전(테일러리즘) 실현
  • 일일의 최고과업(A large daily task)
  • 표준적인 제조건(Standard Conditions)
  • 성공에 대한 우대(High pay for success)
  • 실패에 대한 손실(Loss in case of failure)

㉡ 기본 내용

차별 성과급제	작업자가 과업을 달성하도록 유인하고자 표준작업량을 달성한 근로자에게는 높은 임금을, 실패한 자에게는 낮은 임금을 적용하는 차별화된 성과급제
기획부제도의 설치	• 기업이나 공장은 하나의 부서에서 체계적으로 관리되어야 한다는 생각에서 설치 • 이 부서에서는 작업의 변경과 조건을 표준화하고 시간연구에 의하여 과업을 설정함과 동시에 과업을 수단으로 하는 생산의 모든 계획을 수립
기능식 직장제도	• 조직문화의 이점을 살리고 만능적 직장의 결함을 시정 • 공장조직을 종래의 군대식 조직(Line Organization)에서 철저한 기능식 조직(Functional Organization)으로 전환
작업 지시표 제도	작업자의 작업 방식과 시간을 통일하기 위하여 표준 작업방법과 이에 대한 표준시간이 동작의 순서에 따라 기입되어 있는 지시표(Instruction Card)를 작업자에게 주어 이에 따라 작업하도록 함

㉢ 비판
  • 인간적 요소의 경시 – '인간 없는 조직'(기계인 · 경제인 가정)
  • 관리자 측의 일방적인 경영체제
  • 경영의 구체적인 아이디어를 제공하지 못함
  • 조직의 외부환경을 고려하지 않음

② 포드 시스템
- 포드 자동차회사(Ford Motors Company)에서 포드(H. Ford, 1863~1947)에 의해 구상되고 실시된 경영합리화 방안이다.
- 테일러 시스템을 바탕으로 능률향상을 시간연구나 성과통제와 같은 인위적인 방식에만 의존한 것이 아니라, 자동적인 기계의 움직임을 종합적으로 연구함으로써 컨베이어 시스템(Conveyor System)에 의한 대량생산방식을 통해 능률 향상을 도모하였다.

Taylor system	Ford system
• 과업관리를 실시	• 동시관리를 실시
• 작업자 개인의 능률을 중시	• 전체적인 작업능률을 중시
• 고임금과 저노무비로 관리이념을 실천	• 고임금과 저가격으로 경영이념을 실천
• Stop Watch를 이용	• Conveyor Belt를 이용
• 작업자 중심	• 기계 중심
• 노사 쌍방이 운영하는 것이 기업	• 노동자와 소비자에 서비스하는 것이 기업

② 관리과정이론(페이욜, Fayol): 주로 생산현장의 기업 관리에만 관심을 기울인 테일러와 달리 페이욜은 기업조직 전체의 관리문제에 관심을 가졌다.
  ㉠ 기본 개념: 조직과 그 성원들이 실체적인 목표를 보다 효과적으로 달성할 수 있을까에 관심을 가지고 관리문제를 다루고 있다.
    - 본질적 기능(기업 활동)
      - 기술적 활동: 생산, 제조, 가공
      - 영업적 활동: 구매, 판매, 교환
      - 재무적 활동: 자본의 조달과 운용
      - 보전적 활동: 재화와 종업원의 보호
      - 회계적 활동: 재산목록, 대차대조표, 원가, 통계
      - 관리적 활동: 계획, 조직, 명령, 조정, 통제
    - 위의 6가지 종류의 활동 중 가장 중요한 것은 관리적 활동이다.

ⓛ 페이욜의 관리 일반원칙

분업의 원칙	• 관리원칙의 핵심으로 대규모 경영적 생산의 수행을 위한 필수적인 전제 • 스미스(A. Smith)의 『국부론』에서 제시
권한책임 명확화의 원칙	직무의 효과적 수행을 위한 권한과 책임의 대응 강조
규율유지의 원칙	규율이란 복종, 근면, 열성, 존경 등의 외적인 표현으로서, 어떤 계층에서나 훌륭한 상사가 있어야 이러한 규율이 확립됨
명령통일의 원칙	한 사람의 상사에게서 일원화된 명령만을 받아야 함
지침일원화의 원칙	동일한 목표를 가지고 활동하는 각 조직집단은 한 사람의 상사와 동일한 계획을 갖추어야 함
전체이익 우선의 원칙	경영활동의 통일목표로서 전체적 이익이 우선됨과 동시에 개인적 이익보다 이러한 전체적 이익의 우월성 강조
보수 적정화의 원칙	보수의 액수와 지불방법은 공정해야 하며, 조직의 각 구성원에게 최대한의 만족을 주어야 함
집중화의 원칙	분화된 경영활동 전체의 결합을 가능하게 하기 위한 원칙
계층화의 원칙	모든 계층의 연쇄적 연결의 강조
질서유지의 원칙	적재적소의 원칙
공정의 원칙	종업원에 대한 공정한 취급
비용 정의의 원칙	기업의 비용에 대한 안정된 조건
창의존중의 원칙	부하들에게 구상, 제안을 권장하고 그들의 창의성과 독창성을 존중
협동단결의 원칙	뭉치면 힘이 나온다는 원리

ⓒ 비판
- 실증적 연구가 미비하다.
- 개인의 이익보다 조직의 이익을 우선시한다.
- 동일한 발전단계에 있는 모든 조직은 동일한 기능적 분업과 조직구조를 가져야 한다는 주장과 구성원의 수가 조직의 일반적 형태의 주된 결정요인이라고 주장한다.

③ 관료조직론(베버, Weber)
ⓐ 기본 개념: 관료제란 규율, 계층, 분업 및 확고한 절차에 의존하는 하나의 시스템을 의미한다.
ⓑ 특징

노동의 분화	작업이 분명하므로 종업원들은 숙련된 능력을 가지게 됨
권한의 정의	권한과 책임이 지위에 따라 명확히 규정
공식적 규칙	문서화된 가이드라인이 구성원의 행동과 결정을 지휘
공평한 대우	규칙과 절차는 동등하게 적용
경력제	종업원들은 능력과 과업에 따라 선발되고 승진

ⓒ 순기능적 측면과 역기능적 측면

순기능적 측면	역기능적 측면
• 표준화된 행동과 능률 증대 • 고용의 안정성 • 공정성과 통일성 확보 • 계층을 통한 용이한 책임 수행	• 목적과 수단의 전도 • 혁신성의 결여 • 인간 소외현상 • 권력의 집중 • 형식주의

④ 고전적 관리론의 특성 비교

구분	과학적 관리론	경영과정론	관료조직론
특성	• 유일한 가장 좋은 방법 • 금전적인 동기부여	• 관리기능의 정의 • 분업, 계층, 권한, 공정성	규칙, 비인간화, 분업, 계층, 권한구조, 장기경력몰입, 합리성
초점	근로자	경영자	전체 조직
혜택	생산성, 능률	명확한 구조, 규칙	일관성, 능력
단점	사회적 욕구의 간과	• 환경의 무시 • 합리적 행동의 지나친 강조	• 엄격함 • 느림

(3) 인적자원 관리론

① 호손실험

㉠ 실험 과정

구분	일시	목적	결과
조명실험	1924.11~1927.4	조명의 질과 양이 노동자의 능률에 미치는 영향	별다른 영향을 미치지 않는 것으로 나타남
릴레이 조립실험	1927.4~1929.6	종래의 작업능률 향상에 도움이 된다고 생각하는 조건들에 대하여 실험	• 이들 조건과 생산성 향상과는 관계가 없음 • 심리적 조건이 생산성 향상에 영향을 미친다는 결론
면접실험	1928.9~1930.5	물리적 조건이 근로자의 생산성에 미치는 영향	작업장의 사회적 조건과 근로자의 심리적 조건이 근로자의 태도와 생산성에 영향
배선작업관찰	1931.11~1932.5	비공식적인 집단행동에 관한 연구	자연발생적으로 형성된 비공식조직의 존재를 인식

ⓛ 연구 결과
- 생산능률은 종업원의 태도 또는 감정에 크게 의존하고 있다는 사실을 발견하여 인간적 요인의 중요성을 인식하였다.
- 공식조직 내에 있어서의 자생적(비공식) 조직의 발견과 그 기능을 파악하였다.
- 작업자들의 생산성에는 경제적 요인뿐만 아니라 그들 간의 인간관계, 지휘방식, 사기, 감정과 같은 심리적·사회적 요인이 직접적으로 영향을 준다.
- 비공식조직(Informal Group)의 역할은 상당한 영향력을 가지며, 비공식조직 내에는 별도의 독특한 규범이 존재하고 이것이 집단 구성원들의 실제 행동에 영향을 미친다.
- 개인은 비공식조직에 소속됨으로써 공식적 조직구조로부터 받는 소외감을 극복하게 되고 더 친밀한 행동기준을 발견하게 됨으로써 공식조직이 주지 못하는 심리적·사회적 욕구를 만족시키게 된다.

② 매슬로우(Maslow)의 욕구5단계설

③ 맥그리거(McGregor)의 X이론과 Y이론

X이론	Y이론
• 일을 싫어한다. • 야망이 부족하다. • 책임감이 없다. • 변화에 저항한다. • 비자발적이다.	• 일하기를 좋아한다. • 자신을 통제할 수 있다. • 책임감이 강하다 • 창조력과 상상력이 풍부하다. • 자신의 행동을 이끌어간다.

④ 허츠버그(Herzberg)의 위생이론
　ⓧ 욕구 충족 이원론
- 인간은 이원론적인 욕구구조를 가지고 있다.
- 불만을 야기하는 요인과 만족을 주는 요인은 서로 다르다.
- 불만요인의 제거는 소극적이며 단기적인 효과를 가진다.

ⓛ 만족과 불만족의 요인

동기유발요인	위생요인
• 일에 만족을 주는 요인 • 업무 자체와 관련 ⑩ 성취감, 책임감, 승진, 직무 그 자체에 대한 보람 등	• 불만족을 불러일으키는 요인 • 환경 조건과 관련 ⑩ 화장실, 임금, 안전 감독, 정책과 관리, 상사 · 동료 · 부하 간의 관계 등

⑤ 인적자원 관리론의 의의
  ㉠ 조직에서 개인들을 비공식조직 및 공식조직 상호 간 관계로서 사회체제로 인식하게 되었다.
  ㉡ 조직 내 인간의 가치에 대한 새로운 평가를 제공한다.
  ㉢ 조직 내에서 직장집단이라는 사회적 구조를 중시하고 조직 내부의 의사전달의 문제나 균형상태 유지의 문제를 중시하는 새로운 인사기능이 필요하다는 점을 시사한다.

⑥ 인적자원 관리론의 비판
  ㉠ 과학적 타당성이 결여되어 있다.
  ㉡ 갈등에 대해 지나치게 이상적인 태도를 보인다.
  ㉢ 집단의사결정, 민주주의, 참여 등을 지나치게 강조한다.
  ㉣ 노동조합의 존재를 경시한다.
  ㉤ 인적 요소를 지나치게 강조하여 '조직 없는 인간(People without Organization)'이라는 비판을 받았다.

(4) 근대적 관리론

① 버나드(Barnard)의 조직 이론
  ㉠ 전제
    • 인간: 일정한 선택력과 결정능력 및 자유의지를 그 특성으로서 가지는 하나의 활동체이다.
    • 협동체계: 개인이 그 능력의 한계를 극복하여 목적을 달성하기 위한 수단으로서 형성되는 인간의 협동적 노력의 결합체이다.
    • 조직: 임의적으로 조장된 개인의 제반활동 및 재력의 시스템이다.
  ㉡ 단위조직

구성 요소	존속조건
• 공통목적 • 의사소통 • 공헌 의욕	• 유효성: 조직 자체의 목적 달성 능력 • 능률: 개인적인 동기의 충족

  ㉢ 복합조직
    • 체계적인 조직 이론의 전개를 위해서는 대기업과 같은 복합조직이 필요하다.
    • 의사소통기능을 전담하는 관리조직이 독립하게 되고 위의 구성 요소(공통목적, 의사소통, 공헌 의욕)의 내용이 복잡해진다.

② 사이먼(Simon)의 조직 이론

    ㉠ 전제

        • 인간: 일정한 합리성을 갖는 의사결정자이다.

        • 조직: 인간이 행하는 의사결정이 집약된 시스템이다

    ㉡ 의사결정에 관한 이론

        • 전제조건: 가치전제(행동의 목적) – 경험적으로 검정이 불가능(공부를 잘 하고 싶다), 사실전제(행동의 수단) – 경험적으로 검정이 가능(시험을 계속 본다)

        • 의사결정과정: 각 전제조건에서 결론을 유도하는 과정(석학이 되었다)

    ㉢ 내용

관리인 가설	조직 균형 이론
경제학의 초합리적 경제인 대신 제한된 합리성(정보수집 능력과 계산능력의 한계) 하에서 주관적 · 합리적 선택의 행동특성 강조	조직이란 조직구성원의 공헌을 노동이나 금전의 형태로서 받아들이고 이러한 공헌의 대가로서 각종 보상을 제공하는 균형적인 시스템이며, 이를 유지해야 하는 사람은 경영자 집단임

(5) 현대의 이론

① 시스템 이론

    ㉠ 개념: 조직을 하나의 전체 시스템(Total System)으로 보고, 그것이 어떻게 분석 가능한 여러 개의 하위 시스템으로 구성되는가를 강조한다.

    ㉡ 폐쇄 시스템과 개방 시스템

구분	폐쇄 시스템	개방 시스템
조직과 환경의 상호작용	×	○
시기	전통적 조직이론	현대 조직이론

    ㉢ 무질서도(엔트로피)

        • 모든 형태의 조직이 해체 또는 소멸로 향해서 움직여 가는 과정을 의미한다.

        • 부정적 엔트로피: 개방체제에서는 사라지는 현상인 엔트로피의 발생을 방지함을 의미한다.

    ㉣ 비판

        • 추상적인 문제나 현상을 마치 객관적 사물처럼 이해한다.

        • 예측을 가능케 하는 이론적 틀을 제공하기 어렵다.

        • 체제개념 속에서 안정성, 균형, 유형유지 등을 강조한다.

            – 현상유지, 현상분석에만 그친다.

            – 전체적인 변화를 주어 변동시키는 해결책 제시가 불가능하고 갑작스런 체제변동 등을 설명하는 데 한계가 있다.

② 상황 이론(Contingency Theory): 상황 이론은 조직행동에 있어 구성원 행동관리의 보편적 원리는 없으며, 모든 상황에 동일하게 적용되는 규칙은 없다고 본다.

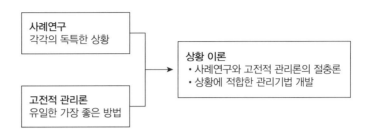

ⓐ 특징
- 상황과 조직특성 간의 적합적 관계를 규명한다.
- 조직과 환경 또는 기술과의 관계를 중요시한다.
- 행동의 주체로서 조직체 그 자체를 분석 단위로 한다.

ⓑ 기본 모형

상황 변수	환경	• 하나의 시스템을 둘러싼 외계의 총칭으로서 무한한 것 • 외부환경: 기업의 생존과 발전에 영향을 미치는 외적인 조건과 영향 • 내부환경: 특정한 조직에서 인식 가능한 속성집합
	기술	• 조직 내에서 투입물을 산출물로 변화시키는 과정 또는 방법 • 일상적 기술: 집권화, 공식화가 높고, 복잡성은 낮음 • 비일상적 기술: 집권화, 공식화가 낮고, 복잡성은 높음
	규모	• 종업원의 수를 의미하며 수용능력, 고객의 수, 순자산 및 매출액 등으로 나타나기도 함 • 규모가 클수록 복잡성, 공식화, 분권화가 높음
조직 특성 변수		조직구조, 조직과정, 개인속성
조직 성과 변수	유효성	설정된 목표의 달성 정도
	효율성	성과와 목표 달성을 위해 소요된 투입량과의 비

ⓒ 비판
- 환경과 조직의 구분이 불분명하다.
- 환경을 불확실성 면으로만 생각하고 소비자, 지역주민, 종업원요구 등에 대한 고려가 부족하다.
- 대량생산으로 안정된 기업에 대하여 경영참가 등 그 조직의 유연성을 위한 재편성의 방향을 제시하지 못한다.
- 환경의 유형별 구분이 불충분하고 그 대응기업에 대한 실증적 연구도 부족하다.
- 조직이 환경의 변화에 적응해 가는 과정에 대한 인식이 부족하다.
- 환경이 조직을 규제하기보다 조직이 환경을 선택할 수도 있다.

1. 기업 종류의 개념

(1) **사기업**: 민간인이 출자한 영리추구를 목적으로 하는 기업이다.

(2) **공기업**: 국가, 지방자치단체 또는 공공단체가 출자하고 영리추구를 목적으로 하지 않는 기업이다.

(3) **개인기업**: 출자자가 1명인 사기업이다.

(4) **공동기업**: 출자자가 2명 이상의 사기업이다.

(5) **합명회사(Ordinary Partnership)**: 회사의 재산으로 회사의 채무를 완제할 수 없는 경우 각 사원이 직접 연대 무한변제책임을 지는 무한책임사원으로 이루어지는 회사이다.

(6) **합자회사(Limited Partnership)**: 합명회사의 사원과 같이 직접무한책임을 지는 사원과 회사채권자에 대하여 출자액을 한도로 책임을 지는 유한책임사원으로 이루어지는 이원적 회사이다.

(7) **유한회사(Private Company)**: 물적회사 중 소규모인 회사로, 지분의 양도에는 사원총회의 특별결의가 필요하다. 사원의 책임이 유한임에도 불구하고 법의 간섭이 비교적 완화되어 있으며, 중소기업의 경영에서 많이 이용된다.

(8) **유한책임회사**: 각 사원이 출자금을 한도로 책임지는 회사이다. 주식회사의 경직된 지배구조보다 신속하고 유연하여 탄력적 지배구조를 가지고 있다. 출자자가 직접 경영에 참여할 수 있는 구조이며 유한회사와 주식회사의 중간 형태이다.

(9) **주식회사**: 각자가 가진 주식의 인수가액을 한도로 하는 간접유한책임을 부담하는 사원으로 이루어지는 회사로, 대기업 경영에 적합한 회사이다.

2. 기업 집중

(1) 기업 집중의 형태

카르텔	• 기업 상호 간의 경쟁 제한이나 완화를 위하여 동종 또는 유사산업 분야의 기업 간에 결성되는 기업 결합 형태 • 판매 카르텔, 구매 카르텔, 생산 카르텔
트러스트	• 동일 산업 부문에서 자본의 결합을 축으로 한 독점적 기업 결합 • 카르텔보다 강력한 기업 집중의 형태
콘체른	• 법률적으로 독립하고 있는 기업들이 출자 등의 자본적 연휴를 기초로 하는 지배종속관계에 의해 형성되는기업 결합 형태 • 각종 산업에 걸쳐 다각적으로 독점력을 발휘하는 거대한 기업집단 ⓔ 지주회사

콩글로메리트	• 자사의 업종과 관계가 없는 이종의 기업을 매수, 합병하는 경영 다각화 • 매수합병, 인수합병 등의 방법 이용
콤비나트	같은 지역 내의 기업들이 생산기술적인 측면에서 결합된 기업 결합 형태 예 울산공업단지, 석유화학콤비나트

(2) 카르텔, 트러스트, 콘체른의 비교

구분	카르텔	트러스트	콘체른
명칭	기업 연합	기업 합동	기업 집중(재벌)
목적	시장경영 배제, 시장통제	경영 합리화, 실질적 시장 독점	내부 경영 통제, 지배
독립성	가맹기업 독립성 유지	법률적·경제적 독립성 상실	법률적 독립성 유지, 경제적 독립성 상실
결합성	약(협정)	강(협동)	경제적 결합
존속성	협정기간 후 자동해체	완전 동일체	자본적 지배
결합방법	수평적 결합	수평·누적적 결합	수평·수직·자본적 결합
구속력	협정 조건에만 제한	완전 내부 간선	경영활동 구속, 지휘

(3) 다각화와 계열화

다각화 (Diversification)	• 목적: 위험분산 • 종래의 업종 이외에 다른 업종에 진출하여 동시 운영	수직적 다각화: 승용차 + 부품
		수평적 다각화: 트럭 + 승용차
		사행적 다각화: 섬유회사 + 컴퓨터
계열화 (Integration)	• 목적: 생산 공정 합리화와 안정된 판로의 확보 • 기업이 생산이나 판매, 자본 및 기술 등의 여러 가지 이유로 서로 관계를 맺음	대기업의 중소기업 계열화

※ 기업관련 다각화 → 규모경제(코카콜라) → 청량음료

※※ 기업비관련 다각화 → 범위경제(일본 소니사) → 시청각

1 경영자의 개념

1. 경영자

(1) 기업 경영의 구성요소로서 경영의 주체자이다.

(2) 조직체의 전략, 관리 및 운영활동을 능동적으로 주관하는 사람이다.

2. 경영자의 유형

(1) 수직적 위계

최고경영자 (Top Manager)	• 중장기 목표와 전략을 결정하고 회사의 방침과 비전을 설정 • 최고경영자와 대표이사, 사장 및 임원 등 • 수탁기능 및 전반적 관리기능
중간경영자 (Middle Manager)	• 최고경영층의 철학이 회사 전체에 전달될 수 있도록 사원들과 상호작용 • 공장장, 부서장 등 • 부문적 관리 및 집행기능
하위경영자 (Low Manager)	• 기술적인 능력을 갖추고 있으며 주로 사원들의 고충, 일정계획 및 사원들의 행위에 대한 관리책임 • 일선감독자, 작업반장 등 • 집행, 감독, 사무기능

(2) 수평적 위계

전문경영자 (Functional Manager)	회계, 정보 등 특정 분야에 국한된 업무를 수행하면서 그 분야에 전문성을 가진 관리자
일반경영자 (General Manager)	최고경영자, 공장관리자 등과 같이 여러 전문분야가 연계된 복합적인 관리 업무를 수행

(3) 조직의 발전과정에 따른 분류

소유경영자 (Owner)	기업을 소유하고 있는 사람, 즉 출자자 또는 대주주가 직접 경영에 참가하여 운영·관리하는 경영자
고용경영자 (Employed Manager)	• 소유경영자를 보조하여 특정 분야에 대한 지원 역할을 수행하는 경영자 • 경영자보다는 종업원의 속성을 지님
전문경영자 (Professional Manager)	• 고도의 기술과 대규모의 자본 필요 • 소유와 경영의 분리에 따라 경영의 역할 담당 • 종업원보다는 경영자의 속성을 지님

2 경영자의 의사결정

1. 의사결정 모델

구분	고전적 모델(Classical Model)	관리적 모델(Administrative Model)
가정	조직의 이익을 극대화하는 방향으로 경영자는 객관적이고 합리적인 태도로 의사결정을 수행	경영자는 제한된 합리성과 만족화 기준에 따라 현실을 반영한 의사결정을 한다고 파악
개념	경영자가 어떻게 완전히 합리적인 결정을 내리는가에 대한 규범적 모델	제한된 합리성 안에서 어떻게 실제적인 의사결정을 내리는가에 대한 기술적 모델
특징	1900년대에 널리 활용	• 제한된 합리성(Bounded Rationality): 경영자의 능력은 시공간 및 인식 능력에 있어서 한계 존재 • 만족화 기준(Satisfying Criteria): 비록 최적 대안은 아니더라도 문제 해결을 위한 최소한의 기준을 충족시키는 대안 선택

2. 의사결정 유형

(1) 경영주체에 따른 시간 할당

최고경영자	전략 - 관리 - 운영 순
중간경영자	관리 - 전략 - 운영 순
하부경영자	운영 - 관리 - 전략 순

(2) 전략적 · 관리적 · 업무적 의사결정

전략적 의사결정 (Strategic Decisions)	• 기업과 환경과의 관계 확립 • 제품과 타깃의 선정, 자원의 배분 등 경영전략 전반에 걸친 의사결정
관리적 의사결정 (Administrative Decisions)	• 전략적 의사결정의 실행을 위한 의사결정 • 조직 구조, 자원의 조달 등에 관한 의사결정
업무적 의사결정 (Operating Decisions)	• 자원을 활용하는 데에 있어서 효율성 극대화를 위한 의사결정 • 세부적인 자원의 배분과 계획의 수립에 대한 의사결정

(3) 경영환경에 따른 의사결정

확실성하의 의사결정	문제 해결을 위해 활용 가능한 대안과 그 결과를 사전적으로 알 수 있는 상태
위험하의 의사결정	• 대안 마련을 위한 정보는 부족하지만 대안 발생의 확률을 알고 있는 상태 • 위험한 환경: 경영자가 의사결정을 할 때에 자주 접하는 상황
불확실성하의 의사결정	• 활용 가능한 정보와 확률에 대한 정보가 거의 없는 상태 • 창의력, 직관, 경험 필요

(4) 메카니즘 관점에 따른 의사결정

정형화된 의사결정 (Programmed Decisions)	• 발생 빈도가 높은 상황이며 해결 방법이 예측 가능한 문제에 적용 • 보통 표준화된 문제 해결 방식 존재 예 재고 주문 과정, 장학금 신청 절차
비정형화된 의사결정 (Unprogrammed Decisions)	• 일회적인 상황과 예측할 수 없는 결과 및 파급효과로 말미암아 중대한 기회나 문제에 적용 • 정밀하게 계획된 의사결정을 따라야 함

---

04 경영전략

1 경영전략의 개념

1. 경영전략의 의미

(1) 챈들러(Chandler)와 앤소프(Ansoff)의 정의

① 챈들러: 기업의 장기적인 목표 및 목적을 결정하고 이들의 목표를 달성하는 데 필요한 활동 방향과 여러 가지 자원을 배분하는 것을 말한다.

② 앤소프: 경영목표를 달성하기 위한 의사결정율 내지 지침이라 하고 각종 의사결정은 기회주의적 요인에 의한 수단 선택의 성격이다.

(2) 일반적 정의

① 전략: 정해진 목표와 목적을 달성하기 위한 주요 정책과 계획의 형태이다.

② 경영전략: 기업의 내외부적 요소를 고려하여 정책을 수립하고 실행하며 평가하는 세 가지에 관련한 과업이다.

2. SWOT분석(Strength, Weakness, Opportunity, Threat)

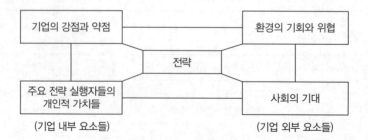

(1) 개념: 경영 상황 이론 분석에서 기업 내부 환경인 S, W(강점, 약점), 외부 환경인 O, T(기회, 위협)의 2 ×2＝4 분면에서 상황별 대처 방안을 제시하고, 기업 강점을 이용하여 주어진 기회를 기업에 유리하게 만들거나 위협에는 적절히 대처하고, 약점을 최대한 보완하는 전략을 수립하는 분석방법이다.

(2) 주요 내용: 기업의 보편적 선택전략(WO전략 → SO전략 → ST전략 → WT전략)

내부요인 　　　　 외부요인	기회(Opportunity)	위협(Threat)
강점(Strength)	〈SO전략〉 기회 활용을 위해 강점을 사용하는 전략 ◍ 인수합병, 내부개발	〈ST전략〉 위협 극복을 위해 강점을 사용하는 전략 ◍ 다양화 전략(위협 최소화, 내부강점 이용)
약점(Weakness)	〈WO전략〉 기회 활용을 위해 약점을 보완하는 전략 ◍ 조인트 벤처, 수직계열화, 비관련 다각화	〈WT전략〉 위협 극복을 위해 약점을 보완하는 전략 ◍ 방어적 전략, 철수, 제거(회사 축소, 청산, 구조조정)

---

05 ▶ 新경영전략

1 블루오션 전략

1. 블루오션 전략의 개관

(1) 블루오션(Blue Ocean)

블루오션은 기존의 시장과 대조되는 미개척 시장을 의미하는데, 이곳에는 새로운 수요가 존재하며 따라서 기업들은 고수익을 창출할 수 있는 새로운 기회를 갖게 된다. 이러한 블루오션은 기존산업의 경계선 밖에서 완전히 새롭게 창출되는 경우도 있지만, 대부분의 경우 기존산업을 확장하여 만들어지는데, 게임의 규칙이 부재하기 때문에 경쟁이 없다.

(2) 블루오션 전략(Blue Ocean Strategy)

블루오션 개념과 함께 등장한 블루오션 전략이란 블루오션을 공략하기 위한 전략으로, 비경쟁적인 새로운 시장을 창출하기 위한 실행전략을 포함한 종합적인 경영전략이다. 블루오션 전략은 경쟁사들이 비슷한 방식으로 승부를 걸 때, 발상의 전환과 차별화 전략으로 경쟁이 없는 새로운 시장을 창출하는 데 목적을 둔다. 치열한 경쟁으로 성장이 둔화되고 수익률이 하락하는 시장을 레드오션(Red Ocean)이라고 한다면, 고객들에게 새로운 가치를 제공하여 창출한 새로운 무경쟁의 시장이 블루오션이다.

2. 레드오션과 블루오션의 비교

구분	레드오션	블루오션
시장	기존의 시장영역	경쟁이 없는 신규시장 창출
게임의 법칙	치열한 경쟁	경쟁에서의 자유로움
특징	• 기존의 수요시장 공략 • 가치창출이나 비용절감 중 택일 • 기업의 전체적인 활동체계가 차별화나 저비용 중 하나를 통해 이루어짐	• 새로운 수요시장 창출 • 가치창출과 비용절감 동시추구 • 기업의 전체적인 활동체계가 차별화와 저비용 동시 추구

3. 블루오션 전략의 성공조건

(1) 고객관점에서 사업이나 제품을 바라보아야 한다.

(2) 구성원들이 창의성을 최대한 발휘할 수 있어야 한다.

(3) 절대가치를 추구하여야 한다.

(4) 블루오션으로 들어가는 길목을 좁혀야 한다.

(5) 움직이는 블루오션을 만들어야 한다.

06 　경영혁신

1 경영혁신의 개념

1. 경영혁신의 정의

광의	환경의 변화에 대응하기 위한 조직의 의도적이고 계획적인 변화 및 혁신 노력을 통칭하는 개념
협의	경영관리과정에 있어서의 혁신 ↔ 기술혁신

2. 경영혁신의 요인

기업외적 요인	기업내적 요인
• 세계화, 규제화, 개방화 등에 따른 경쟁 심화 • 소비자 요구의 다양화 • 경쟁우위 요소의 변화(가격, 생산량 → 대고객서비스, 품질) • 정보기술의 발달 • 조직원들의 생활 패턴 변화 　📑 단순노동 회피, 여가 선호 등	• 기업의 생산성이 낮아지고 경쟁력 약화 • 간접부문에서의 비효율성 증가 • 최고경영자층의 경영혁신 선호 • 재무성과 우수 기업의 효과적인 여유자원 활용과 미래 대비 목적

2 경영혁신의 기법

벤치마킹 (Benchmarking)	• 지속적 개선을 위한 기업 내부의 활동과 기능, 그리고 관리능력을 외부기업과의 비교를 통해 평가하는 것(멕네어, C. McNair) • 최고의 성과를 얻기 위하여 최고의 실제 사례를 찾는 과정(캠프, R. Camp)
전사적 품질경영 (TQM; Total Quality Management)	고객만족을 목표로 전사적인 참여를 통하여 조직 내 업무프로세스와 시스템을 지속적으로 개선시키고자 하는 통합적인 기법
업무재설계 (BPR; Business Process Reengineering)	비용, 품질, 서비스, 속도와 같은 기업의 핵심적 성과면에 있어서의 극적인 향상을 얻기 위해 기업의 프로세스를 기본적으로 다시 생각하고 근본적으로 재설계하는 것
다운사이징 (Downsizing)	조직의 효율성을 향상시키기 위해 의도적으로 조직 내의 인력, 계층, 작업, 직무, 부서 등의 규모를 축소시키는 기법
리스트럭처링 (Restructuring)	조직경쟁력 강화를 위한 전략경영의 차원에서 기존 사업단위의 축소, 통폐합 및 확대 여부와 신규사업에 진입여부, 주력사업의 선정 등에 관한 결정과 함께, 이러한 사업들을 어떻게 연계하여 통합할 것인지를 결정하는 복잡하고 다차원적인 전략기획의 방법

기출 문제 저격

TOP 1 기업의 이해

01

기업의 사회적 책임에 대한 설명들 중 바르지 않은 것은?

20기출

① 법적 책임: 회계의 투명성, 성실한 세금 납부, 소비자의 권익 보호 등의 책임이다.

② 자선적 책임: 사회공헌 활동에 대한 기업의 지원을 의미한다.

③ 윤리적 책임: 정해진 법 안에서 기업 활동하는 것을 뜻한다.

④ 경제적 책임: 이윤 극대화와 고용 창출 등의 책임을 말한다.

02

중소기업의 특징으로 옳지 않은 것은?

20기출

① 작은 시장규모

② 소유와 경영의 미분리

③ 시장수요 변동에 대한 탄력적 대응

④ 자본의 비한계성

03

다음 중 자동차 완제품 회사와 자동차 부품 업체 간의 결합 유형으로 옳은 것은?

19기출

① 수직적 결합

② 수평적 결합

③ 구조적 결합

④ 통합적 결합

04

다음 중 비관련다각화의 특징으로 옳지 않은 것은?

19기출

① 핵심 역량을 활용할 수 있다.

② 내부의 자원을 효율적으로 활용할 수 있다.

③ 범위의 경제에 효과가 있다.

④ 현금흐름이 좋다.

05

다음 중 주식회사의 특징으로 옳지 않은 것은?

19기출

① 투자자로부터 거액의 자본 조달이 용이하다.

② 주식회사의 3대 기구는 주주총회, 이사회, 감사이다.

③ 소유자가 경영에 참가해야만 하므로 소유와 경영이 일치한다.

④ 주주는 출자액 한도 내에서만 자본 위험에 대해 책임을 진다.

06

다음 중 카르텔에 대한 설명으로 옳지 않은 것은? 17기출

① 각각의 기업은 완전한 독립성을 유지한다.
② 동종산업이 수평적으로 결합한 형태이다.
③ 기업결합 중 가장 강력한 형태이다.
④ 카르텔 등을 방지하기 위해 우리나라에는 공정거래위원회가 존재한다.

TOP 2 경영학의 이해

01

개방시스템의 구조적 절차로 옳은 것은? 20기출

① 피드백 – 투입 – 과정 – 산출
② 투입 – 피드백 – 과정 – 산출
③ 투입 – 과정 – 산출 – 피드백
④ 투입 – 과정 – 피드백 – 산출

02

다음 중 매슬로우의 욕구로 옳지 않은 것은? 19⊛기출

① 자아실현 욕구
② 성장욕구
③ 존경욕구
④ 생리적 욕구

03

다음 중 창업 시 고려해야 할 사항으로 옳지 않은 것은? 19기출

① 기술성
② 경제성
③ 시장성
④ 성장성

04

다음 중 복제 가능한 범위의 경제의 효과로 옳지 않은 것은? 18기출

① 위험 감소
② 시장지배력
③ 세금 혜택
④ 종업원 보상

05

다음 중 매슬로우(Maslow)의 욕구단계이론의 욕구들을 낮은 단계에서 높은 단계의 순서대로 바르게 나열한 것은? 17기출

> ㉠ 안전 욕구
> ㉡ 생리적 욕구
> ㉢ 사회적 욕구
> ㉣ 자아실현 욕구
> ㉤ 존경 욕구

① ㉠ – ㉡ – ㉢ – ㉣ – ㉤
② ㉠ – ㉡ – ㉢ – ㉤ – ㉣
③ ㉡ – ㉠ – ㉢ – ㉤ – ㉣
④ ㉡ – ㉢ – ㉠ – ㉣ – ㉤

06

다음 중 포드 시스템의 현대적 대량생산 공정 원리에 해당하지 않는 것은? 17기출

① 기계의 전문화
② 제품의 단순화
③ 작업의 복잡화
④ 부품의 표준화

TOP 3 경영자의 역할

01

다음 중 경영자에 관한 내용으로 옳지 않은 것은? 19⊙기출

① 소유경영자는 단기이익을 추구한다.

② 소유경영자는 위험을 부담하고 상대적 높은 수익을 추구한다.

③ 전문경영자는 소유자와 독립하여 기업을 경영하는 자로써 기업 경영상의 결정에 대해 판단의 자유를 가진다.

④ 전문경영자는 이해집단으로부터 권한을 위임받아 기업의 존속과 성장을 위해 최고 의사를 결정하여 하부에 지시하는 기능을 가진 자이다.

02

다음 중 경영자에 대한 설명으로 옳지 않은 것은? 18기출

① 최고경영자는 주로 기업의 전반적인 계획업무에 집중한다.

② 전문경영자는 소유경영자의 자산을 증식하기 위해 고용된 대리인이다.

③ 직능경영자는 재무, 회계, 인사 등 중에 특정 부서만을 전담한다.

④ 일선경영자는 현장실무능력이 요구된다.

03

다음 중 민츠버그(Mintzberg)가 주장한 경영자의 세 가지 역할에 해당하는 것으로 옳지 않은 것은? 17기출

① 정보전달자로서의 역할

② 상품전달자로서의 역할

③ 의사결정자로서의 역할

④ 대인관계에서의 역할

경영전략

01

다음 중 기업 내·외부 환경을 분석하여 기회와 위협에 대한 분석 및 기업 역량에 대한 강점과 약점을 분석하는 기법으로 옳은 것은? 19⊙기출

① 가치사슬분석

② 시장침투 전략

③ 사업포트폴리오 분석

④ SWOT분석

02

다음 제품수명주기 중 성장기에 대한 설명으로 옳은 것은? 19⊙기출

① 제품의 품질에 대한 신뢰성을 확보하고 경쟁기업의 진입에 대비한다.

② 제품을 차별화하면서 기존고객의 점유율을 유지하고 새로운 고객을 창출한다.

③ 마케팅믹스를 수정하고 상품모델의 다양화를 추구한다.

④ 마케팅 전략을 통하여 수익성이 낮은 시장에서 철수하거나 시장 참여를 축소한다.

03

다음 중 기업의 사회적 책임투자(SRI)에 해당하지 않는 것은? 19기출

① 중소기업벤처에 투자한다.

② 기업지배구조를 고려해 투자한다.

③ 유해행위를 하는 기업에게 투자를 철회한다.

④ 지역 기금에 투자한다.

경영혁신

01

다음 중 조직의 경영관리과정에 관한 설명으로 옳지 않은 것은? 19기출

① '계획 – 조직 – 지휘 – 통제'순서로 이어진다.
② 조직화는 수행 업무와 수행방법 및 담당자(리더)를 정한다.
③ 지휘는 갈등을 해결하고 업무 수행을 감독하는 역할을 한다.
④ 계획은 목표와 전략 수립을 하면서 조정을 한다.

02

다음 중 마이클 포터의 가치사슬모형에서 지원활동에 해당하지 않는 것은? 19기출

① 인프라 기반시설
② 기술개발
③ 제품의 사후지원
④ 인적자원 개발

03

다음 노나카(Nonaka)의 지식경영에서, 형식지와 암묵지의 변동과정 4가지 중 옳은 것은? 17기출

① 암묵지 → 암묵지: 내재화(Internalization)
② 암묵지 → 형식지: 사회화(Socialization)
③ 형식지 → 형식지: 통합화(Combination)
④ 형식지 → 암묵지: 외재화(Externalization)

新경영전략

01

다음 설명 중 옳지 않은 것은? 18기출

① 구체적 이미지의 브랜드가 추상적 이미지의 브랜드보다 확장 범위가 넓다.
② 라인 확장은 기존의 제품범주에 속하는 신제품에 그 브랜드명을 그대로 사용하는 전략이다.
③ 복수브랜드는 동일한 제품범주 내에서 여러 개의 브랜드를 사용하는 전략이다.
④ 카테고리 확장은 기존 브랜드와 다른 제품범주에 속하는 신제품에 기존 브랜드를 사용하는 전략이다.

군무원

합격 저격

경영학

PART 3

조직행위

기출 이론 저격

01 조직행위론의 이해

1 조직행위론의 기초개념

1. 조직행위론의 정의

(1) 조직

공통의 목적이나 목표를 달성하기 위해 사람들이 모인 집합체로서 주어진 위계구조 속에서 상호작용하는 곳이다.

(2) 조직행위론(Organizational Behavior)

조직 내 인간의 태도와 행위에 대한 체계적 연구를 통하여 조직의 유효성과 인간복지를 강화하고자 조직 내 인간행동을 연구하는 학문이다.

2. 조직행위론의 성격

(1) 과학적 방법론

① 개념

공개성	연구의 목적, 과정, 결과의 공개
개념의 정의	변수의 정의와 측정방법의 계량화와 명시
객관성	자료수집에서 중요한 요건
연구결과의 재검성	여러 차례의 반복 연구
연결성	연구 방법 간의 체계적 연결성과 결과의 축적 가능성
기본 목적	명확한 서술과 이해

② 과학적 방법의 과정

현실세계에서 현상의 관찰	→	귀납과정을 통한 현상의 설명	→	연역과정을 통한 예측과 가설 설정	→	관찰을 통한 예측이나 가설 검증

2 조직행위론의 역사

조직행위론은 주로 미국 경영학의 전개과정과 깊은 관련성을 가지고 있다. 과학적 관리법, 인간관계론, 근대적 조직이론, 행동과학, 시스템이론, 상황이론 등은 조직행위론의 전개과정에서 중요한 의미를 갖는다.

1. 과학적 관리법

과학적 관리법은 20세기 초 공장관리의 전문가인 테일러(Taylor)가 구성한 이론이다. 과학적 관리법은 산업화 초기의 미국에서 반숙련, 혹은 미숙련 노동을 조직하여 공장제 시스템에서의 능률을 극대화하기 위한 시도라고 볼 수 있다.

(1) 과학적 관리원칙

① **과업관리**: 경영자와 이를 실천하는 작업자가 분리되어 경영의 전문화가 이루어진다.

② **과학적 인사**: 작업장의 선발과 훈련의 규정이 정해지고 지켜져야 한다.

③ **성과보상**: 보상은 생산성이나 업적에 비례하여 주어져야 한다.

④ **기능적 조직**: 조직은 각각의 기능별로 전문화되어야 한다.

⑤ **노사화합**: 노동자와 사용자는 서로 협력을 통해 조직의 효율성을 도모한다.

(2) 과학적 관리법의 공헌과 문제점

① **공헌**: 과학적 관리법은 인적자원의 조직화와 작업의 과학적 관리를 통하여 능률을 증대하였다.

② **문제점**

㉠ 경제적 인간관을 가지고 인간에 대해 지나치게 단순한 가정을 한다.

㉡ 능률의 극대화만을 지나치게 강조하여 조직구성원을 마치 얼굴 없는 톱니바퀴처럼 생각한다. 즉, 조직의 인간 목적을 도외시했으므로 후세의 학자들로부터 인간 없는 조직(Organization without People) 이론이라는 비평을 받았다.

2. 인간관계론

조직행위론의 성립에 가장 큰 영향을 미친 것은 인간관계론과 행동과학이다. 인간관계론은 메이요(E. Mayo) 등이 실시한 호손실험(1927~1932)에서 시작되었다.

(1) 인간관계론의 발견사항

인간관계론은 조직에서 인간의 행동을 이해하는 데 다음과 같은 시사점을 제공해 준다.

① 기업조직은 경제, 기술적 체계인 동시에 사회심리적 체계이다.

② 사람은 경제적 요인 외에 사회, 심리적 요인에 의해서도 동기부여가 된다.

③ 비공식집단은 작업자의 태도와 성과에 중요한 영향을 미친다.

④ 인간의 정서적 측면은 기업조직의 관리에 있어서 중요한 변수이다.

(2) 인간관계론의 공헌과 문제점

① 공헌: 인간관계론은 인간을 중시하는 태도를 제공하고 인간에 대한 이해를 제시함으로써 조직행위론의 성립에 기여하였다.

② 문제점: 기업조직에서 인적요소의 중요성만을 지나치게 강조한 나머지 조직의 목표달성을 무시하였고, 그 결과 1940년대 이후로는 만병통치약으로서의 효험을 잃고 후세학자들에 의하여 조직 없는 인간(People without Organization) 이론이라는 비판을 받게 되었다.

3. 근대적 조직이론

버나드(Barnard)와 사이먼(Simon) 및 폴리 등에 의해 성립된 근대적 조직이론은 과학적 관리법과 인간관계론을 통합하여 수정이론을 제시하였다.

(1) 버나드의 공헌

버나드는 조직을 2인 이상의 사람들이 힘과 활동을 의식적으로 조정하는 협동체계라고 정의하였다. 조직에서 협동적 관계를 유지하기 위해서는 참여자들의 공헌과 조직에서 실시하는 보상의 균형이 중요하다고 생각하였다. 또한 버나드는 '권위수용설(Acceptance Theory of Authority)'을 제안하였는데, 권위는 상사의 지위에 관련된 것이라기보다는 하급자의 의사에 따라 수용여부가 결정된다는 것이다.

(2) 사이먼의 공헌

사이먼은 기업조직에서 관리자들의 의사결정행위는 고전경제학의 가정이나 전통적 경영학의 주장처럼 합리적인 것이 아니라 인간의 정보수집과 판독에 한계가 있기 때문에 실제의 관리자들은 제한된 합리성(Bounded Rationality)에 의하여 의사결정을 한다는 만족인 가설을 제시하였다. 사이먼은 구성원의 동의를 얻는 것이 조직에서 가장 중요한 것이며, 이러한 동의를 얻는 방법은 조직 입장에서는 권위이고 개인의 입장에서는 자기통제라고 하였다.

1 인간에 관한 관점

1. 맥그리거(McGregor)의 X이론과 Y이론

X이론	Y이론
• 대부분의 사람들에게 있어서 일은 싫은 것이다. • 대부분의 사람들은 야망이 없고 책임감도 거의 없으며 지시받기를 좋아한다. • 대개의 사람들은 조직의 문제를 해결하는 데 창의력을 발휘할 만한 능력을 갖고 있지 못하다. • 동기부여는 물질적 · 경제적 수준에서 이루어진다. • 대개의 사람들은 엄격히 통제되어 조직의 목표를 달성하게끔 강제되어야 한다.	• 조건만 알맞다면 일은 노는 것처럼 자연스러운 것이다. • 사람들은 자신이 책임을 느끼는 목표를 달성하기 위해 자기지시와 자기통제를 한다. • 조직의 문제를 해결하는 데 필요한 창조적 능력은 인간에게 광범위하게 분산되어 있다. • 동기부여는 물질적 · 경제적 수준에서 뿐만 아니라 심리적 · 사회적인 수준에서도 이루어진다. • 사람들은 적절히 동기가 부여되면 일에 있어 자기통제적일 수 있고 창조적일 수 있다.

2. 아지리스(Argyris)의 성숙-미성숙 이론

미성숙	성숙
• 수동적 · 소극적 활동 • 의존적 상태 • 한정된 단순한 활동 • 얕고 약한 관심 • 단기적 전망 • 종속적 지위에 만족 • 자아의식의 결여	• 능동적 · 적극적 활동 • 독립적 상태 • 다양하고 복잡한 활동 • 깊고 강한 지속적 관심 • 장기적 전망 • 대등 · 우월적 지위에 만족 • 자아의식과 자기통제

3. 아지리스의 4구분

구분	A형	B형
X형	〈XA〉 • 관점: 부정적 인간관 • 태도: 지시적	〈XB〉 • 관점: 부정적 인간관 • 태도: 후원적
Y형	〈YA〉 • 관점: 긍정적 인간관 • 태도: 지시적	〈YB〉 • 관점: 긍정적 인간관 • 태도: 후원적

2 개인행위에 대한 접근법

1. 행태론적 접근법

(1) 왓슨(J. B. Watson)에 의해 주도되었으며, 심리현상의 과학적 연구를 위하여 외부로부터 관찰되고, 측정될 수 있는 현상만을 연구대상으로 삼아야 한다고 주장했다.

(2) S $\longrightarrow$ R

$\uparrow$ Re

① S(Stimulus): 외부의 자극

② R(Response): 자극에 따른 반응

③ Re(Reinforcement): 반응에 영향을 주는 강화요인

(3) **효과의 법칙(Law of Effect)**: 행위에 따른 결과가 상이냐 벌이냐에 따라 행위의 형성과 변화가 이루어진다(스키너, B. F. Skinner).

(4) **비판**: 행위를 야기하는 내적 과정을 취급하지 않고 있다.

2. 인지적 접근법

(1) 인간의 행위가 기계적으로 결정된다는 행태론적 접근법에 대한 반발로, 인간의 내적 정신과정을 강조한 이론이다.

(2) S $\longrightarrow$ O $\longrightarrow$ R

① S(Stimulus): 외부의 자극

② O(Organism): 자극으로부터 반응에 이르는 내적 과정

③ R(Response): 자극에 따른 반응

(3) 개인의 행위를 결정하는 데 있어서는 내적 심리상태가 매우 중요하다.

(4) **비판**: 지나치게 주관적일 수 있다.

상동적 태도	상대방을 소속집단으로 평가하는 오류 ◉ 지역, 출신학교, 성별
현혹효과(Halo Effect)	후광효과라고도 하며, 하나의 특징적 부분의 인상이 전체를 좌우하는 오류 ◉ 얼굴이 예쁘니 마음씨도 고울 거야.
상관적 편견 (내재적 퍼스낼리티 이론)	사람의 특질 간에 연관성이 있다는 오류 ◉ 국어와 영어, 성적과 리더십
선택적 지각	외부적 상황이 모호할 경우 원하는 정보만 선택하여 판단하는 오류 ◉ 비슷한 글씨를 익숙한 것으로 착각하는 것
대비효과	한 사람에 대한 평가가 다른 사람의 평가에 영향을 주는 오류 ◉ 우수한 답안을 채점한 후 다음 사람의 답안 채점 시
유사효과	지각자가 자신과 비슷한 상황의 사람에게 후한 평가를 하는 오류
주관의 객관화(Projection)	자신과 비슷한 기질을 잘 지적하는 오류
기대(Expectation)	자기실현적 예언
지각적 방어	상황이나 사실을 객관적으로 지각하지 못하는 오류
관대화 경향	평가에 있어 가능한 한 높은 점수를 주려는 오류
가혹화 경향	평가에 있어 가능한 한 낮은 점수를 주려는 오류

1. 동기부여이론

(1) 전통이론

과학적 관리법	• 경제인 가설 • 금전적 보수를 통하여 작업 능력 극대화
인간관계론	• 사회인 가설 • 직무만족을 통하여 작업 능력 극대화

(2) 현대이론

내용이론	• 동기부여에 크게 작용하는 요인들의 규명 • Maslow, Alderfer, McClellad, F. Herzberg 등
과정이론	• 동기유발의 과정에 초점을 맞추는 요인 • J. A. Adams, Vroom, E. A. Locke 등
시스템 및 상황적 이론	• 시스템과 욕구를 발현하기 위하여 상황적 요인의 규명 • K. Lewin

2. 동기부여의 내용이론

(1) 매슬로우(Maslow)의 욕구 5단계 이론

① 내용

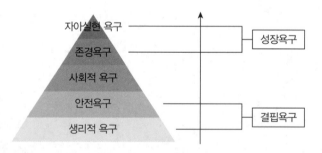

생리적 욕구 (Physiological Needs)	신체적 균형을 이루기 위하여 필요한 욕구 ⑩ 허기, 갈증
안전욕구 (Safety Needs)	신체적 · 정서적 위협으로부터 자신을 보호하려는 욕구
사회적 욕구 (Social Needs)	인간관계에 관련된 욕구

존경욕구 (Self-esteem Needs)	타인들로부터 인정 혹은 존경을 받고 싶은 욕구
자기실현 욕구 (Self-actualization Needs)	자기 발전을 위하여 잠재력을 극대화시키려는 욕구

② 특징

  ㉠ 욕구는 반드시 화살표 방향을 따라 순차적으로 나타나며, 중간을 건너뛰는 경우는 없다.

  ㉡ 동기를 유발하는 것은 결핍이다.

  ㉢ 결핍욕구는 개인차가 없다.

③ 비판

  ㉠ 욕구에는 단계가 없다.

  ㉡ 조직에서 실제로 활용할 수 없다.

(2) 알더퍼(Alderfer)의 ERG 이론

① 내용

E(존재욕구: Existence)	• 인간이 존재하기 위하여 필요한 생리적, 물질적 욕구 • 생리적 욕구 + 안전의 욕구
R(관계욕구: Relatedness)	• 타인과의 관계에 대한 욕구 • 소속감과 애정욕구 + 외적 존경욕구
G(성장욕구: Growth)	• 자아 성장을 위한 개인의 잠재력 개발 욕구 • 내적 존경욕구 + 자기실현의 욕구

② 특징

  ㉠ 하위욕구가 충족되면 상위욕구에 대한 욕망이 더욱 커진다.

  ㉡ 상위욕구가 충족되지 않으면 하위욕구에 대한 욕망이 더욱 커진다.

③ 욕구단계이론과의 비교

유사점	차이점
• 하위욕구가 충족 → 상위욕구에 대한 욕망 • 욕구의 계층성 인정	• 계층의 숫자가 적어서 훨씬 포괄적 • 계층별 욕구가 반드시 순차적이지 않음 • 세 가지 욕구가 동시에 나타날 수도 있음

④ 비판

  ㉠ 욕구는 여전히 계층성을 지닌다.

  ㉡ ERG 이론에서 승진이 불가능하면 월급이라도 많이 받자는 심리에서 상위욕구(승진), 하위욕구(월급)로 여전히 계층성을 지닌다.

(3) 맥클랜드(McClelland)의 성취동기이론

① 거시적인 관점에서 접근

② 성취, 권력, 친교욕구: 끝없는 욕망으로 채워지지 않는다.

(4) 허츠버그(Herzberg)의 2요인 이론

① 내용

동기 유발 요인	위생요인
• 일에 만족을 주는 요인 • 업무 자체와 관련 예 성취감, 책임감, 승진, 직무충실	• 불만족을 감소시키는 요인 • 환경 조건과 관련 예 작업환경, 임금, 지위, 안전

② 특징

　㉠ 인간은 이원론적인 욕구구조를 가지고 있다.

　㉡ 불만을 야기하는 요인과 만족을 주는 요인은 서로 다르다.

　㉢ 불만요인의 제거는 소극적이며 단기적인 효과를 가진다.

　㉣ 직무충실화의 이론적 기초이다.

③ 비판

　㉠ 2원적 구조에 대한 문제가 제기된다.

　㉡ 개인차에 대한 고려가 없다.

　㉢ 만족과 동기부여를 같은 것으로 전제한다.

　㉣ 자료 수집에 있어서의 객관성과 보편성이 결여되어 있다.

3. 동기부여의 과정이론

(1) 브룸(Vroom)의 기대이론

① 내용: 개인은 여러 가지 행동 대안을 평가하여 가장 중요시되는 결과를 가져오리라 믿어지는 행동 대안을 선택한다.

② 개념

기대감(Expectancy) $0 \leq E \leq 1$	• 행동이 자신에게 가져다 줄 결과에 대한 기대감(확률) • 노력 대 성과의 관계로 0~1 사이로 나타남
수단성(Instrumentality) $-1 \leq I \leq 1$	1차 수준 결과가 2차 수준 결과를 가져오리라는 주관적인 기대감
결과 또는 보상	• 1차 수준 결과: 개인행동에 대한 결과–직무 성과, 생산성 등 • 2차 수준 결과: 1차 수준의 결과에 따른 결과–돈, 승진 등
유의성(Valence)	개인이 결과에 대해 갖는 선호도 • 긍정적 유의성(Positive Valence): 보상, 승진, 인정 등 • 부정적 유의성(Negative Valence): 압력, 벌 등
행동 선택	기대되는 결과와 중요성을 모두 고려하여 적절한 행동 선택

(2) 아담스(Adams)의 공정성이론

① 내용

㉠ 자신의 투입과 산출의 비율을 다른 사람과 비교하여 공정한 대우를 받고 있는지 판단

㉡ 공정성과 불공정성

공정성	$\dfrac{O_p}{I_p} = \dfrac{O_o}{I_o}$	만족
과대보상 불공정성	$\dfrac{O_p}{I_p} = \dfrac{O_o}{I_o}$	죄책감
과소보상 불공정성	$\dfrac{O_p}{I_p} = \dfrac{O_o}{I_o}$	불만족

O_o: 자신의 Output
O_p: 타인의 Output
I_o: 자신의 Input
I_p: 타인의 Input

② 과정: 불공정성 지각 → 개인 내 긴장 → 긴장 감소 쪽으로 동기 유발 → 행위

③ 불공정성의 관리

㉠ 자신의 투입과 산출의 변경

㉡ 비교대상의 투입과 산출의 변경

㉢ 인지적 왜곡

㉣ 비교 대상 변경

㉤ 이직

(3) 목표설정이론(Goal Setting Theory)

① 로크(Locke): 기대이론 '인지적 쾌락주의' → 목표가 중요

② 목표의 특성

난이도	능력 범위 내에서 어려울수록 효과적
구체성	구체적일수록 도전적
수용성	강요가 아니라 동의한 것
참여성	당사자가 목표 설정 시에 참여한 것
단순성	단순할수록 효과적

③ 환경

피드백	목표달성에 대한 피드백이 성과를 유발
보상	목표달성에 따른 합리적 보상
경쟁	적당한 경쟁은 효과적

4. 동기부여의 상황이론: 레빈(K. Lewin)의 장의 이론

(1) 특정 시점의 행위를 이해하기 위해서 개인과 시스템, 환경을 모두 고려하여 동기를 부여해야 한다.

(2) 생산활동을 촉진하는 힘과 억제하는 힘

촉진하는 힘	억제하는 힘
일의 선호, 보상, 효과적인 감독 등	피로, 집단의 규범, 비효과적 감독 등

---

05 집단 행위에 대한 이해

❶ 집단의 종류

1. 공식집단과 비공식집단

(1) 공식집단

능률, 비용의 원리에 입각하여 공식적 과업이나 목표를 달성하기 위해 의도적으로 형성된 집단이다.

기능집단(Functional Group) = 명령집단(Command Group)	과업집단(Task Group)
계층 구조를 지니는 조직도상 부, 과, 계 등	구체적 과업 달성을 위한 임시적인 프로젝트팀, 과업팀 등

(2) 비공식집단

감정의 논리에 입각하여 공동의 관심사나 인간관계에 따라서 형성된 자연발생적 조직이다.

이해집단(Interest Group)	우호집단(Leadership Group)
구성원들이 자신의 이익을 얻기 위하여 형성한 집단 예 노동조합	유사성을 지닌 사람들끼리의 모임 예 동호회(공통점), 동창회(유사성)

(3) 공식집단과 비공식집단 비교

구분	공식(인위적) 집단	비공식(자연적) 집단
가입 동기	지명 또는 선발	자연적 또는 자의적
과업	한정	다양
존속 기간	미리 정해짐	구성원들 의도에 달려있음
규범	능률의 법칙	감정의 법칙

2. 1차 집단과 2차 집단

1차 집단(Primary Group)	2차 집단(Secondary Group)
• 자발적이고 무의식적으로 형성 • 비공식적, 친밀함, 개인적 예 가족, 이웃, 동료	• 특정목적을 지닌 사람들이 인위적으로 형성 • 공식적, 비인격적, 도구적 예 학술모임, 종교모임, 노동조합

3. 기타집단

(1) 성원집단과 준거집단

성원집단(Membership Group)	준거집단(Reference Group)
개인이 속해있는 집단	개인이 가치관을 결정하는 데 준거기준으로 삼는 집단

(2) 희구집단과 회피집단

희구집단(Aspirational Group)	회피집단(Dissociative Group)
개인이 소속을 바라는 집단	개인이 소속을 꺼리는 집단

(3) 자발적 집단과 비자발적 집단

자발적 집단(Voluntary Group)	비자발적 집단(Involuntary Group)
가입과 탈퇴가 자유로운 집단	가입과 탈퇴가 개인의 의지와는 상관없는 집단

1 커뮤니케이션

1. 집단조직 내의 의사소통

(1) 공식적 의사소통

① 수직적 의사소통

하향적 의사소통	상향적 의사소통
명령이나 지시 등 상사가 부하에게 정보를 전달하는 의사소통	성과의 보고 등 부하가 상사에게 정보를 전달하는 의사소통

② 수평적 의사소통: 위계수준이 같은 조직원이나 부서 간의 의사소통이다.

③ 대각적 의사소통: 조직 구조상 동일한 수평적 위계나 수직적 명령 계통에 속하지 않는 조직원이나 부서 간의 의사소통이다.

(2) 비공식적 의사소통

비공식적 체계를 따라 전달되는 의사소통으로 대표적으로 그레이프 바인이 있다.

2. 집단조직 내 의사소통망

(1) 의사소통망의 형태

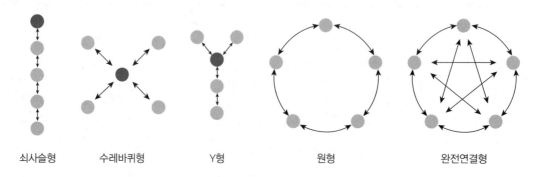

| 쇠사슬형 | 수레바퀴형 | Y형 | 원형 | 완전연결형 |

(2) 의사소통망의 특성

쇠사슬형	공식적 명령 체계
수레바퀴형	• 공식적 작업 집단 • 중심인물이 존재 • 간단한 작업일 경우에만 유효 • 상황파악과 문제해결의 즉각성

Y형	• Line-Staff 집단 • 확고하지는 않으나 리더의 존재가 있음
원형	• 위원회 조직 • 지역적으로 분리되었거나 자유방임적 조직 • 종합적 문제해결 능력은 떨어지지만 구성원 만족도는 높음
완전연결형	• 비공식적 조직 • 구성원들의 창의성을 최대한 발휘할 수 있는 상태 • 구성원 만족도가 가장 높음

2 의사결정

1. 의사결정의 정의와 중요성

(1) 정의

목적을 달성하기 위하여 이용 가능한 많은 대안 중에서 가장 합리적인 대안을 선택하는 의식적 과정이다.

(2) 중요성

① 경영의 모든 상황에서 필요하다.
② 경영의 모든 과정에 수용된다.
③ 결정된 사항은 다수에게 영향을 미친다.

2. 개인 의사결정

합리적 경제인 모형	관리인 모형(사이먼, Simon)
• 완전한 정보의 수집 • 가능한 모든 대안의 탐색과 평가 • 최적의 의사결정 • 규범적 모형	• 불완전한 정보의 수집 • 최대한 많은 대안의 탐색과 제한된 합리적 평가 • 만족스러운 의사결정 • 기술적 모형(상황별 적용되는 규칙)

3. 집단 의사결정

(1) 집단 의사결정의 특징

① 신속성은 떨어지나 정확성은 높다.
② 구성원들의 상호작용을 통하여 많은 정보를 활용할 수 있다.
③ 문제 해결 과정이 복잡하여 적정성 여부를 판단할 수 없다.
④ 창의성이 떨어진다.

안심Touch

(2) 집단 의사결정의 장점과 단점

장점	단점
• 많은 정보의 활용 • 다양한 시선의 교차 • 선택안에 대한 높은 지지 • 커뮤니케이션 기능 수행 • 결정에 대한 참여도의 증대 • 응집력과 교육적 효과 • 합법성과 정당성의 증대	• 즉각성의 상실 • 집단사고의 가능성 • 동조화 현상 • 갈등의 우려 • 정치적 힘의 작용 • 시간과 비용의 낭비 • 특정인의 지배가능성

4. 집단 의사결정의 문제점

(1) 집단사고(Groupthink)
① 개념: 집단의 응집성이 너무 높을 경우, 의사결정의 합의 욕구가 지나쳐서 잘못된 대안을 선택할 가능성이 높아진다.
② 원인
 ㉠ 외부로부터의 고립
 ㉡ 비민주적 리더십
 ㉢ 토의 절차상 합리적 방법의 부재
 ㉣ 구성원 간의 동질성

(2) 집단 양극화 현상(Group Polarization)
① 집단을 이룬 뒤의 개인들의 반응 평균이 집단을 이루기 전의 반응 평균과 동일한 방향에서 더 극단적으로 되는 현상을 말한다.
② 원인
 ㉠ 책임 회피의 성향
 ㉡ 자신의 의사에 대한 과도한 자신감
 ㉢ 일부 구성원들의 의견 선도

5. 집단 의사결정 기법

(1) 명목집단 기법
① 명목상으로는 집단이나, 실질적인 상호작용은 이루어지지 않는다.
② 토의 없이 독립적인 의사결정을 하며, 자신의 아이디어는 쪽지에 의하여 공개한다.

(2) 델파이기법
① 여러 명의 전문가에게 의견을 물은 뒤, 서로의 의견을 숙지하게 한 후 다시 의견을 묻는 과정을 통하여 합의를 도출한다.

② 한 자리에 모일 필요 없이 타인의 영향을 받지 않은 독립적 의사결정이다.

(3) 데블스 애드보카시(Devil's Advocacy)

① 천주교에서 성인으로 추천받은 사람의 심사과정에서 유래하였다.

② 한 사람이 지속적으로 반박하는 과정을 통하여 철저한 검토 과정을 거친다.

07 권력과 갈등

1 권력의 분류(프렌치와 레이븐, J. French & B. Raven)

권력은 타인 또는 조직단위의 행태를 좌우할 수 있는 능력을 말한다.

보상적 권력	타인에게 긍정적 강화를 제공할 수 있는 경우
강제적 권력	타인에게 부정적 강화를 제공할 수 있는 경우
합법적 권력	권한을 가지는 경우
준거적 권력	상사에게 주관적인 충성심을 가지고 있는 경우 ⑩ 상사를 존경해서 따름
전문적 권력	특정 분야에서 전문적 지식을 가지고 있는 경우

2 갈등의 유형 및 수준

1. 갈등의 유형

수직적 갈등	조직 내 수직적 계층 간에 발생하는 갈등
수평적 갈등	조직 내 동일한 계층의 부문 간에 발생하는 갈등
라인–스태프 갈등	서로 간의 간섭으로 인해 방해받거나 서로 업무의 성격을 이해하지 못할 때 발생
역할 갈등	여러 가지의 역할이 각각 양립할 수 없이 대립할 때 발생
기능적 갈등	각기 기능이 다른 집단 간에 생기는 갈등
경쟁적 갈등	한 조직 내에서 유사한 기능을 수행하는 집단 사이에 생기는 갈등

2. 갈등의 수준

개인 간 갈등	둘 이상의 개인이 동일한 사안에 대하여 상충되는 요구와 기대 등을 가질 때 발생
집단 간 갈등	• 기능적 갈등: 기능이 다른 집단 간의 갈등 • 계층적 갈등: 조직 계층 간의 갈등 • 경쟁적 갈등
조직 간 갈등	• 경쟁 기업과의 갈등 • 정부와의 갈등 • 부품 업체와의 갈등 등

08 리더십 이론

1 행동이론

1. 아이오와 대학 모형

(1) 리더십의 유형

권위적 리더	리더가 의사결정을 하고 구성원들에게 통보
민주적 리더	• 그룹 구성원들이 스스로 의사결정 • 리더는 보조적 역할
자유방임적 리더	• 그룹 구성원과 리더 간 상호작용관계가 독립적 • 구성원들은 자율적 의사결정

(2) 리더와 구성원 간의 관계

리더의 의사결정 영역 ———————————— 구성원의 의사결정 영역

권위적 리더십	민주적 리더십	자유방임적 리더십
• 수동적 집단 • 리더 부재 시 좌절	• 리더에게 호의적 • 응집력이 크고 안정적 집단 • 리더 부재 시에도 안정적	• 리더에게 무관심 • 지속적인 불만족

(3) 리더십의 유효성

복합적 측면에서 민주적 리더십이 가장 바람직하다.

2. 미시간 대학 모형

(1) 리더십의 유형

직무 중심적 리더십	• 생산과업을 중요시하고 생산방법과 절차 등 세부적인 사항에 관심 • 공식권한과 권력에 비교적 많이 의존 • 부하를 치밀하게 감독
조직원 중심적 리더십	• 조직 구성원과의 관계를 중요시 • 구성원에게 많은 권한을 위임, 지원적 환경 조성 • 부하의 개인적 발전과 성장에 관심을 보임

(2) 리커트(Likert)의 연구

System 1	System 2	System 3	System 4
부하들을 거의 신뢰하지 않음	부하들을 신뢰	상당한 신뢰감	완전한 신뢰감
• 착취 독재형 • 벌	• 온정적 권위형 • 상벌	• 상담적 • 상	참여적
하향식 커뮤니케이션	쌍방향 커뮤니케이션	쌍방향 커뮤니케이션	쌍방향 커뮤니케이션
최고경영층의 의사결정권	• 중간관리자까지 의사결정권 • 상층부의 통제	전반적 의사결정권	전반적 의사결정권

(3) 리더십의 유효성

리커트의 연구를 고려해 볼 때 조직원 중심적 리더십이 가장 바람직하다.

3. 오하이오 주립대학 모형

(1) 리더십의 유형 – 구조주도와 배려에 따른 리더십의 유형

고 ↑ 배려 ↓ 저	구조주도 低 배려 高	구조주도 高 배려 高
	구조주도 低 배려 低	구조주도 高 배려 低

저 ← 구조주도 → 고

① **구조주도**: 리더가 부하들의 역할을 명확히 정해주고 그들에게 기대하는 것이 무엇인지 알려주는 행동이다.

② **배려**: 리더가 부하들의 복지와 안녕, 지위, 공헌 등에 관심을 가져주는 행동이다.

(2) 리더십의 유효성

'구조주도 高, 배려 高'가 가장 바람직하다.

4. 관리격자 모형(Managerial Grid)

(1) 개념

블레이크와 머튼(Blake & Mouton)에 의한 이론으로 생산과 인간에 대한 관심을 변수로 보고 계량화한 리더십이다.

(2) 리더십의 유형

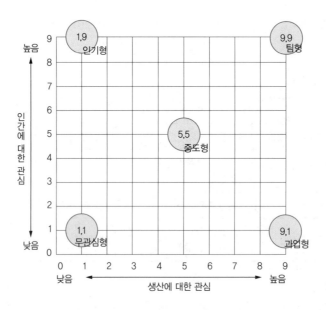

무관심형(1,1형)	• 인간과 생산성 모두에 무관심 • 자기 직무에 최소한의 관심
인기형(1,9형)	• 생산성에는 무관심, 오로지 인간에 대한 관심 • 쾌적하고 우호적인 작업환경
과업형(9,1형)	• 오로지 효율적인 과업달성에만 관심 • 매우 독재적인 리더
중도형(5,5형)	과업의 능률과 인간적 요소를 절충하여 적당한 성과 추구
팀형(9,9형)	• 바람직한 리더의 모델로 기업의 생산성 욕구와 개인의 욕구에 관심 • 모두 만족시킬 수 있음

2 리더십의 상황이론

1. 피들러(F. Fiedler)의 상황 모형

(1) 리더의 분류(LPC; Least Preferenced Coworker)

① 과업지향적

② 관계지향적

(2) 상황변수

리더–부하관계	집단 구성원들의 리더에 대한 호의적 태도와 신뢰성
과업구조	업무의 체계성
지위권력	리더가 구성원들에게 영향을 미치는 정도

(3) 리더–상황 적합성

① 리더–부하: 관계 – 좋음 / 나쁨

② 과업구조: 일의 업무 – 고(체계적) / 저(비체계적)

③ 지위권력: 리더의 영향 – 강 / 약

2. 하우스(House)의 경로–목표 이론

(1) 내용

① 부하들의 동기부여에 초점을 맞추고 있다.

② 리더는 부하들이 목표를 달성할 수 있도록 보조적인 역할을 한다.

③ 브룸(Vroom)의 기대이론의 연장선상에 놓여 있다.

(2) 리더십의 유형

지시적 리더십	부하들에게 과업을 명확하게 제시
지원적 리더십	부하들에게 후원적 태도를 취함
참여적 리더십	부하들을 의사결정 과정에 포함시킴
성취지향적 리더십	도전적 목표의 설정

(3) 상황특성

부하의 개인 특성	통제의 위치, 능력, 경험, 욕구 등
환경 요인	과업구조, 공식적 권한 체계, 작업집단 등

(4) 모형

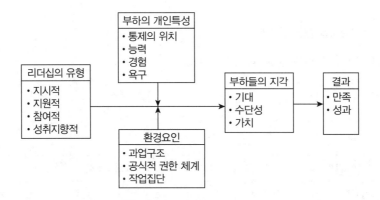

3. 허시와 블랜차드(Hersey & Blanchard)의 상황론적 리더십

(1) 내용

① 부하들의 자발적 참여 정도와 능력에 따라 리더의 유형을 변화시켜야 한다.

② 피들러(Fiddler)이론을 바탕으로 하였다.

(2) 리더의 유형

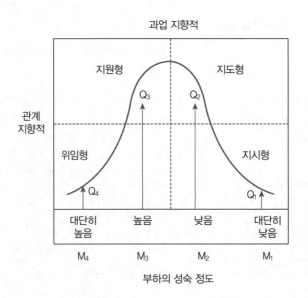

1 조직구조 이론의 형태

1. 라인 조직

(1) 상부에서 하부로 이르는 명령 체계가 직선적인 구조를 가지는 조직(= 직계조직, 군대식 조직)이다.

(2) 업무의 부서화가 이루어지지 않은 단순한 형태의 조직이다.

(3) 기업의 규모가 커지면 핵심적 활동과 이를 지원하는 활동으로 분화한다(라인-스태프 조직).

라인	생산이나 판매와 같이 조직의 목표 달성에 필요한 핵심적 활동을 수행
스태프	전문적 지식이나 기술을 제공하여 라인의 활동에 보조적 역할을 담당

2. 기능식 조직

(1) **기능식 조직의 개념과 특징**
① 테일러(Taylor)의 기능별 직장제도에서 유래한다.
② 기능별 전문화의 원리에 따라 전문적 지식을 가진 관리자가 존재한다.
③ 하급자가 여러 명의 상급자에게 명령을 조달받을 수 있다.

(2) **기능식 조직의 장단점**

장점	단점
• 전문화의 촉진을 통한 능률 향상 • 종업원 양성기간 단축	• 명령일원화 원칙에 위배 • 갈등과 책임 회피의 가능성 • 대규모 조직에는 적용이 어려움

3. 사업부제 조직

(1) **사업부제 조직의 개념과 특징**
① 개념: 기업 규모 증대와 상황의 복잡화에 따라 제품, 시장, 지역 등을 한 단위로 하여 구성되는 조직 형태이다. 또한, 다국적 기업들의 가장 보편적 조직 형태이다.
② 특징: 사업부는 자주적이고 독립적으로 특정 분야에 관련한 대부분의 권한을 가진다.

(2) 사업부제 조직의 성공 요인

분권화	사업부가 존재할 수 있는 분권화가 이루어져 있어야 함
권한 위임	사업부에게 일정 부분의 독립적 권한이 위임되어야 함
이익책임단위	작은 부분까지 이익책임의 단위화
종합적 시야	복잡한 조직을 종합적으로 파악하고 조정할 수 있어야 함
업적 평가제도	사업부 업적의 객관적 평가 기준과 시스템을 갖추어야 함
보상제도	사업부의 동기부여

(3) 사업부제 조직의 장단점

장점	단점
• 시장 요구에 즉각적 대응 가능 • 책임 소재의 명확성	• 중복 업무로 인한 자원의 낭비 • 지나친 경쟁으로 인한 상위목표의 달성 난항

4. 매트릭스 조직

(1) 매트릭스 조직의 개념과 특징

① 사업부의 단점을 보완하기 위하여 고안되었다.

② 기능별 부문과 프로젝트별 부문의 조합적인 조직 형태이다.

③ 종업원들은 기능식 조직과 프로젝트 조직에 동시에 속하게 된다.

(2) 매트릭스 조직의 장단점

장점	단점
• 인적 자원의 효율적 활용 • 시장의 변화에 융통성 있게 대응 가능	• 두 명 이상의 상급자 존재에 따른 명령일원화 원칙 위배 • 기능 부서와 프로젝트 부서 간의 갈등

5. 팀 조직

(1) 팀 조직의 개념과 특징

① 개념: 동태적 경영환경에서 보다 유연한 대처를 위해 고안되었다.

② 특징

㉠ 상호보완적 지식이나 기술을 가진 구성원들이 자율권을 가지고 특정 과업을 수행하는 조직 형태이다.

㉡ 임시적이고 유연한 조직이다.

㉢ 수평적 관계이다.

(2) 팀 조직의 장단점

장점	단점
• 신속한 의사결정 체계 • 매트릭스 조직의 이중적 명령 체계 탈피 • 수직적 위계질서를 건너뜀 • 성과에 대한 평가와 피드백의 용이성	• 유능한 구성원들의 필요성 • 구성원들의 능력 신장에 많은 비용과 투자 • 조직의 단결 저해

(3) 팀의 유형

업무단위형	• 사업부제 조직 안에 업무단위로 형성 • 지속적 운영
프로젝트형	• 테스크 포스(Task Force) 조직 • 단기적 운영

6. 위원회 조직

(1) 갈등의 해소와 조정 기능을 수행하기 위한 조직

(2) 프로젝트 조직과의 비교

구분	위원회 조직	프로젝트 조직
지속성	장기	단기
구성원	역할 조직	전문성, 기술
구성원의 안정성	안정적	유동적
업무에 대한 구성원의 태도	수동적	적극적

7. 네트워크 조직

(1) 아웃소싱, 전략적 제휴 등을 통하여 핵심역량에만 집중하는 조직 형태이다.

(2) 상호협조를 통해 시너지 효과를 창출한다.

(3) 환경 변화에 유연하게 적응 가능하다.

8. 맨트립 조직

관리자만 정해져 있고 구성원들은 유동적인 조직 형태이다.

9. 자유형 조직

이익 중심점을 축으로 하는 고도의 신축성을 가진 조직 형태이다.

10. 가상조직

기업들이 상호보완적인 네트워크를 형성하고 이를 활용하는 조직 형태이다

2 직무설계

1. 직무설계의 정의와 관점

(1) 직무설계의 정의

조직의 목표를 달성하고 구성원의 욕구를 만족시키기 위한 조직구성원의 직무관련 활동을 설계하는 과정이다.

(2) 직무설계의 관점

전통적 관점	현대적 관점
직무 중심	인간 중심

2. 직무설계의 접근 방법

(1) 전통적 접근 방법

스미스(A. Smith)의 국부론	• 기계론적 인간관–기술과 생산요건 • 분업에 의한 전문화의 원리 강조
테일러(Taylor)의 과학적 관리법	• 기계론적 인간관–직무 • 동작연구와 시간연구 • 분업에 의한 전문화와 과업의 표준화
인간관계론	• 인간의 심리적 요소에 주목 • 직무 재설계에 무관심

(2) 현대적 접근 방법

① 직무순환(Job Rotation)

그림	내용
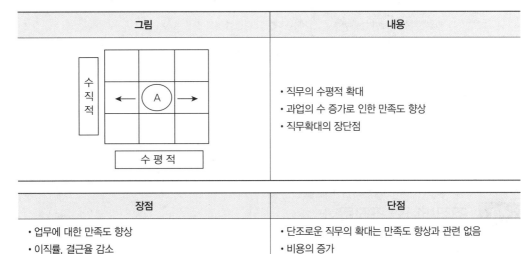	• 다른 종류의 일로 옮겨 가며 근무하는 제도 • 폭 넓은 경험과 기능 다양성 • 제너럴리스트의 양성

② 직무확대(Job Enlargement)

그림	내용
	• 직무의 수평적 확대 • 과업의 수 증가로 인한 만족도 향상 • 직무확대의 장단점

장점	단점
• 업무에 대한 만족도 향상 • 이직률, 결근율 감소	• 단조로운 직무의 확대는 만족도 향상과 관련 없음 • 비용의 증가

③ 직무충실화(Job Enrichment)

그림	내용
	• 직무의 수직적 확대 • 허츠버그(Herzberg)의 2요인 이론에 근거 • X형 종업원은 싫어함

④ 직무 특성이론(해크만과 올드햄, Hackman & Oldham)

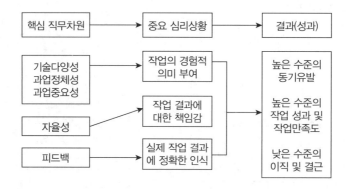

기술다양성(Skill Variety)	직무가 다양한 기술을 요구하는 정도
과업정체성(Task Identity)	직무 내용의 완전성 정도
과업중요성(Task Significance)	직무의 영향력 정도
자율성(Autonomy)	직무 수행에 있어서 작업자의 자율성 정도
피드백(Feedback)	작업 결과에 대한 정확한 피드백

10 조직변화와 조직문화

1. 조직문화의 개념과 중요성

(1) 조직문화의 개념

조직 내 구성원의 행동에 영향을 미치는 공유된 가치와 신념의 시스템이다.

(2) 조직문화의 중요성

① 조직의 운영과정에 영향을 미친다.
② 경쟁력의 원천이 될 수 있다.
③ 조직의 성과에 영향을 미친다.

2. 조직문화의 기능

일체감과 정체성	조직문화를 통해 습득되는 구성원의 일체감과 정체성은 응집력을 높여준다.
헌신도	조직문화의 수용과 공유된 의식은 조직의 유지를 위한 헌신도를 높여준다.
안정성	응집력이 강해지므로 조직의 안정성도 견고해진다.
가이드라인	구성원들의 가치로 내재화되어 행동의 지침으로 자리한다.

3. 조직문화의 유형–맥킨지(Mckinsey)

공유가치 (Shared Value)	다른 조직문화의 형성에서 가장 중요한 요소
전략 (Strategy)	조직의 장기적인 방향과 기본성격을 결정하고 다른 조직문화 형성에 영향
조직구조 (Structure)	조직의 목표 달성에 요구되는 구성원들의 역할과 상호관계를 지배하는 구성요소
제도(System)	조직의 의사결정과 운영과 관계되는 모든 시스템
구성원(Staff)	조직의 인력자원
관리기술(Skill)	조직의 운영에 활용되는 각종 경영기법
리더십 스타일 (Leadership Style)	조직을 이끌어 나가는 리더의 유형

기출 문제 저격

CHAPTER 2

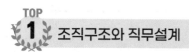

TOP 1 조직구조와 직무설계

01

프로젝트조직의 특성으로 옳은 것은?　20기출

① 단순한 환경에 어울리는 조직형태이다.
② 업무가 줄어들어 조직의 효율성이 극대화 된다.
③ 프로젝트 조직의 특성상 대체로 장기적으로 유지된다.
④ 프로젝트 규모에 따라 인력의 수 등 가감을 유동적으로 할 수 있다.

02

기능식 조직과 사업부제 조직을 비교한 설명으로 옳지 않은 것은?　20기출

① 기능식 조직은 사업부제 조직에 비해 자원의 효율성이 낮다.
② 기능식 조직은 사업부제 조직에 비해 부서 간 상호조정의 어려움이 있다.
③ 사업부제 조직은 기능식 조직에 비해 목표관리가 용이하다.
④ 사업부제 조직은 기능식 조직에 비해 빠른 환경변화 대응이 용이하다.

03

다음 중 직무설계의 네 가지 접근법에 관한 설명으로 틀린 것은?　20기출

① 기계적 접근 – 기술 다양성
② 동기부여적 접근 – 직무 확대화
③ 인간공학적 접근 – 작업환경
④ 정신능력적 접근 – 정보관리

04

해크만(R.Hackman)과 올드햄(G.Oldham)이 제시한 직무특성모형의 핵심직무특성이 아닌 것은?　20기출

① 기술다양성
② 과업정체성
③ 동기부여
④ 피드백

05

해크만(Hackman)과 올드햄(Oldham)의 직무특성이론 중 직무에 대한 의미감과 관련 있는 요소로 옳지 않은 것은?

18기출

① 기술다양성
② 직무정체성
③ 자율성
④ 직무중요성

TOP 2 동기부여이론

01

다음 중 리더십 이론으로 옳지 않은 것은? 19❸기출

① 특성이론
② ERG이론
③ PM이론
④ 상황이론

02

다음 중 직무충실화의 내용으로 옳은 것은? 19❸기출

① 과업량을 늘리고 권한은 그대로 유지한다.
② 과업량을 늘리고 그에 따른 권한과 책임 및 자율성을 추가한다.
③ 과업을 주기적으로 변경함으로써 과업의 단조로움을 극복한다.
④ 직원들 간에 담당하는 직무의 교환을 통해 다른 직무를 경험하게 한다.

03

다음 중 동기부여이론에 대한 설명으로 옳은 것은? 18기출

① 매슬로우(Maslow)는 욕구를 '생리적 욕구 – 사회적 욕구 – 안전 욕구 – 존경 욕구 – 자아실현 욕구'로 구분하였다.
② 앨더퍼(Alderfer)의 ERG 이론에 따르면 현재욕구가 좌절되면 상위욕구가 증가된다.
③ 맥클리랜드(McClelland)는 3가지 욕구 중 성취욕구를 가장 중요시했다.
④ 허츠버그(Herzberg)의 2요인이론에 따르면 임금은 동기요인에 해당한다.

04

다음 중 허츠버그(Herzberg)의 2요인이론에 대한 설명으로 옳은 것은? 17기출

① 위생요인의 예로는 고용안정성, 업무조건, 회사정책, 성취감 등이 있다.
② 허츠버그는 만족과 관련된 요인을 불만족 해소와 만족 증진 차원으로 나누었다.
③ 위생요인의 관리를 통해 직원의 동기수준(만족도)을 높일 수 있다.
④ 허츠버그는 불만족 원인의 제거를 통해 만족의 상승을 이끌어낼 수 있다고 보았다.

TOP 3 리더십 이론

01
페이욜(H. Fayol)이 주장한 리더의 역할이 아닌 것은?

20기출

① 구성원의 조정
② 예산편성
③ 계획
④ 통제

02
상황이론에서 고려하는 상황요인이 아닌 것은?

20기출

① 전략기술
② 기업의 구조
③ 기업의 규모
④ 유일 · 최선의 관리방식

03
다음 중 리더십에 대한 설명으로 옳은 것은?

17기출

① 변혁적 리더십은 부하가 미래에 대한 비전을 받아들이고 추구하도록 격려한다.
② 서번트 리더십은 리더와 구성원 간의 교환 관계에 기반을 두고, 부하들을 보상 · 처벌의 연속선에서 통제하는 리더십이다.
③ 거래적 리더십에서 리더는 부하들이 자기통제에 의해 자신을 스스로 이끌어 나가도록 역할모델이 된다.
④ 변혁적 리더십은 감정에 호소하여 의사나 가치관을 변혁시킨다.

조직변화와 조직문화

01
작업집단(Work Group)에 대한 설명이 아닌 것은?

20기출

① 공통된 리더십이 존재한다.
② 개별적 책임 영역 내에서 결과물을 산출해낸다.
③ 집단의 목표는 정보공유로서 기술적 성격이 강하다.
④ 업무시너지가 비교적 크지 않다.

02
다음 중 파스칼과 피터스의 7S모형으로 옳지 않은 것은?

19기출

① 공유가치
② 전략
③ 구성원
④ 소프트웨어

커뮤니케이션과 의사결정

01
다음 중 자신의 문제를 말하기 껄끄러울 때 남의 얘기에 빗대어 말하게 하는 방법으로 옳은 것은?

19기출

① 프로빙 기법
② 래더링 기법
③ 투사법
④ 에스노그라피

02

다음 중 의사소통 네트워크에 대한 설명으로 옳지 않은 것은? 19기출

① 수레바퀴형은 집단 내 강력한 리더가 존재하고, 모든 정보는 리더를 중심으로 집중되며 이를 통해 다른 사람에게 전달된다.

② 원형은 의사소통 속도가 빠르다.

③ 라인조직과 스텝조직이 혼합된 조직에 적합한 유형은 Y형이다.

④ 사슬형과 원형이 만족도가 가장 높다.

조직행위론의 이해

01

다음 중 동인(Motive) 이론에 대한 설명으로 옳지 않은 것은? 18기출

① 동인 이론에서 개인의 행동은 후천적 학습을 통하여 배워진 동기와 행동경향에 의하여 형성된다고 가정한다.

② 2차적 동인은 학습된 이론이다.

③ 동인은 욕구의 결핍 정도의 영향을 받는다.

④ 일반적 동인은 1차적 동인과 2차적 동인 사이에 있으면서 학습된 이론이다.

집단 행위에 대한 이해

01

다음 〈보기〉에서 설명하고 있는 것으로 옳은 것은? 17기출

──────── 〈보 기〉 ────────
특정 과제나 목표를 달성하기 위해 구성하는 임시조직으로서, 조직의 유연성, 구성원의 전문성, 동태성 등을 특징으로 한다.

① 기능별 조직

② 사업부제 조직

③ 매트릭스 조직

④ 프로젝트 조직

권력과 갈등

01

다음 중 피셔와 유리(Fisher & Ury)의 협상갈등 해결이론에 대한 설명으로 옳지 않은 것은? 18기출

① 사람과 문제를 분리시킨다.

② 상황보다 이익에 집중한다.

③ 둘 다 이익을 볼 수 있는 합의점을 찾는다.

④ 객관적 기준에 근거한 결과를 주장한다.

군무원

합격 저격

경영학

PART 4

회계학

기출 이론 저격

---

01 회계의 순환과정과 거래의 기록

1 회계정보 시스템

1. 회계의 의의

회계(Accounting)는 기업의 경제활동에 대해 기록하고 분류하며 요약하는 활동(재무제표의 작성)과 이를 이용해 정보이용자에게 유용한 정보를 제공하는 활동(회계정보의 활용)으로 구성되며 여러 이해관계자들의 의사소통 수단이 된다.

2. 회계정보 시스템(Accounting Information System)

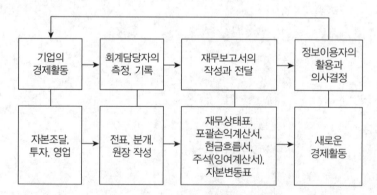

회계정보 시스템은 기업의 회계정보를 측정하여 정보이용자에게 전달하는 과정을 의미한다. 부기 (Bookkeeping)와 달리 회계정보의 생산적 측면뿐만 아니라 이러한 정보가 기업 내·외부 정보이용자들의 합리적 의사결정에 영향을 끼칠 수 있다는 정보의 활용 측면을 동시에 가지는 통일적인 구조를 가진다.

2 계정

1. 계정(Account)의 의의

기업의 거래를 기록하는 최소단위로서, 반복적으로 수행되는 거래에 공사 기록의 편의를 위해 거래를 분류하여 모아놓은 것이다. 기업의 자산, 부채, 자본, 수익, 비용 등의 증가와 감소를 분류하고 요약하기 위하여 사용되는 것이라고 할 수 있다.

2. 계정의 분류

(1) 재무상태표계정과 포괄손익계산서계정

구분		계정
재무상태표 계정	자산계정	현금 및 현금성자산, 매출채권, 상품, 토지, 건물, 영업권 등
	부채계정	매입채무, 단기차입금, 사채 등
	자본계정	자본금, 주식발행초과금, 이익준비금 등
포괄손익계산서 계정	비용계정	매출원가, 판매비와 관리비, 영업외비용, 법인세비용 등
	수익계정	매출액, 영업외수익, 계속사업손익 등

3. 계정기입의 원칙

모든 거래는 거래의 이중성이라는 복식부기의 기본원리에 따라 증가와 감소, 발생과 소멸이라는 대립되는 두 가지의 측면을 가지고 있다. 따라서 자산, 부채, 자본계정과 수익, 비용계정의 증감변화를 각 계정의 차변과 대변에 기록한다.

(1) 재무상태표계정

 ① **자산계정**: 증가를 차변에, 감소를 대변에 기입

 ② **부채계정**: 증가를 대변에, 감소를 차변에 기입

 ③ **자본계정**: 증가를 대변에, 감소를 차변에 기입

[재무상태표계정의 기입법칙]

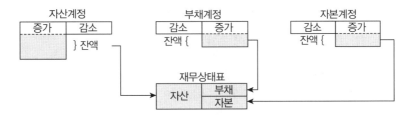

(2) 포괄손익계산서계정

① 비용계정: 발생을 차변에, 소멸을 대변에 기입

② 수익계정: 발생을 대변에, 소멸을 차변에 기입

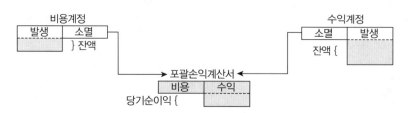

[포괄손익계산서계정의 기입법칙]

3 분개와 전기

1. 분개(Journalizing)

(1) 분개와 분개장

① 분개의 의미: 기업에서 발생하는 거래는 시시각각 끊임없이 발생하기 때문에 거래가 발생한 경우 직접 각 계정의 차변 또는 대변에 기입하면 기록의 오류 또는 누락이 발생할 가능성이 있다. 따라서 거래를 각 계정에 기입하기 전에 다음의 사항 등을 미리 결정하는 절차이다.

㉠ 어느 계정에 기입할 것인가

㉡ 그 계정의 차변 또는 대변 어느 쪽에 기입할 것인가

㉢ 기입할 금액은 얼마인가

② 분개장(Journal Book): 분개를 기입하는 장부로 주요장부에 해당하며, 발생한 거래가 최초로 기록되는 장부이기 때문에 원시기입장이라고도 한다. 분개원칙은 계정기입의 원칙과 동일하다.

일자	회계처리	
x월 x일	(차) 현금 XXX	(대) 자본금 XXX

2. 전기(Posting)

(1) 전기(Posting)

분개장에 분개한 기록을 각 해당 계정에 옮겨 적는 과정이다.

(2) 총계정원장(G/L; General Ledger)

전기한 계정이 설정되어 있는 장부로 원장(Ledger)이라고도 한다. 총계정원장에 전기하는 방법은 다음과 같다.

① 분개장에 기록된 분개의 해당계정을 찾는다.

② 분개된 차변계정의 금액을 총계정원장의 해당계정의 차변에 기입한다.

③ 분개된 대변계정의 금액을 총계정원장의 해당계정의 대변에 기입한다.

④ 총계정원장의 적요란에는 상대계정과목을 기입한다.

4 결산(Closing)

1. 결산의 의의와 절차

(1) 결산의 의의

회계기간 말에 각종 장부를 정리, 마감하여 회계기간 말의 재무상태를 명확히 파악하는 활동이다.

(2) 결산의 절차

수정 전 시산표 작성 → 기말수정분개 → 수정 후 시산표 작성 → 장부 마감 → 포괄손익계산서와 재무상태표 작성

2. 시산표(T/B; Trial Balance)

(1) 시산표의 의의

분개장에 기입된 모든 거래의 분개가 총계정원장에 정확하게 전기되었는가를 조사하기 위하여 작성하는 표이다. 대차평균의 원리에 의해 차변합계액과 대변합계액은 반드시 일치해야 한다.

(2) 시산표의 종류

합계시산표, 잔액시산표, 합계잔액시산표

(3) 잔액시산표 등식

자산+비용＝부채+자본+수익

1 회계의 기초개념

1. 회계의 정의

회계는 회계정보이용자가 합리적인 판단이나 의사결정을 할 수 있도록 기업실체에 관한 유용한 정보를 식별, 측정, 전달하는 과정이다.

(1) 경영자, 주주, 채권자 등 기업의 이해관계자들은 그들이 직면한 문제에 공사 합리적인 의사결정을 하기 위해 기업실체에 관한 경제적 정보를 요구하게 되는데, 회계는 이러한 정보이용자들의 의사결정에 유용한 정보를 제공하는 기능을 수행한다.

(2) 회계는 하나의 정보시스템(Information System)이다. 즉, 회계는 단순히 경제적 사건을 기록하여 회계정보를 산출하는 것뿐만 아니라 산출된 회계정보가 정보이용자에게 유용한 정보가 되도록 산출된 정보를 분석하고 전달하는 기능까지 포함하는 정보전달 과정이다.

(3) 오늘날 대부분의 회사는 주식회사(Corporation)의 형태이므로 현대회계는 주식회사 형태를 주요대상으로 하고 있다.

2. 기업의 이해관계자(회계정보이용자)

(1) 경영자

합리적인 기업경영을 수행하기 위해서 회사의 재산상태와 경영성과를 파악하고 예산과 실적의 차이를 분석하여 과거활동에 공사 성과 평가에 회계정보 이용, 신제품 개발, 설비투자 등의 의사결정 과정에서 재무정보를 이용한다.

(2) 주주

현재 소유하고 있는 주식을 처분할지 보유할지 의사결정 시 기업의 재무정보를 이용하며, 미래에 투자할 때도 의사결정 과정에서 재무정보를 이용한다.

(3) 채권자

자금대여 의사결정 시 자금을 대여해줄 것인지의 여부, 이자율의 정도, 채권기간의 연장여부, 대여의 조건 등을 재무정보를 토대로 결정한다.

(4) 정부기관

세금부과와 규제 시 재무정보를 이용한다.

(5) 종업원과 노조

기업의 안정성과 임금지급능력을 평가하는 데 재무정보를 이용한다.

3. 회계의 사회적 역할

(1) 사회적 자원(Social Resource)의 효율적 배분

투자의사결정과 신용의사결정 시 생산성이 높은 기업에 투자하도록 유도함으로써 사회적 자원을 효율적으로 배분한다.

(2) 수탁책임(Stewardship Responsibilities)에 공사 보고

경영자가 주주나 채권자로부터 수탁 받은 자본을 효과적이고 효율적으로 관리 · 경영하고 있는지를 보고하기 위한 수단으로 이용된다.

(3) 사회적 통제의 합리화

노사 간의 임금협상, 국가정책 수립 시, 세금이나 공공요금의 책정 시 회계정보를 이용한다.

2 회계의 분류

1. 재무회계(Financial Accounting)

외부정보이용자에게 재무정보를 제공하는 회계를 의미한다. 일반적으로 인정된 회계원칙(GAAP; Generally Accepted Accounting Principles)의 형식에 따라 일반목적의 재무보고서를 작성한다(현 IFRS 적용).

2. 관리회계(Managerial Accounting)

내부정보이용자에게 재무정보를 제공하는 회계를 의미한다. 의사결정의 특성에 따라 다양한 방법으로 정보를 제공하므로 반드시 지켜야 할 일반적인 규범이 존재하지 않는다.

3. 세무회계(Tax Accounting)

기업이 세법에서 정하는 바에 따라 이익에 공사 납부세액을 산출하는 회계를 의미한다. 재무회계와 세무회계의 차이를 조정하기 위한 세무조정 과정을 거쳐 작성한다.

4. 원가회계(Cost Accounting)

기업의 이익계산 시 고려해야 하는 제품원가를 계산하는 회계를 의미한다. 내부·외부이용자 모두에게 필요한 정보를 다루므로 재무회계와 관리회계 모두 원가회계를 포함한다.

[재무회계와 관리회계의 비교]

내용	재무회계	관리회계
사용목적	기업 외부정보이용자의 의사결정에 유용한 정보 제공	기업 내부정보이용자의 의사결정에 유용한 정보 제공
주이용자	외부이용자(주주, 채권자와 미래의 투자자 및 정부)	내부이용자(경영자)
작성기준	기업회계기준과 같이 일반적으로 인정된 회계원칙	일정한 형식이 없으며, 의사결정에 목적적합한 방법
정보의 특성	과거관련 정보	미래지향 정보

③ 재무회계 개념체계

1. 재무제표 구성요소의 정의

재무제표의 구성요소는 기업의 자원(자산), 그 자원에 대한 공사 청구권(부채와 소유주 지분), 이들의 공사 변화를 초래하는 거래나 기타 경제적 사건의 영향(수익, 비용, 이득, 손실)으로 구성된다.

(1) 재무상태표의 구성요소

① 자산(Assets): 과거의 거래나 사건의 결과로서 현재 기업실체에 의해 지배되고 미래에 경제적 효익을 창출할 것으로 기대되는 자원이다.

② 부채(Liabilities): 과거의 거래나 사건의 결과로서 현재 기업실체가 부담하고 그 이행에 자원의 유출이 예상되는 의무이다.

③ 자본(Equity): 기업실체의 자산에서 부채를 차감한 잔여액 또는 순자산으로서 자산에 공사 잔여청구권이다.

(2) 포괄손익계산서의 구성요소

① 수익(Revenue): 주요 경영활동으로서의 재화의 생산, 판매, 용역의 제공 등에 따른 경제적 효익의 유입으로 이는 자산의 증가 또는 부채의 감소 및 그 결과에 따른 자본의 증가로 나타난다.

② 비용(Expenses): 주요 경영활동으로서의 재화의 생산, 판매, 용역의 제공 등에 따른 경제적 효익의 유출, 소비로 이는 자산의 감소 또는 부채의 증가 및 그 결과에 따른 자본의 감소로 나타난다.

③ 이득(Gains): 주요 경영활동 이외의 부수적인 거래나 사건의 결과로 발생하는 경제적 효익의 유입으로서 이는 자본의 증가로 나타난다.

④ 손실(Losses): 주요 경영활동 이외의 부수적인 거래나 사건의 결과로 발생하는 경제적 효익의 유출로서 이는 자본의 감소로 나타난다.

2. 재무제표 구성요소의 인식 및 측정

(1) 인식 및 측정의 기본원칙(Basic Principles)

① 역사적 원가의 원칙(Historical Cost Principle)

    ㉠ 모든 자산·부채는 그것의 취득 또는 발생시점의 교환가치(취득원가)로 평가한다는 원칙이다.

    ㉡ 취득 후에 가치가 변동하더라도 취득 당시의 교환가치(Exchange Price)를 그대로 유지한다는 것을 의미한다.

② 수익인식의 원칙(Revenue Recognition Principle)

    ㉠ 수익(Revenue): 제품의 판매나 생산, 용역제공 등 경제실체의 중요한 영업활동으로부터 일정 기간 동안 발생하는 이익의 증가요인, 즉 순자산의 증가를 의미한다.

    ㉡ 실현요건(측정요건)과 가득요건(발생요건)이 충족되는 시점에서 수익을 인식한다.

      • 실현요건: 실현되었거나 실현가능해야 하고, 수익금액이 합리적으로 측정 가능해야 한다.

      • 가득요건: 수익창출활동을 위하여 결정적이며 대부분의 노력이 발생하여야 한다.

③ 수익·비용 대응의 원칙(Matching Principle)=비용인식의 원칙

    ㉠ 비용(Expenses): 경제실체의 중요한 영업활동으로부터 일정 기간 동안 발생하는 이익의 감소요인으로 순자산의 감소를 의미한다.

    ㉡ 일정 기간 동안 인식된 수익과 그 수익을 획득하기 위해 발생한 비용을 결정하여 이를 서로 대응시킴으로써 당기순이익을 결정한다는 원칙이다.

④ 완전공시의 원칙(Full Disclosure Principle)

    ㉠ 정보이용자의 의사결정에 영향을 미칠 수 있는 중요한 경제적 정보는 모두 공시되어야 한다는 원칙이다.

    ㉡ 재무제표상의 사항을 주기나 주석을 통해 보다 자세히 설명하고, 부속명세서나 보충설명을 통해 주기적으로 공시해야 한다는 의미이다.

    ㉢ 공시의 종류

적정공시 (Adequate Disclosure)	회계정보가 정보이용자를 오도하지 않도록 최소한도의 범위 내에서 공시하자는 개념-소극적 공시개념
공정공시 (Fair Disclosure)	모든 정보이용자를 균등히 대우하자는 윤리적 목적에 의한 공시개념
완전공시 (Full Disclosure)	관련된 모든 정보를 공시하자는 개념-적극적 공시개념

1 재무제표(F/S; Financial Statements)의 의의

기업의 외부 정보이용자들에게 기업실체에 관한 정보를 제공하는 일정한 수단이다.

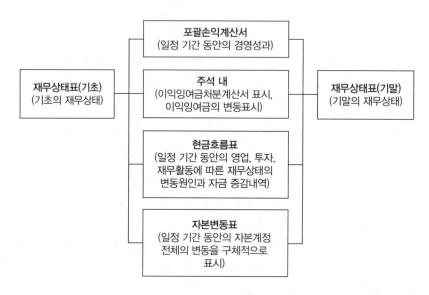

2 재무상태표(B/S; Balance Sheet)

1. 재무상태표의 의의

재무상태표는 특정시점에서 기업의 재무상태를 나타내는 정태적 재무제표로서 기업이 소유하고 있는 경제적 자원(자산), 그 경제적 자원에 공사 의무(부채) 및 소유주지분(자본)에 관한 정보를 제공한다.

자산＝부채＋자본

2. 자산(Assets)의 정의 및 평가

(1) 정의

자산이란 과거의 거래나 사건의 결과로서 현재 기업실체에 의해 지배되고 미래에 경제적 효익을 창출할 것으로 기대되는 자원이다.

(2) 평가

① **역사적 원가의 원칙**: 자산을 취득할 때의 대가로 지불한 현금 또는 현금 등 가액으로 평가하며, 취득 후에 그 가치가 변동하더라도 취득 당시의 교환가격(Exchange Price)을 그대로 유지한다.

② **시가 평가**: 예외적으로 당해 자산, 부채의 보유목적이나 특성을 고려하여 시가로 평가하는 것을 인정한다.

3. 자산의 분류

유동자산	당좌자산	판매과정을 거치지 않고 현금화할 수 있는 자산
	재고자산	판매과정을 거침으로써 현금화할 수 있는 자산
비유동자산	투자자산	다른 회사를 지배할 목적이나 유휴자금의 장기적인 이윤을 얻을 목적으로 보유하고 있는 자산
	유형자산	영업활동에 사용할 목적으로 장기적으로 보유하고 있는 실물자산
	무형자산	영업활동에 사용할 목적으로 장기적으로 보유하고 있는 물리적 실체가 없는 자산
	기타비유동자산	비유동자산 중 투자, 유형, 무형자산에 해당하지 아니하는 기타의 비유동자산

(1) 유동자산

① **당좌자산**

㉠ 재고자산을 제외한 유동자산으로 판매과정을 거치지 않고 1년 이내에 현금으로 전환될 수 있는 자산이다.

㉡ 현금 및 현금성자산, 단기금융상품, 유가증권, 매출채권, 단기대여금, 미수수익, 선급비용 등

② **재고자산**

㉠ 영업상 판매를 목적으로 구입하거나 자체적으로 생산한 재화를 의미하며 판매과정을 통하여 현금으로 전환되는 자산이다.

㉡ 상품, 제품, 원재료, 재공품, 저장품 등

(2) 비유동자산

① **투자자산**

㉠ 타회사를 지배하거나 통제할 목적, 또는 장기적인 투자이윤을 얻을 목적으로 보유하는 자산이다.

㉡ 장기금융상품, 투자유가증권, 장기대여금, 보증금 등

② **유형자산**

㉠ 영업활동에 사용할 목적으로 장기적으로 보유하고 있는 실물자산으로 감가상각의 대상이다.

㉡ 토지, 건물, 구축물, 비품, 기계장치, 선박, 차량운반구, 건설 중인 자산 등

③ 무형자산

　　㉠ 기업이 장기적인 영업 또는 생산활동에 이용할 목적으로 보유하고 있는 물리적 형태가 없는 자산이다.

　　㉡ 영업권, 산업재산권, 광업권, 어업권, 개발비 등

④ 기타비유동자산

　　㉠ 비유동자산 중 투자자산, 유형자산, 무형자산으로 분류할 수 없는 항목들을 포함한다.

　　㉡ 임차보증금, 이연법인세자산(유동자산으로 분류되는 부분 제외), 장기매출채권 및 장기미수금 등

4. 부채(Liabilities)

(1) 정의

부채란 과거의 거래나 사건의 결과로서 현재 기업실체가 부담하고 그 이행에 자원의 유출이 예상되는 의무이다.

(2) 분류

재무상태표일로부터 1년 이내에 도래하는 유동부채와 1년 이상인 비유동부채로 분류된다.

유동부채	매입채무	상품 등을 매입하거나 어음을 발행한 경우 발생하는 채무
	단기차입금	타인이나 은행으로부터 현금을 빌린 경우 발생하는 채무로 상환기일이 재무상태표일로부터 1년 이내인 것
	미지급비용	당기에 발생한 비용으로서 아직 지급하지 않은 비용
	선수수익	당기에 수익으로 이미 현금으로 받은 금액 중 다음 회계기간에 속하는 부분
비유동부채	장기차입금	타인이나 은행으로부터 현금을 빌린 경우 발생하는 채무로 상환기일이 재무상태표일로부터 1년 이상인 것
	퇴직급여충당금	장래의 종업원의 퇴직 시에 지급되는 퇴직금을 대비해 설정한 준비액
	사채	주식회사가 장기자금을 조달하기 위해 계약에 따라 일정이자를 지급하며, 일정시기에 원금상환을 계약하고 차입한 채무

5. 자본(Capital)

(1) 정의

자본이란 자산총액에서 부채총액을 차감한 잔액(= 순자산)이다.

(2) 의미

① 기업의 자산 중 주주 또는 출자자에 의해 제공된 부분이다.

② 기업 자산에 공사 청구권을 뜻한다.

③ 일정시점에서 회계주체의 소유자에게 귀속되어야 하는 소유주지분(Owner's Equity) 또는 주주지분(Stockholder's Equity)을 의미한다.

(3) 자본의 분류

소유주가 납입한 납입자본(자본금, 자본잉여금)과 영업활동의 결과로 발생한 이익을 유보시킨 이익잉여금, 회계상의 자본구조 변경인 자본조정으로 구성된다. 또한 포괄손익에 해당하는 기타 포괄손익누계액이 있다.

① **자본금**: 발행주식의 액면가액×발행주식 수

② **자본잉여금**

    ㉠ 주주 또는 출자자에 의하여 제공된 금액 중 자본금을 초과한 부분이다.

    ㉡ 기업활동으로 인해 증가한 자본금 이외의 순자산이다.

    ㉢ 계정: 주식발행초과금, 감자차익, 자기주식처분이익 등

③ **이익잉여금**

    ㉠ 영업활동이나 재무활동 등 기업의 이익창출활동에 의하여 축적된 이익으로서 주주에게 배당금을 지급하고 남은 부분이다.

    ㉡ 이익잉여금의 종류

	사외배당		배당금
당기순이익	사내유보	상법	이익준비금
		기타법령	기타법정적립금
		정관 등 임의	임의적립금
		적립하지 않음	처분 전 이익잉여금

3 포괄손익계산서(I/S; Income Statement)

1. 포괄손익계산서의 의의

포괄손익계산서(I/S; Income Statement, P/L; Profit and Loss statement)란 일정 기간 동안 기업의 경영성과를 보고하는 동태적 재무제표이다. 기업의 경영성과는 이익의 크기로서 측정되는데 이익을 측정하는 목적과 용도는 다음과 같다.

(1) 투하자본과 이익을 명확히 구분하여 투하자본의 감소를 방지한다.

(2) 경영자의 경영능률을 측정한다.

(3) 주주나 채권자가 기업의 미래현금흐름을 예측하게 한다.

(4) 경영자들이 경영의사결정에 사용하게 한다.

(5) 과세당국의 과세기초자료로 사용한다.

> 포괄손익계산서 등식: 이익＝수익－비용 또는
> 손실＝비용－수익

2. 수익과 비용

(1) 수익(Revenues)

① 정의: 주요 경영활동으로서의 재화의 생산·판매 용역의 제공 등에 따른 경제적 효익의 유입으로서, 이는 자산의 증가 또는 부채의 감소 및 그 결과에 따른 자본의 증가로 나타난다.

② 수익인식기준 ＝ 실현주의

　㉠ 실현요건 ＝ 측정요건: 수익이 인식되기 위해서는 수익금액이 합리적으로 측정 가능해야 한다.

　㉡ 가득요건 ＝ 발생요건: 수익창출 노력을 위해 결정적이며 대부분의 노력이 발생하여야 한다.

(2) 비용(Expenses)

① 정의: 주요 경영활동으로서의 재화의 생산·판매 용역의 제공 등에 따른 경제적 효익의 유출로서, 이는 자산의 감소 또는 부채의 증가 및 그 결과에 따른 자본의 감소로 나타난다.

② 비용인식기준 ＝ 수익·비용 대응의 원칙

　㉠ 원인과 결과의 직접대응: 수익 획득과 인과관계가 성립할 때 수익인식시점에서 비용을 인식하는 것이다.

　　예 매출 － 매출원가, 매출 － 판매비

　㉡ 합리적이고 체계적인 방법에 의한 기간 배분: 특정 수익과 인과관계를 명확히 알 수 없을 때 일정 기간 동안 발생한 원가를 해당기간에 합리적이고 체계적으로 배분하는 것이다.

　　예 감가상각비의 기간 배분

　㉢ 당기에 즉시 인식: ㉠·㉡에 의한 방법으로 비용을 인식할 수 없을 때, 즉 당기에 발생한 원가가 미래에 경제적 효익을 제공하지 못하거나 미래 효익의 가능성이 불확실한 경우에 발생 즉시 비용으로 인식하는 것이다.

　　예 일반 관리비나 광고선전비의 즉시 비용인식

(3) 수익·비용과 이득·손실의 비교

① 이득과 손실

　㉠ 이득(Gains): 주요 경영활동 이외의 부수적인 거래나 사건의 결과로 발생하는 경제적 효익의 유입으로서, 이는 자본의 증가로 나타난다.

　㉡ 손실(Losses): 주요 경영활동 이외의 부수적인 거래나 사건의 결과로 발생하는 경제적 효익의 유출로서, 이는 자본의 감소로 나타난다.

② 비교

구분		수익 · 비용	이득 · 손실
차이점	발생요인	경영활동과 관계된 거래활동	부수적인 거래활동
	보고방식	총액법	순액법
공통점		자본의 증감에 영향을 끼침	

3. 포괄손익계산서 구성요소

매출액	기업의 주된 활동인 상품 · 제품 및 용역의 제공에 따른 총매출액에서 매출에누리와 환입, 매출할인 등을 차감한 금액
매출원가	매출액에 대응되는 원가로서 판매된 상품의 매입원가 또는 제품의 제조원가
판매비와 관리비	상품 · 제품의 판매활동과 기업의 관리활동에서 발생하는 비용으로서 매출원가를 제외한 모든 영업비용 예 급여, 퇴직급여, 복리후생비, 감가상각비, 광고선전비, 임차료, 대손상각비 등
영업외수익	영업활동이 아닌 재무 및 투자활동에서 발생하는 수익 · 이득 예 이자수익, 배당금수익, 임대료, 유형자산처분이익 등
영업외비용	영업활동이 아닌 재무 및 투자활동에서 발생하는 비용 예 이자비용, 임차료, 유형자산처분손실 등
계속사업손익 법인세비용	계속사업부분에 공사 법인세 등에 의해 당해연도 기준으로 부담하여야 할 법인세
계속사업손익	계속사업손익의 모든 손익항목의 반영 후 나온 당기 실제 발생성과
중단사업손익	중단사업에 해당하는 손익을 별도로 모아놓은 항목(세금효과 반영)
당기순이익	계속사업손익과 중단사업손익까지 반영된 당기의 경영성과

4. 포괄손익계산서의 양식

포괄손익계산서 양식에는 계정식과 보고식이 있다.

(1) 계정식

포괄손익계산서를 차변과 대변으로 나누어 차변에는 그 기간에 발생한 비용을, 대변에는 그 기간에 발생한 수익을 기입하여 당기순손익을 표시하는 양식이다.

(2) 보고식

포괄손익계산서를 상하 차감하는 형식으로 구분별 수익에 대응되는 비용을 차례로 차감하여 당기순손익을 표시하는 양식이다.

(3) 기업회계기준에서는 포괄손익계산서를 보고식으로 표시하도록 규정하고 있으며 총수익에서 총비용을 차감하여 당기순이익만을 보고하지 않고 여러 유형의 이익으로 구분하여 표시하도록 규정하고 있다.

매출총이익	매출액－매출원가
영업이익	매출총이익－판매비와 관리비
법인세비용차감전계속사업손익	영업이익＋영업외수익－영업외비용
계속사업손익	법인세비용차감전계속사업손익－법인세비용(계속사업 해당 부분)
중단사업손익	중단사업부분에 해당하는 손익(세금효과반영)
당기순이익	계속사업손익＋중단사업손익

4 현금흐름표(Statement of Cash Flows)

1. 현금흐름표의 의의

일정 기간 동안 기업의 영업활동 및 투자와 재무활동으로 인한 현금의 변동내용을 나타내는 동태적 보고서이다. 포괄손익계산서의 기능을 보완(현금주의에 입각)하며, 기업의 자산, 부채 및 자본의 변동을 가져오는 자금흐름에 관한 정보를 제공해 줌으로써 재무상태표의 기능도 보완한다.

2. 현금흐름표의 기능

현금흐름표를 작성하는 목적은 일정 기간 동안 현금의 수입과 지출을 나타내 줌으로써 기업의 영업, 투자 및 재무활동에 관한 정보를 제공해주며 다음과 같은 의문점에 대한 해답을 제공한다.

(1) 현금은 어디에서 얼마만큼 조달되었는가?(현금의 조달원천)

(2) 현금은 어디에 얼마만큼 사용되었는가?(현금의 사용내역)

(3) 현금은 기중에 얼마만큼 변동하였는가?(현금의 증감액)

04 자산

① 당좌자산

유동자산 중 판매과정을 거치지 않고 현금화 할 수 있는 자산을 뜻한다.

1. 현금 및 현금성자산(Cash and Cash Equivalent)

> 현금 및 현금성자산＝현금＋요구불예금＋현금성자산

(1) 현금(Cash)

현금이란 유동성이 가장 높은 자산으로서 재화나 용역을 구입하는 데 사용하는 교환의 대표적인 수단이며, 현재의 채무를 상환하는 데 쉽게 이용할 수 있는 지불수단으로 무수익자산(Non-Profit Assets)이다. 회계상 현금으로 취급되는 것은 통화뿐만 아니라 통화와 언제든지 교환 가능한 통화대용증권을 포함한다.

(2) 요구불예금(Demand Deposit: 입출금이 자유로운 예금)

① 당좌예금: 기업과 은행이 당좌계약을 맺고 은행에 현금을 예입한 후 필요에 따라 수표를 발행함으로써 현금을 인출할 수 있는 예금을 말한다. 일정한 한도 내에서 예금잔액을 초과하여 수표나 어음을 발행해도 은행이 지급 가능하도록 당좌차월계약을 맺는 것이 일반적이다.

② 보통예금: 은행에 통장으로 자유롭게 인출 가능한 예금이다.

(3) 현금성자산(Cash Equivalent)

현금성자산이란 큰 거래비용 없이 현금으로 전환이 용이하고 이자율 변동에 따른 가치변동의 위험이 중요하지 않은 유가증권 및 단기금융상품으로서 취득 당시 만기(또는 상환일)가 3개월 이내에 도래하는 것을 의미한다.

① 취득당시 만기가 3개월 이내에 도래하는 국공채 및 사채
② 취득당시 상환일까지의 기간이 3개월 이내인 상환우선주
③ 취득당시 만기가 3개월 이내에 도래하는 양도성예금증서(CD; Certificate of Deposit)
④ 3개월 이내의 환매조건을 가지는 환매채(RP; Repurchase Agreement)
⑤ 초단기 수익증권(MMF; Money Market Fund)

2 재고자산(Inventories)

1. 재고자산의 의미

재고자산이란 정상적인 영업활동과정에서 판매목적으로 보유하고 있는 자산(제품, 상품)과 판매를 목적으로 생산과정에 있는 자산(재공품) 및 판매할 자산을 생산하는 데 사용되거나 소모될 자산(원재료, 저장품)을 지칭하고, 기업이 영위하는 영업활동에 따라 재고자산으로 분류될지를 결정한다.

⑩ 토지-일반적으로 유형자산, 부동산매매기업은 재고자산으로 분류 주식-일반적으로 유가증권, 증권회사는 재고자산으로 분류

2. 재고자산의 분류-기업회계기준

상품	판매를 목적으로 구입한 상품, 미착상품, 적송품 등(부동산매매업에 있어서 판매목적으로 소유하는 토지·건물 등도 포함)
제품	판매를 목적으로 제조한 생산품·부산물 등
반제품	자가 제조한 중간제품과 부분품 등으로 판매가 가능한 것
재공품	제품의 제조를 위해 재공과정에 있는 것으로 판매가 불가능한 것
원재료	제품의 제조를 위해 투입하는 원료·재료·미착원재료 등
저장품	소모품·소모공구기구비품·수선용부분품 등

3. 재고자산 취득원가의 결정

자산의 취득원가에는 그 자산을 취득하여 자산이 목적하는 활동에 사용되기까지 소요된 모든 현금지출액 또는 현금등가액이 포함되어야 한다. 따라서 재고자산의 취득원가는 재고자산을 판매 가능한 상태로 만들기까지 소요된 모든 지출액이어야 하므로 매입가액뿐만 아니라 매입부대비용(매입수수료, 운반비, 하역비 등)까지 포함되어야 한다.

(1) 매입운임

매입운임은 매입부대비용이므로 재고자산의 취득원가에 포함시키는데, 매입운임을 누가 부담해야 할 것인지에 관해서는 선적지 인도기준과 도착지 인도기준에 따라 달라질 수 있다.

F.O.B 선적지 조건 (Shipping Point)	자산의 소유권이 선적지에서 이전됨(매출완료)	구매자의 재고자산
F.O.B 도착지 조건 (Destination Point)	자산의 소유권이 도착지에서 이전됨(매입미완)	판매자의 재고자산

(2) 매입에누리와 매입환출(Purchase Allowance and Purchase Returns)

매입에누리와 매입환출은 당기매입액에서 차감되므로 재고자산의 취득원가에서는 차감하지 않는다.

① 매입에누리: 판매자가 값을 깎아 주는 것이다.

② 매입환출: 매입한 상품이나 제품에 파손 · 결함으로 판매자에게 반환하는 것이다.

(3) 매입할인(Purcase Discounts)

구입자가 외상매입금을 조기에 지급한 경우 판매자가 현금할인을 해주는 것을 의미하며, 순액법과 총액법 모두 기업회계기준에서 인정된다. 당기매입액에서 차감하며 취득원가에서는 차감하지 않는다.

(4) 이연지급계약(Deferred Payment Contracts)

자산을 구입하고 그 대금은 장기성지급어음 등을 발행해 줌으로써 자산에 공사대금지급을 이연시키는 자산구입방법을 의미하며, 이때 재고자산의 취득원가는 공정가치 혹은 지급할 부채의 현재가치로 평가해야 한다.

(5) 건설자금이자

일반적으로는 수익 · 비용 대응 원칙에 의해 이자비용을 당기간에 비용으로 처리하지만 기업이 장기간에 걸쳐 재고자산을 제조하는 경우에는 재고자산으로부터 수익이 발생하지 않으므로 기업회계기준에서는 다음과 같이 규정하고 있다.

4. 재고자산에 포함될 항목의 결정

일반적으로 자산으로 보고할 수 있으려면 기업이 해당 재화를 자신의 위험부담하에 보유하고 그 가치를 향유할 수 있는 통제권을 가져야 하는데 재고자산의 경우 실물의 보유여부가 통제권의 존재여부와 일치하지 않는 경우가 발생할 수 있다.

(1) 미착상품(Goods in Transit)

상품을 주문하였으나 현재 운송 중에 있어 아직 주문한 회사에 도착하지 않은 상품으로 판매자와 매입자 중 실물에 공사 통제권을 누가 행사하느냐에 따라 재고자산의 귀속을 결정한다.

선적지 조건 (Shipping Point)	자산의 소유권이 선적지에서 이전됨	구매자의 재고자산
도착지 조건 (Destination Point)	자산의 소유권이 도착지에서 이전됨	판매자의 재고자산

(2) 위탁상품(Consignment Goods) = 적송품

자신(위탁자)의 상품을 타인(수탁자)에게 위탁하여 판매하는 것을 의미하며 위탁품은 수탁자가 점유하게 되지만 수탁자가 고객에게 위탁품을 판매하기 전까지는 위탁품의 공사 소유권이 위탁자에게 있다. 왜냐하면 적송비용 · 판매비용 · 기타위험을 위탁자가 부담하며, 수탁자는 소유권을 이전받은 것은 아니기 때문이다.

→ 판매되지 않은 위탁품은 기말재고에 포함되며, 수탁자가 위탁품을 판매한 날에 수익이 인식된다.

(3) 시용품(Sales on Approval)

주문을 받지 않고 상품을 고객에게 인도하여 고객이 그 상품을 보고 매입하겠다는 의사표시를 함으로써 판매가 성립되는 특수한 판매방식을 의미한다.

→ 매입의사표시가 없는 시용품은 창고에 없다 하더라도 기말재고에 포함되며 구매자가 매입의사표시를 한 날에 수익이 인식된다.

(4) 할부판매상품(Installment Sales)

매입대금을 일정한 기간에 걸쳐 나누어 지급하는 상품을 판매하는 경우를 의미한다.

→ 장단기 구분 없이 인도시점(판매시점)에 매출이 인식된다.

5. 재고자산의 원가배분

재고자산의 취득원가(판매가능상품＝기초재고액＋당기순매입액)는 기간손익을 결정하기 위해서 판매된 부분(매출원가)과 미판매된 부분(기말재고)으로 배분하여야 한다.

(1) 재고자산의 수량결정 방법

① 계속기록법(Perpetual Inventory Method)

ㄱ 의미: 상품의 입·출고마다 수량을 계속적으로 기록하는 방법이다.

> 기초재고수량＋당기매입수량－매출원가＝기말재고수량
> (계속기록에 의해 산출)

ㄴ 장점
  - 어느 시점에서나 쉽게 매출원가와 재고자산가액을 구할 수 있다.
  - 기말에 따로 분개할 필요가 없다.
  - 회계기간 중의 재고자산 통제에 유용하다.

ㄷ 단점
  - 판매시점마다 상품의 원가를 일일이 파악해야 하는 번거로움이 존재한다.
  - 부패나 도난에 의한 재고자산 감모손실이 발생해도 재고자산에 남아있는 것으로 과대계상된다.

② 실지재고조사법(Periodic Inventory Method)

ㄱ 의미: 회계기간 중에는 매출원가와 재고자산을 파악하기 위한 기록을 하지 않고, 회계기간 말에 재고실사를 실시하여 보유하고 있는 재고자산수량을 결정하는 방법이다.

> 기초재고수량＋당기매입수량－기말재고수량＝매출원가
> (기말재고실사로 확정)

ㄴ 장점: 매출원가를 간접적으로 계산하므로 회계정보의 처리비용이 적고 비교적 간단한 방법이다.

ㄷ 단점: 도난, 분실 등으로 인한 재고자산 감모손실을 파악하지 못하고 이는 모두 매출원가에 포함되어 매출이 과대계상된다.

③ 혼합법: 계속기록법과 실지재고조사법을 병행하는 방법으로서 계속기록법에 의해 상품재고장의 기록을 유지하고, 일정시점에서 실지재고조사도 실시하는 방법이다.

(2) 재고자산의 단가결정방법

① 개별법(Specific Identification Method)

    ㉠ 의미: 재고자산에 가격표 등을 붙여 매입상품별로 매입가격을 알 수 있도록 함으로써 매입가격별로 판매된 것과 재고로 남은 것을 구별하여 매출원가와 기말재고로 구분하는 방법이다.

    ㉡ 장점

      • 원가흐름과 실제물량흐름이 일치하므로 가장 이상적인 방법이다.

      • 실제수익에 실제원가가 대응되어 수익·비용 대응의 원칙과 부합한다.

    ㉢ 단점

      • 재고자산의 종류와 수량이 많고 거래가 빈번한 경우 실무적용이 불가능하다.

      • 매출원가에 포함시킬 항목을 임의로 선택해 이익을 조작할 가능성이 존재한다.

② 선입선출법(FIFO; First-In First-Out Method)

    ㉠ 의미: 실제물량의 흐름과는 관계없이 먼저 취득한 자산이 먼저 판매된 것으로 가정하여 매출원가와 기말재고로 구분하는 방법이다. 매출원가는 오래전에 구입한 상품의 원가로 구성되고, 기말재고는 최근에 구입한 상품의 원가로 구성된다.

    ㉡ 장점

      • 원가흐름의 가정이 실제물량흐름과 대체로 부합된다.

      • 기말재고는 최근에 구입한 상품이 되므로 재무상태표상 재고자산가액은 시가에 가까운 공정가액이다.

    ㉢ 단점

      • 물가상승(Inflation) 시 현재수익에 과거원가가 대응되므로 수익·비용 대응의 원칙과 어긋나고 매출원가가 과소계상된다.

      • 이익의 과대평가(매출원가의 과소계상)로 인해 이 이익에 근거한 법인세와 배당금지급은 실물자본유지를 불가능하게 한다.

③ 후입선출법(LIFO; Last-In First-Out Method)

    ㉠ 의미: 실제물량흐름과는 무관하게 가장 최근에 매입한 상품이 먼저 판매된 것으로 가정하여 매출원가와 기말재고로 구분하는 방법이다. 매출원가는 최근에 구입한 상품의 원가로 구성되고, 기말재고는 오래 전에 구입한 상품의 원가로 구성된다.

    ㉡ 장점

      • 현재의 수익에 현재의 원가가 대응되므로 수익·비용 대응의 원칙에 부합한다.

      • 물가상승 시 기말재고수량이 기초재고수량과 같거나 증가하는 한 다른 방법보다 이익을 적게 계상하므로 법인세이연효과 혜택이 발생한다.

      • 보수주의 회계와 일맥상통한다.

ⓒ 단점
- 기말재고자산이 오래 전에 구입한 원가로 구성되므로 현재가치를 표시하지 못한다.
- 원가흐름과 실제물량흐름이 불일치한다.
- 물가상승 시 재고자산의 수량이 감소하게 되면(기말재고수량＜기초재고수량) 오래된 재고가 매출원가로 계상되어 이익을 과대계상하게 되므로 과다한 법인세 및 배당을 부담하는 역효과 (Life Liquidation: 후입선출법 청산)가 발생한다.

④ 평균법(Average Cost Method)
ⓐ 의미: 일정 기간 동안의 재고자산원가를 평균한 평균원가로 판매가능상품을 매출원가와 기말재고에 배분하는 방법으로 이동평균법(계속단가기록법)과 총평균법(기말실지재고조사법)으로 구분 가능하다.
ⓑ 이동평균법: 구입이 이루어질 때마다 가중평균단가를 구하고 상품출고 시마다 출고단가를 계속 기록하는 방법으로 화폐가치의 변동을 단가에 민감하게 반영시킨다는 장점이 있으나, 거래가 빈번할 경우 계산이 복잡하다는 단점이 있다.

$$\text{이동평균단가} = \frac{\text{매입직전재고금액} + \text{매입금액}}{\text{매입직전재고수량} + \text{매입수량}}$$

ⓒ 총평균법: 일정 기간 동안의 판매가능상품총액을 판매가능상품수량으로 나눈 단가를 매출원가와 기말재고에 배분하는 방법이다. 기말에 가서야 평균단가를 산출할 수 있으므로 기중에는 상품의 출고마다 출고단가를 기록할 수 없으나 간편하다는 장점이 있다.

$$\text{총평균단가} = \frac{\text{기초재고금액} + \text{당기순매입액}}{\text{기초재고수량} + \text{당기순매입수량}}$$

05 | 자본

1 자본의 의의

$$\text{자본} = \text{자산} - \text{부채}$$

1. 소유주지분(Owner's Equity) = 주주지분(Stockholder's Equity)

회계주체의 소유주에게 귀속되는 부분으로서의 자본이다.

2. 잔여지분(Residual Interest)

기업재산에 공사 채권자의 청구권을 제외한 잔여재산으로서의 자본을 뜻한다.

3. 순자산(net assets)

자산과 부채가 평가에 의해 구하는 것에 반해 분류만 이루어지는 자본이다.

2 자본의 분류

Ⅰ. 자본금	주주에 의한 납입자본금		보통주 자본금	보통주 발행주식수×1주 액면가액
			우선주 자본금	우선주 발행주식수×1주 액면가액
Ⅱ. 자본잉여금	주주와의 자본거래에서 발생한 이익		주식발행 초과금	자기주식 처분이익, 전환권대가, 신주인수권대가 등
			감자차익	
			기타 자본잉여금	
Ⅲ. 이익잉여금	영업활동을 통해 발생한 이익이 축적된 부분	법정 적립금	이익준비금	−
			기타법정적립금	재무구조개선적립금, 기업합리화적립금
		임의 적립금	적극적 적립금	사업확장적립금, 감채적립금, 신축적립금 등
			소극적 적립금	배당평균적립금, 결손보전적립금, 퇴직급여적립금, 별도적립금 등
		차기이월이익잉여금(결손금)		−
Ⅳ. 자본조정	자본 전체에 대해 차감, 가산할 항목		부가적 계정	미교부주식배당금
			차감적 계정	자기주식, 주식할인발행차금 등
Ⅴ. 기타포괄손익 누계액	손익계산서에 계상하지 아니하는 특정 포괄손익을 표시함		순액표시(예를 들어, 매도가능증권평가이익과 매도가능증권평가손실이 같이 등장 안함) (* 결과만으로 평가)	매도가능증권평가손익, 현금흐름위험회피 파생상품평가손익, 해외사업환산차(대)

3 자본금

자본금＝보통주 자본금＋우선주 자본금
＝보통주액면가×보통주식수＋우선주액면가×우선주식수

1. 주식의 종류

(1) 보통주와 우선주

보통주 (Common Stock)	의결권, 배당권, 신주인수권, 잔여재산청구권 등이 부여된 주식
우선주 (Preferred Stock)	이익배당과 잔여재산분배 등 재산상 권리가 보통주보다 우위에 있는 반면, 일반적으로 의결권이 없는 주식

(2) 우선주-우선권의 내용에 따라

① 이익배당우선주: 보통주주가 이익배당을 받기 전에 일정률의 배당을 우선적으로 받을 수 있는 권리가 부여된 주식이다. 누적적 · 비누적적, 참가적 · 비참가적으로 구분가능하다.

② 전환우선주(Convertible Preferred Stock): 우선주 주주의 의사에 따라 보통주로 전환될 수 있는 권리를 부여받은 주식이다.

③ 상환우선주(Callable Preferred Stock): 회사가 미래 특정시점에 약정된 조건으로 소각할 수 있는 주식이다.

2. 주식의 신규발행

(1) 액면발행

주식의 발행가액이 액면가액과 동일한 경우에 해당한다.

(2) 할증발행

주식의 발행가액이 액면가액을 초과하는 경우를 말한다.

→ 주식발행초과금(자본잉여금) 발생

(3) 할인발행

주식의 발행가액이 액면가액보다 작은 경우를 말한다.

→ 주식할인발행차금(자본조정) 발생

※ 주식의 할인발행은 원칙적으로 금지이나, 회사설립 후 2년이 지나면 가능하다.

1 수익

1. 수익의 개념

기업의 주요 영업활동으로서의 재화의 생산 · 판매, 용역의 제공 등에 따른 경제적 효익의 유입으로서, 자산의 유입이나 증가 또는 부채의 감소를 의미한다. 즉, 순자산(Net Asset)의 증가를 의미한다(이득은 주요 영업활동 이외의 부수적인 거래나 사건의 결과로 발생하는 순자산의 증가를 의미한다.).

2. 수익인식의 요건

(1) 실현주의(Realization Basis)

① 발생주의의 전제: 전통적으로 수익과 비용을 인식하는 방법에는 현금주의와 발생주의가 있으나, 현행회계에서는 기간별로 관련된 수익과 비용을 적절히 대응시켜 정확한 경영성과를 측정하는 발생주의를 따르고 있다.

② 발생주의의 한계 보완: 발생주의 적용이 실무상 어려움으로 인해 일정한 요건을 설정해 이 요건을 충족한 시점에서 수익이 발생한다고 보아 수익을 인식한다.

[실현주의의 수익인식 요건]

실현요건(측정요건)	실현되거나 실현가능해야 한다. 즉, 수익금액이 합리적으로 측정가능해야 한다.
가득요건(발생요건)	수익창출활동을 위한 결정적이며 대부분의 노력이 발생하여야 한다.

(2) 수익획득과정에 따른 수익인식시점

① 제조기업이 제품을 판매하여 판매수익을 얻기 위해서는 원재료의 구입, 제품의 생산 및 대금의 회수 등 일련의 과정을 거쳐야 하고, 이러한 과정에서 수익은 제품의 가치가 증대함에 따라 점차적으로 발생한다.

② 이때 수익을 인식하는 시점을 언제로 하느냐하는 것이 중요한 과제인데, 앞서 언급한 실현주의(측정요건, 발생요건)에 부합되는 시점으로 결정하여 수익을 인식한다.

③ 현행회계기준에서는 거래형태별로 재화의 판매, 용역의 제공, 이자·배당금·로열티수익으로 구분하여 각 기준을 적용하고 있다.

구분	수익인식기준	필요조건
재화의 판매	판매기준	• 실현요건: 경제적 효익의 유입가능성과 수익금액의 측정가능성 • 가득요건: 재화의 실질적 인도와 원가의 측정가능
용역의 제공	진행기준	• 실현요건: 경제적 효익의 유입가능성과 수익금액의 측정가능성 • 가득요건: 원가의 측정가능성 • 진행요건: 진행률의 측정가능성
이자·배당금 ·로열티수익	발생기준	실현기준: 경제적 효익의 유입가능성과 수익금액의 측정가능성

3. 수익의 분류(포괄손익계산서)

영업수익	기업의 주된 경영활동에서 발생하는 수익
	매출액
영업외수익	기업의 주된 경영활동 이외의 부수적인 활동에서 발생하는 반복적이며 경상적으로 발생하는 수익
	이자수익, 배당금수익, 임대료, 단기매매증권처분이익, 단기매매증권평가이익, 외환차익, 외화환산이익, 지분법평가이익, 매도가능증권감액손실환입, 장기투자 자산손상차손환입, 투자자산처분이익, 유형자산처분이익, 사채상환이익, 법인세환급액, 유형자산감액손실환입, 전기오류수정이익, 자산수증이익, 채무면제이익, 보험차익

4. 특수한 재화판매

(1) 위탁판매(Consignment Sales)

① 의미: 자기(위탁자)의 상품을 타인(수탁자)에게 위탁하여 판매하는 형태의 판매를 말한다.

② 기업회계기준: 상품의 위탁발송 시 상품원가와 제비용을 '적송품'계정 차변에 기입하였다가 수탁자가 위탁품을 판매한 날 수익을 인식한다(매출 또는 적송품 매출).

(2) 시용판매(Sales on Approval)

① 의미: 주문을 받지 않고 상품 등을 고객에게 인도하여 고객이 그 상품을 사용해 보고, 매입하겠다는 의사표시를 함으로써 판매가 성립되는 형태의 판매이다.

② 기업회계기준: 수익은 매입자가 매입의사표시를 한 날에 인식하도록 규정한다. 기말 현재 매입자로부터 매입의사표시가 없는 시송품은 창고에 없다고 할지라도 판매자의 기말재고에 포함시킨다.

(3) 이자·배당금·로열티수익

① 이자수익은 원칙적으로 유효이자율을 적용하여 발생기준에 따라 인식한다.

② 배당금수익은 배당금을 받을 권리와 금액이 확정되는 시점에 인식한다.

③ 로열티수익은 관련된 계약의 경제적 실질을 반영하여 발생기준에 따라 인식한다.

2 비용

1. 비용의 개념

기업의 주요 영업활동으로서의 재화의 생산·판매, 용역의 제공 등의 대가로 발생하는 자산의 유출 또는 부채의 증가를 의미한다. 즉, 순자산의 감소를 의미한다(손실은 주요 영업활동 이외의 부수적인 거래나 사건의 결과로 발생하는 순자산의 감소를 의미한다.).

2. 비용의 인식

구분	비용인식기준	예시
직접대응	동일한 거래나 사건과 직접적으로 결부되어 발생하는 수익과 비용은 동일한 회계기간에 인식	매출원가, 판매직원수수료
발생 즉시 인식	취득과 동시에 또는 취득 후 즉시 소비되는 재화 및 용역의 취득과 관련하여 발생하는 판매비와 관리비 등의 비용은 현금이 지출되거나 부채가 발생하는 회계기간에 인식	급여, 광고선전비
기간배분	상각대상자산을 사용함에 따라 발생하는 감가상각비와 여러 회계기간에 걸쳐 소비되는 비용은 체계적이고 합리적인 배분절차에 따라 당해 비용으로부터 효익이 기대되는 여러 기간에 걸쳐 인식	감가상각비, 무형자산상각비

3. 비용의 분류(포괄손익계산서)

영업상 비용	매출원가	영업상 수익인 매출액에 대응되는 비용 (매출원가＝기초상품재고＋당기매입액－기말상품재고)
	판매비와 관리	급여, 퇴직급여, 복리후생비, 임차료, 접대비, 감가상각비, 무형자산상각비, 세금과공과, 광고선전비, 연구비, 경상개발비, 대손상각비, 소모품비, 보험료, 수도광열비, 잡비, 여비교통비, 운반비
영업외비용	기업의 주요 영업활동 이외에 부수적으로 발생하는 경상적이며 반복적인 비용	
	이자비용, 기타의 대손상각비, 단기매매증권처분손실, 단기매매증권평가손실, 재고자산감모손실, 외환차손, 외화환산손실, 기부금, 지분법평가손실, 매도가능증권감액손실, 장기투자자산손상차손, 투자자산처분손실, 유형자산처분손실, 사채상환손실, 법인세추납액, 전기오류수정손실, 재해손실	
법인세비용	법인세법상의 당해 사업연도에 부담할 법인세	
	법인세±이연법인세 변동액	

TOP 1 자산

01

A회사는 재고자산에 대해 이동평균법을 적용하고 있다. 이동평균법으로 계산한 기말재고자산금액은 얼마인가?(단, 소수점 이하는 버림으로 한다) `20기출`

기초자산		
1월	매입 10개	단위당 200원
2월	매입 30개	단위당 220원
3월	매출 20개	단위당 250원
4월	매입 50개	단위당 230원
5월	매출 40개	단위당 280원
기말재고 30개		

① 약 6,510원   ② 약 6,600원
③ 약 6,771원   ④ 약 6,900원

02

감가상각방법에 해당하는 것이 아닌 것은? `20기출`

① 정률법
② 이중체감법
③ 생산성비율법
④ 연수합계법

03

다음 중 파생상품에 대한 설명으로 옳지 않은 것은?

`19㉾기출`

① 콜옵션은 사는 것을 의미하고, 풋옵션은 파는 것을 의미한다.
② 미국형은 만기에만 결제가 가능하고 유럽형은 언제든지 결제가 가능하다.
③ 선물, 옵션 스왑계약은 대표적인 파생상품에 해당한다.
④ 파생상품은 거래 장소에 따라 장내거래와 장외거래로 구분된다.

04

다음의 정보가 주어졌을 때 매출원가와 판매가능자산 값으로 옳은 것은? `17기출`

- 기초재고자산 150만 원
- 기말재고자산 180만 원
- 당기상품매입액 800만 원

	매출원가	판매가능자산
①	770만 원	180만 원
②	770만 원	950만 원
③	830만 원	180만 원
④	830만 원	950만 원

01

다음 재무회계와 관리회계의 비교 설명으로 옳은 것은? `20기출`

① 재무회계는 기업의 특성에 따라 보고서 형식이 다양한 반면, 관리회계는 일정한 회계원칙 형식에 따라 보고서를 작성한다.
② 재무회계는 외부정보이용자를 주된 고객으로 하는 반면, 관리회계는 내부정보이용자를 주 고객으로 한다.
③ 재무회계는 미래지향 정보를 주로 다루는 반면, 관리회계는 과거관련 정보를 주로 다룬다.
④ 재무회계는 경영자에게 유용한 정보를 제공하는 반면, 관리회계는 주주 및 채권자에게 정보를 제공하는데 목적을 두고 있다.

02

다음 중 주주에 대한 설명으로 옳지 않은 것은? `19추기출`

① 주주는 채권자보다 앞서 이자비용을 받는다.
② 주주는 출자한도 내에서 유한책임을 진다.
③ 주주는 회사의 궁극적인 주인이다.
④ 주주는 주식을 양도하여 주주의 지위를 벗어날 수 있다.

03

다음 중 손익계산서에 대한 설명으로 옳은 것은? `19추기출`

① 수익에서 비용을 차감하지 않고 기업의 경영 성과를 보여준다.
② 기업의 재무 상태를 나타내는 보고서이다.
③ 일정기간 동안의 경영성과를 보여주는 것이다.
④ 기업의 현금이 어떻게 조달되는지 보여주는 것이다.

04

다음 회계정보의 질적 특성 중 신뢰성의 특성에 해당하지 않는 것은? `18기출`

① 적시성
② 검증가능성
③ 표현의 충실성
④ 중립성

01

다음 중 영업순이익으로 옳은 것은? `19추기출`

- 총매출액: 2,000,000원
- 매출원가: 1,000,000원
- 판매관리비용: 400,000원
- 이자비용: 30,000원
- 법인세비용: 240,000원

① 1,000,000원
② 600,000원
③ 570,000원
④ 330,000원

02

세탁기 1대를 만드는 데 제조원가가 140만 원이고, 매출총이익률이 30%일 때 세탁기 1대의 가격으로 옳은 것은?

18기출

① 180만 원
② 190만 원
③ 200만 원
④ 210만 원

03

다음 중 총자산이 2,800만 원이며, 자본금이 1,000만 원, 이익잉여금이 300만 원일 때, 부채의 값으로 옳은 것은?

17기출

① 1,100만 원
② 1,300만 원
③ 1,500만 원
④ 1,800만 원

04

다음 중 현금흐름표(Statement of Cash Flows)에 나타나는 3가지 구성 요소로 옳지 않은 것은?

17기출

① 재무활동 현금흐름
② 영업활동 현금흐름
③ 투자활동 현금흐름
④ 정보활동 현금흐름

수익과 비용

01

A회사에서 세탁기를 제조할 때 단위당 변동비는 20만 원이고, 총고정비는 2천만 원이다. 1,000개를 팔아서 2천만 원의 이익을 얻기 위해서는 원가가산방식으로 할 때 제품의 단위당 가격으로 옳은 것은? (단, 고정비용은 비용에 포함)

19기출

① 20만 원
② 22만 원
③ 24만 원
④ 26만 원

02

A기업에서는 최근에 개발한 B상품의 판매가격을 개당 1,000원으로 정하였다. B상품을 생산하는 데 필요한 개당 변동비는 800원, 고정비는 600,000원이라고 할 때 B상품의 손익분기점 매출량으로 옳은 것은?

17기출

① 1,000개
② 1,500개
③ 3,000개
④ 5,000개

01

다음 중 우선주에 대한 설명으로 옳은 것은?   19기출

① 회사의 이익과 관계없이 미리 배당금이 정해져 있다.

② 이자가 미리 정해져 있다.

③ 세금 감면 혜택이 있다.

④ 우선주에 대해서 비용을 공제하기 전이라도 우선 배당이 이루어진다.

군무원

합격 저격

경영학

PART 5

재무관리

기출 이론 저격

01 재무관리의 기초개념

1 재무관리의 의의와 기능

1. 재무관리의 의의

특정 시점에서 기업의 재무상태를 나타내 주는 지표로 재무상태표(Balance Sheet)가 있는데, 기업의 자산과 부채 및 자본의 구성을 나타내는 표로 다음과 같은 형태를 갖는다.

××co.   재무상태표(B/S)   ××년 ××일 현재

차변	대변
자산(Asset)	부채(Liability)
	자본(Equity)

기업의 자산은 재무상태표 왼쪽에 위치하며 현금과 재고자산처럼 단기간 동안 보유하는 유동자산과 건물, 기계 등과 같이 장기간 보유하는 비유동자산으로 나뉘어진다. 즉, 유동자산은 1년 이내에 현금화되는 자산이며, 비유동자산은 1년 이상 비교적 오랜 기간 동안 기업이 사용하는 자산을 뜻한다.

위와 같은 자산을 구입하기 위해서는 자산의 금액만큼의 자금이 필요하다. 자금을 빌리는 방법에 따라 부채(Liability)와 자기자본(Equity)으로 나뉘어진다. 타인으로부터 빌려온 자금을 부채라 하며 1년 이내에 갚아야 하는 부채를 유동부채, 1년 이내에 갚을 필요가 없는 부채를 비유동부채라 한다. 반면 자기자본은 주식을 발행하여 조달한 자금과 과거에 벌어들인 이익을 유보한 것으로 갚아야 할 의무가 없는 자금을 말한다.

2. 재무관리의 기능

(1) 투자 결정(Investment Decision)

기업의 자산취득에 관한 의사결정으로 재무상태표 왼쪽(차변)에 나타난다. 자산을 가장 이상적인 형태로 가지기 위해 자산의 최적 구성을 찾으려는 노력으로, 이와 같은 투자결정에 의해 기업자산 규모의 구성이 결정된다.

(2) 자본 조달 결정(Financing Decision)

투자 결정에 의해서 구성된 자산을 취득하기 위해 필요한 자금을 조달하는 의사결정을 자본 조달 결정이라고 한다. 재무상태표 오른쪽(대변)과 관계되는 것으로 부채 및 자기자본의 규모와 구성을 가장 이상적인 형태로 조달하려는, 즉 최적 자본구조를 찾기 위한 의사결정이다. 기업의 영업활동으로 창출되는 현금흐름을 배당과 유보이익으로 나누는 배당결정(Dividend Decision) 또한 자본 조달 결정에 포함된다.

(3) 유동성 관리(Liquidity Management)

기업이 영업활동을 하는 과정에서 발생하는 현금의 유입과 유출은 시간적인 면에서 크게 다를 수 있다. 재무상태표에서 유동자산과 유동부채의 차이인 순운전자본(Net Working) 관리를 통해 단기적 관점에서 자금을 운용하는 것을 유동성 관리라고 한다. 1997년 발생한 IMF위기는 유동성 관리에 실패한 경우라 볼 수 있다.

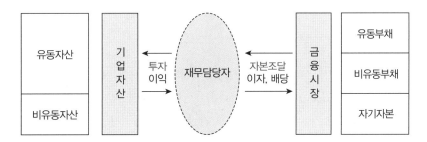

☑ 재무관리 환경

재무관리 환경을 구성하는 3대 요소는 증권, 금융시장, 금융중개기관이다. 금융시장과 금융중개기관을 합쳐 넓은 의미의 금융기관(Financial Institution)이라 부른다. 좁은 의미에서 금융기관은 금융중개기관만을 의미한다.

1. 증권(Securities)

기업이 투자와 자본 조달을 위해 이용할 수 있는 자산은 크게 실물자산과 금융자산으로 구분되는데, 금융자산을 흔히 증권이라고 하며 주식과 채권이 대표적인 예이다. 기업은 주식, 채권 같은 금융자산을 발행하여 실물자산에 투자하므로 금융자산이 얻게 될 미래 수익은 실물자산의 수익에 달려 있다고 할 수 있다.

(1) 실물자산(Real Asset)

① 유형자산: 토지, 건물, 기계, 재고자산 등과 같이 재화와 용역을 생산하는 데 이용할 수 있는 자산이다.

② 무형자산: 재화와 용역의 생산에 동원되는 인적자원의 지식, 기술, 숙련도 등이다.

(2) 금융자산(Financial Asset)

실물자산의 이용으로부터 얻어질 소득에 대한 청구권이다. 예를 들어, A 회사의 주식을 30% 가지고 있다면 향후 기업의 순이익 중에서 30%만큼 받을 권리를 가지게 된다.

2. 금융시장

주식이나 채권 같은 금융자산 혹은 증권이 발행, 거래되고 가격이 형성되는 시장을 금융시장(Financial Markets) 혹은 증권시장(Securities Markets)이라 한다. 금융시장은 자금 공급자인 투자자가 증권을 매입함으로써 증권을 발행한 자금의 수요자에게로 자금이 직접 흘러가는 직접 금융이 일어나는 곳이다. 금융시장은 거래되는 금융자산들의 만기에 따라서 화폐시장과 자본시장으로 분류된다.

(1) 화폐시장(Money Markets)

1년 이하의 만기를 가진 유동성이 높고 현금화가 쉬운 단기채권이 거래되는 곳이며 대표적으로 기업어음(CP)이 있다.

(2) 자본시장(Capital Markets)

장기증권이 거래되는 곳으로 만기 1년 이상의 채권이 거래되는 채권시장(Bond Markets)과 기업의 소유지분을 나타내는 보통주와 우선주의 주식이 거래되는 주식시장(Stock Markets)이 있다.

1 단일 시점의 현금흐름의 시간가치

1. 미래가치(FV; Future Value)

(1) 미래가치

현재의 일정금액을 미래의 특정시점으로 환산한 금액을 미래가치라고 한다. 미래가치는 복리로 계산되는데 이자가 발생하면 그것이 재투자되어 이자에 대한 이자가 반복 발생한다고 가정하는 방법이다.

(2) 미래가치의 계산

현재의 일정금액을 PV, n기간 후의 미래가치를 FV_n, 연간 이자율을 r이라고 할 때 미래가치는 다음과 같이 계산할 수 있다.

① '1'기간 후의 미래가치: $FV_1 = PV(1+r)$
② '2'기간 후의 미래가치: $FV_2 = PV(1+r)(1+r) = PV(1+r)^2$
③ 'n'기간 후의 미래가치: $FV_n = PV(1+r)(1+r)\cdots(1+r) = PV(1+r)^n$

(3) 미래가치 요소

매 기간마다 연간 이자율 r이 다른 것이 보통이지만, 위와 같이 매기간 이자율 r이 일정할 경우 현재의 1원은 n기간 후에는 $(1+r)^n$원이 된다. 이 $(1+r)^n$을 복리가치 요소(CVF; Compound Value Factor) 혹은 미래가치 요소(FVF; Future Value Factor)라고 하며 흔히 $CVF(r, n)$ 혹은 $FVF(r, n)$으로 나타낸다.

$$FVn = PV(1+r)(1+r)\cdots(1+r) = PV(1+r)n = PV \cdot FVF(r, n)$$

2. 현재가치(PV; Present Value)

(1) 현재가치

현재가치란 미래에 발생하게 될 현금흐름을 현재시점의 가치로 환산한 금액을 말한다.

(2) 현재가치의 계산

현재가치는 위에서 익힌 미래가치의 계산식을 통해 도출할 수 있다. 미래가치의 계산에서는 현재의 현금흐름 PV와 이자율 r을 알고 n기간 후의 미래가치 FV_n을 계산하는 데 반하여, 현재가치의 계산에서는 미래의 현금흐름과 이자율을 아는 경우 그것의 현재가치를 계산하는 것이므로 역을 적용하면 된다.

$$PV = \frac{FV_n}{(1+r)^n}$$

(3) 현가요소

위에서 $\dfrac{1}{(1+r)^n}$은 n기간 후의 1원이 현재 얼마의 가치가 있는지를 나타내는 값으로 현가요소(PVF; Present Value Factor)라 하며, 흔히 $DCF(r, n)$ 혹은 $PVF(r, n)$으로 나타낸다. 이것을 적용하여 위의 식을 나타내면 다음과 같다.

$$PV = \frac{FV_n}{(1+r)^n} = FV_n \cdot PVF(r, n)$$

(4) 미래가치요소와 현가요소의 관계

미래가치 계산에 사용되는 미래가치요소(FVF)와 현재가치 계산에 사용되는 현가요소(PVF) 사이에는 다음과 같이 역수의 관계가 성립한다.

$$PVF = \frac{1}{FVF}$$

2 여러 시점의 현금흐름의 시간가치

지금까지는 현금흐름이 단 한번 일어나는 경우를 살펴보았지만, 지금부터는 현금흐름이 여러 기간에 걸쳐 일어나는 경우를 살펴보도록 한다.

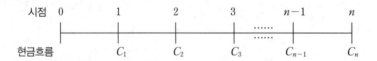

1. 미래가치

위와 같은 현금흐름에 대한 n기간 후의 미래가치 FV은 각 시점의 현금흐름에 대한 미래가치의 합이 된다. 만약 매 기간 이자율이 r로 동일하다면 여러 시점에서 미래가치는 다음과 같다.

$$FV_n = C_1(1+r)^{n-1} + C_2(1+r)^{n-2} + \cdots + C_{n-1}(1+r) + C_n$$

2. 현재가치

현재가치는 각 시점의 현금흐름의 현재가치의 합으로 다음과 같이 계산한다.

$$PV = \frac{C_1}{(1+r)} + \frac{C_2}{(1+r)^2} + \cdots + \frac{C_n}{(1+r)^n} = \sum_{t=1}^{n} \frac{C_t}{(1+r)^t}$$

3 연금(Annuity)의 현금흐름

연금이란 미래의 일정 기간 동안 동일한 금액의 현금흐름을 지속적으로 발생시키는 형태를 뜻한다.

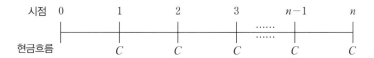

1. 연금의 미래가치(Future Value of Annuity)

연금의 미래가치는 매 기간마다 동일한 현금흐름이 발생하므로 등비수열의 합을 이용하여 다음과 같이 구할 수 있다.

$$FVn = C + C(1+r) + \cdots + C(1+r)n-2 + C(1+r)n-1$$
$$= C\left[\frac{(1+r)^n - 1}{r}\right] = C \times CVFA(r,\, n)$$

여기서 $\dfrac{(1+r)^n - 1}{r}$을 연금의 복리가치요소($CVFA$; Compound Value Factor for Annuity) 혹은 미래가치요소($FVFA$; Future Value Factor for Annuity)라고 하며, n기간 동안 매기간 말에 1원씩 발생하는 연금의 미래가치를 뜻한다.

2. 연금의 현재가치(Present Value of an Annuity)

n기간 동안 동일한 금액의 현금흐름이 발생하는 경우 연금의 현재가치는 다음과 같이 구할 수 있다.

$$PV = \frac{C}{1+r} + \frac{C}{(1+r)^2} + \cdots + \frac{C}{(1+r)^{n-1}} + \frac{C}{(1+r)^n}$$
$$= C\frac{(1+r)^n - 1}{r(1+r)^n} = C \times PVFA(r,\, n)$$

여기서 $\dfrac{(1+r)^n - 1}{r(1+r)^n}$을 현가요소($PVFA$; Present Value Factor for Annuity)라고 하며, n기간 동안 매기간 말에 1원씩 발생하는 연금의 현재가치를 나타낸다.

1 회수기간법

1. 의의

회수기간(Payback Period)이란 투자시점에서 발생한 비용을 회수하는 데 걸리는 기간으로 회수기간법은 회수기간을 구하여 투자의사결정을 하는 기법을 말한다. 이때 현금흐름은 보통 연단위로 표시한다.

2. 의사결정기준

(1) 독립적 투자안

각 투자안의 회수기간이 기업 자체에서 기준으로 정한 목표회수기간보다 짧으면 투자가치가 있다고 판단한다.

(2) 상호배타적 투자안

각 투자안의 회수기간이 목표회수기간보다 짧은 투자안 중에서 가장 짧은 투자안을 선택한다.

3. 유용성

(1) 방법이 간단하고 이해하기 쉽다.

(2) 회수기간법은 경영자에게 투자위험에 대한 정보를 제공하고 있다. 즉, 회수기간이 짧을수록 미래의 현금흐름에 대한 불확실성이 빨리 제거되므로 위험이 작다.

(3) 회수기간법은 투자로 인한 기업의 유동성을 간접적으로 나타내준다. 회수기간이 짧을수록 현금유입이 일찍 이루어지는 것이므로, 이러한 투자안을 선택하면 일정 기간 동안 기업의 유동성이 높아진다.

4. 문제점

(1) 회수기간 이후의 현금흐름을 고려하지 못한다.

(2) 화폐의 시간가치를 무시한다.

(3) 회수기간만 고려할 뿐 투자안의 수익성을 무시한다. 즉, 두 투자안의 회수기간이 동일하더라도 가까운 미래에 실현되는 현금흐름의 가치가 더 큰 투자안이 있다면 보다 선호되어야 하지만 회수기간법에서는 동일한 투자안으로 평가한다.

(4) 독립적 투자안에 투자결정의 기준이 되는 회수기간의 설정이 자의적이다. 즉, 기업의 목표회수기간 설정에 대한 근거가 확실하지 않다.

5. 할인회수기간법(Discounted Payback Period)

할인회수기간법은 각 기간의 현금흐름에 대한 현재가치를 구한 후, 각 기간의 현재가치의 합이 최초의 투자금액과 같아지는 기간을 구하는 방법이다. 화폐의 시간가치를 고려하지 못하는 회수기간법의 문제점을 보완하기 위해 사용하는 기법이다. 그러나 모든 현금흐름을 고려하지 못한다는 점, 합리적 기준 선정이 어렵다는 점 등의 회수기간법의 문제가 그대로 존재한다.

2 회계적 이익률법

1. 의의

회계적 이익률법(ARR; Accounting Rate of Return Method)은 평균이익률법이라고도 하며, 투자로 인하며 나타나는 장부상의 연평균 순이익을 연평균 투자액으로 나눈 비율을 토대로 투자안을 평가하는 방법이다.

$$\text{회계적이익률(평균이익률)} = \frac{\text{연평균순이익}}{\text{연평균투자액}}$$

여기서 연평균 순이익과 연평균 투자액의 계산법은 다음과 같고, 연평균 투자액의 경우 정액법으로 감가상각을 한다는 가정에 기초한다.

$$\text{연평균순이익} = \frac{\text{순이익의합}}{\text{투자수명}} \cdot \text{연평균투자액} = \frac{\text{초기투자비용} - \text{잔존가치}}{2}$$

2. 의사결정기준

(1) 독립적 투자안

각 투자안의 ARR이 기업 자체에서 기준으로 정한 목표이익률보다 크면 투자가치가 있다고 판단한다.

(2) 상호배타적 투자안

각 투자안의 ARR이 목표이익보다 큰 투자안 중에서 가장 큰 투자안을 선택한다.

3. 유용성

(1) 계산이 간단하고 이해하기 쉽다.

(2) 회계장부상의 자료를 그대로 사용할 수 있으므로 편리하다.

4. 문제점

(1) 투자안의 현금흐름이 아닌 회계장부상의 이익을 사용한다.

(2) 화폐의 시간가치를 고려하지 않는다.

(3) 회계처리방법에 따른 순이익 조작의 가능성이 있다.

(4) 기업의 목표이익률 설정에 대한 근거가 확실하지 않다.

3 순현재가치법(NPV법)

1. 의의

순현가법(NPV; Net Present Value method)은 투자로 인하여 발생할 미래의 모든 현금흐름을 적절한 할인율로 할인한 현가로 나타내어 투자결정에 이용하는 방법이다. 순현가는 다음과 같이 정의된다.

$$NPV = \left[\frac{C_1}{(1+r)^1} + \frac{C_2}{(1+r)^2} + \cdots + \frac{C_n}{(1+r)^n} \right] - C_0$$

$$= \sum_{t=1}^{n} \frac{C_t}{(1+r)^t} - C_0$$

(C_t: t 시점의 현금흐름, C_0: 최초의 투자액, r: 할인율, n: 내용연수)

2. 의사결정기준

(1) 독립적 투자안

투자안의 NPV가 0보다 큰 투자안을 채택한다.

(2) 상호배타적 투자안

투자안의 NPV가 0보다 큰 투자안 중에서 가장 큰 투자안을 선택한다.

3. 유용성

(1) 화폐의 시간가치를 고려한다.

(2) 내용연수 동안의 모든 현금흐름을 고려한다.

(3) 현금흐름과 할인율만으로 투자안을 평가하므로 자의적 요인이 배제된다.

(4) 투자안에 대한 가치가산의 원칙이 적용된다. 즉, A와 B 두 투자안에 모두 투자할 경우의 순현가는 각 투자안의 순현가를 합한 것과 동일하다.

(5) 선택된 모든 투자안의 순현가의 합으로 해당 기업의 가치를 알 수 있다.

4 내부수익률법(IPR법)

1. 의의

내부수익률(IRR; Internal Rate of Return)이란 미래 현금흐름의 순현가(NPV)를 0으로 만드는 할인율을 말한다. 즉, 미래 현금유입의 현가와 현금유출의 현가를 같게 만드는 할인율이다.

$$\left[\frac{C_1}{(1+IRR)^1}+\frac{C_2}{(1+IRR)^2}+\cdots+\frac{C_n}{(1+IRR)^n}\right]-C_0=0$$

$$\sum_{t=1}^{n}\frac{C_t}{(1+IRR)^t}-C_0=0 \quad or \quad \sum_{t=1}^{n}\frac{C_t}{(1+IRR)^t}=C_0$$

(C_t: t 시점의 현금흐름, C_0: 최초의 투자액, n: 내용연수)

여기서 IRR은 투자안마다 서로 다른 값을 가지며, 투자자로부터 얻는 연평균 수익률을 뜻한다. NPV의 할인율 k와 달리 투자안 자체의 현금흐름에 의해서만 산출된다.

2. 의사결정기준

(1) 독립적 투자안

투자안의 내부수익률이 할인율보다 큰 모든 투자안을 투자가치가 있는 것으로 평가한다.

(2) 상호배타적 투자안

내부수익률이 가장 큰 투자안을 선택한다.

3. 유용성

(1) 화폐의 시간가치를 고려한다.

(2) 내용연수 동안의 모든 현금흐름을 고려한다.

4. 문제점

(1) 내용연수가 2년을 초과할 경우 계산이 복잡해진다.

(2) 내부수익률이 존재하지 않거나 복수의 내부수익률이 존재할 가능성이 있다. 내부수익률이 존재하지 않으면 투자안을 평가할 수 없고, 복수의 내부수익률이 나타나면 경제적 의미가 없으므로 투자결정에 사용할 수 없다.

(3) 재투자수익률의 가정이 불합리하다. 내부수익률법은 투자안의 내부수익률을 미래의 재투자수익률로 가정하고 있는데, 미래에도 현재처럼 유리한 투자기회가 계속 존재한다는 의미가 되므로 불합리하다.

(4) 가치가산의 원리가 적용되지 않는다.

5. IRR법과 비교를 통해서 보는 NPV의 우위성

(1) 기업가치 극대화라는 재무관리의 목표에 부합한다. NPV는 그 자체가 가치의 순증가를 나타내므로 이는 곧 기업가치 극대화와 연결된다. 그러나 IRR은 개별 투자안의 투자성과를 의미하는 투자수익률이므로 기업가치의 극대화와 연관성이 없다.

(2) 재투자수익률의 가정이 현실적이다.

(3) 가치가산의 원리가 성립한다.

(4) 평가기준의 일관성이 있다. NPV에서는 투자분류에 상관없이 $NPV > 0$인 투자안을 선택하면 되지만, IRR에서는 현금흐름의 형태에 따라 다르게 된다.

(5) NPV에서는 복수의 해나 해의 부존재에 대한 문제가 없다

5 수익성지수법(PI법)

1. 의의

수익성지수(PI; Profitability Index)란 투자안의 선택으로 발생하는 미래 현금흐름의 현재가치를 현금유출의 현재가치로 나눈 값으로 다음과 같다.

$$PI = \frac{현금유입의 현재가치}{현금유출의 현재가치} = \frac{\sum_{t=1}^{n} \frac{C_t}{(1+k)^t}}{C_0}$$

PI는 NPV와 밀접한 관련성이 있다. PI에서 분자가 더 크다는 것은 NPV가 양수라는 의미이고, PI에서 분모가 더 크다는 것은 NPV가 음수라는 말이므로 다음과 같은 식이 성립한다. 그러나 가치가산의 원리는 성립하지 않는다.

(1) $NPV > 0 \rightarrow PI > 1$

(2) $NPV < 0 \rightarrow PI < 1$

2. 의사결정기준

(1) 독립적 투자안

　　$PI > 1$이면 투자안을 채택한다.

(2) 상호배타적 투자안

　　PI가 1보다 큰 투자안 중에서 PI가 가장 큰 투자안을 선택한다

1 주식의 가치 평가

1. 배당평가모형

(1) 배당평가모형의 기초

① **주식의 가치**: 주식을 보유함으로써 기대되는 미래 현금흐름을 적절한 할인율로 할인하여 산출한 현재가치

② **기대되는 미래 현금흐름**: 보유기간 동안 수령하게 되는 배당금과 주식 처분 시점에서 얻게 되는 처분가격

③ **적절한 할인율**: 향후 자본예산에서 자세하게 배우고, 여기에서는 주어져 있다고 가정

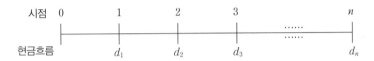

(2) 배당평가모형의 도출

배당평가모형에서 현재주가를 결정하는 현금흐름은 어느 시점에서 얼마의 가격으로 처분하는가와는 무관하게 그 주식을 보유함으로써 기대되는 배당이다. 이러한 주가결정모형을 배당평가모형이라고 하며 유도 과정은 다음과 같다.

$$P_0 = \frac{d_1}{(1+k)^1} + \frac{d_2}{(1+k)^2} + \cdots + \frac{d_n}{(1+k)^n} + \frac{P_n}{(1+k)^n}$$

$$= \sum_{t=1}^{n} \frac{d_t}{(1+k)^t} + \frac{P_n}{(1+k)^n}$$

(단, k: 할인율, d_i: i년도의 배당금, P_n: n년도의 주식가격)

여기서, n년도 말의 주식가격(P_n)은 다음과 같이 계산할 수 있다.

$$P_n = \frac{d_{n+1}}{(1+k)^1} + \frac{d_{n+2}}{(1+k)^2} + \cdots + \frac{d_\infty}{(1+k)^\infty}$$

따라서, 이를 정리하면 현재 주식의 가격은 다음과 같이 미래에 예상되는 배당금의 현재가치의 합이 된다.

$$P_0 = \sum_{t=1}^{\infty} \frac{d_t}{(1+k)^t}$$

(3) 배당평가모형의 유형

① 제로성장모형: 매년 배당금이 일정하여 증가하지 않는 경우에 적용되는 주가결정식을 제로성장모형 (Zero-growth Model or Nongrowth Model)이라고 한다. 계속기업을 가정하기 때문에 기업은 영원히 존재하므로 배당도 영원히 계속된다고 본다. 따라서 영구연금 계산공식을 적용하면 다음과 같은 식이 도출된다.

$$P_0 = \frac{d_1}{(1+k)^1} + \frac{d_1}{(1+k)^2} + \cdots + \frac{d_1}{(1+k)^\infty}$$

$$= \frac{초항}{1-공비} = \frac{\dfrac{d_1}{1+k}}{1-\dfrac{d_1}{1+k}} = \frac{\dfrac{d_1}{1+k}}{\dfrac{(1+k)-1}{1+k}} = \frac{d_1}{k}$$

여기서, 배당금에 일정한 수를 곱하여 주식가격이 산출될 때 그 수를 배당승수라고 하는데, 여기서는 $(1/k)$이 배당승수이다.

② 항상성장모형: 기업이 지속적으로 성장하여 매기간 지급되는 배당이 일정한 비율로 증가하는 경우의 주식평가모형을 항상성장모형(Constant Growth Model) 혹은 고든모형(Gordon Model)이라고 한다. 첫해 말 배당액이 d_1이고 증가율을 g라고 하면, 다음 배당액은 $d_2 = d_1(1+g)$, $d_3 = d_2(1+g) = d_1(1+g)^2$으로 계산될 수 있다. 이를 반영하여 현재의 주식가격을 산출하면 다음과 같다.

$$P_0 = \frac{d_1}{(1+k)^1} + \frac{d_1(1+g)}{(1+k)^2} + \cdots + \frac{d_1(1+g)^{\infty-1}}{(1+k)^\infty}$$

$$= \frac{초항}{1-공비} = \frac{\dfrac{d_1}{1+k}}{1-\dfrac{1+g}{1+k}} = \frac{\dfrac{d_1}{1+k}}{\dfrac{(1+k)-(1+g)}{1+k}} = \frac{d_1}{k-g}$$

2. 이익평가모형

배당평가모형에서는 주주가치에 대한 미래 현금흐름을 배당금으로 보았다. 그러나 일반적으로 매년 배당금이 일정한 경우는 매우 예외적이다. 따라서 주주가치에 대한 미래 현금흐름을 배당금과 유보이익을 합한 순이익으로 보고 주식가격을 평가할 수 있다. 이를 이익평가모형이라 하며, 배당금 대신에 주당순이익(EPS; Earning Per Share)으로 주식가격을 산정한다.

시점	0	1	2	3		∞
현금흐름		EPS_1	EPS_2	EPS_3	……	EPS_∞

$$P_0 = \frac{EPS_1}{(1+k)^1} + \frac{EPS_2}{(1+k)^2} + \cdots + \frac{EPS_\infty}{(1+k)^\infty} = \sum_{t=1}^{\infty} \frac{EPS_t}{(1+k)^t}$$

여기서 제로성장배당모형처럼 주당순이익이 매기간 동일하다면 주식가격은 다음과 같이 나타낼 수 있다.

$$P_0 = \frac{EPS_1}{(1+k)^1} + \frac{EPS_1}{(1+k)^2} + \cdots + \frac{EPS_1}{(1+k)^\infty} = \frac{EPS_1}{k}$$

또한 이익평가모형에서는 항상성장모형에서 d_1대신에 EPS_1을 적용하여 일정한 비율로 순이익이 증가할 경우에 다음과 같이 구할 수 있다.

$$P_0 = \frac{EPS_1}{(1+k)^1} + \frac{EPS_1(1+g)}{(1+k)^2} + \cdots + \frac{EPS_1(1+g)^{\infty-1}}{(1+k)^\infty} = \frac{EPS_1}{k-g}$$

(단, $g = b \times ROE$, b: 이익유보율, ROE: 자기자본순이익률)

3. 성장기회평가모형

성장기회가 있는 경우, 기업이 한 해 동안 벌어들인 순이익을 전액 배당하지 않고 일부를 유보하여 재투자하면 미래의 배당액은 증가할 것이다. 이때, 성장이 전혀없음을 가정했을 때의 주식가치와 성장기회를 가짐으로써 얻을 수 있는 가치의 증가분으로 나누어 주식가치를 평가하는 모형을 성장기회평가모형이라 한다.

$$P_0 = \frac{EPS_1}{k} + NPVGO$$

(단, $NPVGO$ = Net Present Value of Growth Opportunity 성장기회의 순현재가치)

4. 주가배수모형

앞에서 배운 배당평가모형과 이익평가모형으로 주식가치를 평가하기 위해서는 주주들의 요구수익률과 성장률, 미래배당의 순이익을 알아야 한다. 그러나 현실적으로 이러한 값을 정확히 예측하기란 상당히 힘들다. 이러한 문제점을 해결하기 위해 실무에서 보다 편리하게 적용할 수 있는 모형이 주가배수모형으로 주가배수를 이용하여 주식가치를 평가한다. 여기서 주가배수(Price Multiples)란, 현재주가를 주요 재무 지표로 나눈 값을 말하며 PER와 PBR이 대표적이다.

(1) 주가수익비율(PER)

주가수익비율(PER; Price Earning Ratio)이란, 주식가격이 주당순이익의 몇 배인가를 나타내는 지표로, 기업이 벌어들이는 주당순이익 1단위당 주주들이 얼마나 지불하고 있는가를 나타낸다.

$$PER = \frac{현재주가}{기대주당순이익} = \frac{P_0}{EPS}$$

PER를 통해서 어떤 주식의 주가가 과대 또는 과소평가되어 있는지 알 수 있으며, 높은 성장이 기대되는 기업은 높은 PER를 보인다.

(2) 주가장부가치비율(PBR)

주가장부가치비율(PBR; Price Book-value Ratio)이란, 현재의 주식가격이 주당장부가치의 몇 배인가를 나타내는 지표로, 다음과 같이 구할 수 있다.

$$PBR = \frac{현재주기}{주당장부가치} = \frac{P_0}{BV_0}$$

2 채권의 평가

1. 관련용어

(1) 채권(Bond): 정부, 공공기관, 기업이 일반대중 투자자들로부터 비교적 장기의 자금을 집단적, 대량적으로 조달하기 위하여 부담하는 채무를 표시하는 유가증권

(2) 만기일(Maturity Date): 채권의 이자와 원금을 마지막에 지급하기로 한 날짜

(3) 액면금액(Face Value): 만기일에 지급하기로 증서에 기재해 놓은 원금

(4) 액면이자율(Coupon Rate): 만기일까지 매 기간 지급하기로 약속한 이자율

(5) 액면이자(Coupon): 실제 발생기관이 지급하게 되는 금액으로 액면금액 × 액면이자율

2. 채권의 종류

(1) 할인채(Discount Bond, Zero-coupon Bond): 만기까지 이자지급이 전혀 없고 만기에 가서 액면금액을 받는 채권이다.

$$P_0 = \frac{F}{(1+r)^T}$$

채권가격(P_0)은 항상 액면가(F)보다 작다. 이를 순수할인채(Pure Discount Bond)라고도 한다.

(2) 이표채(Coupon Rate Bond): 이자지급채권으로, 만기까지 매 기간 일정액의 이자를 지급받고 만기에 가서 마지막 기의 이자와 액면금액을 받는 채권이다.

$$P_0 = \sum_{t=1}^{T} \frac{I_t}{(1+r)^t} + \frac{F}{(1+r)^T}$$

이표채의 가격은 액면이자율과 시장이자율 간의 관계에 의해 좌우되는데 이들 관계를 정리하면 다음과 같다.

① 할인채(Discount Bond): 시장이자율 > 액면이자율 → 채권가격 < 액면가

② **액면채(Par Bond)**: 시장이자율＝액면이자율 → 채권가격＝액면가

③ **할증채(Premium Bond)**: 시장이자율＜액면이자율 → 채권가격＞액면가

(3) 영구채(Perpetuity Bond): 만기가 없이 영원히 이자만을 받는 채권이다.

$$P_0 = \sum_{t=1}^{\infty} \frac{I_t}{(1+r)^t} + \frac{I}{r}$$

3. 채권의 가치 평가

채권의 소유자는 보유기간 동안 이자와 액면금액의 현금흐름을 받게 된다. 채권으로부터 발생되는 현금흐름을 현재 시점에서 평가한 가치가 바로 채권의 가치이다. 그러므로 채권의 가치는 다음 식에 의해 평가할 수 있다.

$$P_0 = \sum_{t=1}^{T} \frac{I_t}{(1+r)^t} + \frac{F}{(1+r)^T}$$

(단, P_0: 채권의 현재가격, I_t: t시점의 액면이자, F: 채권의 액면금액, T: 채권의 만기까지의 기간, r: 시장이자율 혹은 채권투자자의 요구수익률)

05 재무비율분석

1 주요 재무비율

1. 유동성 비율

유동성(liquidity)은 보통 기업이 단기부채를 상환할 수 있는 능력으로 정의된다. 즉, 유동성이란 기업이 현금을 동원할 수 있는 능력이라 할 수 있다. 이러한 유동성을 보여주는 비율들을 유동성 비율이라 하며, 짧은 기간 내에 갚아야 하는 채무를 지급할 수 있는 기업의 능력을 측정해준다.

(1) 유동비율(Current Ratio)

1년 내에 현금화가 가능한 유동자산을 1년 이내에 만기가 도래하는 유동부채로 나눈 비율이다. 유동비율이 높으면 단기 채무에 대한 지급능력이 우수하다고 볼 수 있다.

$$유동비율 = \frac{유동자산}{유동부채}$$

(2) 당좌비율(Quick Ratio)

유동자산 중에서 재고자산을 뺀 부분을 유동부채로 나눈 것이다. 재고자산은 유동성이 가장 낮은 항목일 뿐만 아니라 처분할 때에도 손실을 입을 위험이 크다. 따라서 기업이 재고자산을 처분하지 않고도 단기 부채를 갚을 수 있는 지를 나타내는 지표이다. 유동비율은 높은데 당좌비율이 낮다는 것은 재고자산이 많다는 의미이다.

$$당좌비율 = \frac{유동자산 - 재고자산}{유동부채} = \frac{당좌자산}{유동부채}$$

2. 레버리지 비율(Leverage Ratio)

레버리지 비율은 부채성 비율이라고도 하며, 기업이 타인자본에 의존하고 있는 정도를 나타내는 비율이다. 특히 장기부채의 상환능력을 측정하는 것이다.

(1) 부채비율(Debt to Equity Ratio)

부채비율은 총자본을 구성하고 있는 자기자본과 타인자본의 비율을 말하는 것이다.

$$부채비율 = \frac{타인자본}{자기자본}$$

(2) 이자보상비율(Interest Coverage Ratio)

타인자본의 사용으로 발생하는 금융비용, 즉 이자가 기업에 어느 정도의 압박을 가져오는가를 보기 위한 것이다. 산업평균보다 이자보상비율이 낮다는 것은 영업이익에 비하여 금융비용의 압박이 크다는 것을 뜻한다.

$$이자보상비율 = \frac{영업이익}{이자비용}$$

3. 활동성 비율

활동성 비율이란 기업이 소유하고 있는 자산들을 얼마나 효과적으로 이용하고 있는가를 측정하는 비율이다. 이와 같은 비율들은 매출액에 대한 각 중요 자산의 회전율로 표시되는 것이 보통이다. 여기서 회전율이란 자산의 물리적 효율성을 말하는 것이다.

(1) 재고자산회전율(Inventory Turnover)

재고자산회전율은 매출액을 재고자산으로 나눈 값으로, 재고자산이 한 회계연도 즉, 1년 동안에 몇 번이나 당좌자산으로 전환되었는가를 측정하는 것이다. 재고자산회전율이 낮다는 것은 매출액에 비하여 과다한 재고를 소유하고 있다는 것이며, 높다는 것은 적은 재고자산으로 생산과 판매 활동을 효율적으로 수행하고 있다는 뜻이다.

$$\text{재고자산회전율} = \frac{\text{매출액}}{\text{재고자산}}$$

(2) 매출채권회전율(Receivables Turnover)

매출채권회전율은 매출액을 매출채권으로 나눈 값이다. 같은 매출액에 비하여 매출채권이 적을수록 매출채권관리를 잘하고 있다고 볼 수 있으므로, 매출채권회전율은 클수록 좋다.

$$\text{매출채권회전율} = \frac{\text{매출액}}{\text{매출채권}}$$

또한, 매출채권의 평균회수기간은 매출채권회전율의 역수에 365일을 곱한 수치이다. 즉, 매출채권을 1일 평균매출액으로 나눈 수치이다.

$$\text{평균회수기간(일)} = \frac{1}{\text{매출채권회전율}} \times 365\text{일} = \frac{\text{매출채권}}{\text{1일평균매출액}}$$

(3) 총자산회전율(Total Assets Turnover)

총자산회전율은 매출액을 총자산으로 나눈 것이다. 총자본은 자기자본과 타인자본을 합한 것으로 총자산과 같은 크기를 가지므로 총자산회전율은 총자본회전율이라고도 한다. 이 비율은 기업의 총자본이 1년에 몇 번이나 회전하였는가를 나타내므로 기업이 사용한 총자산의 효율적인 이용도를 종합적으로 표시하는 것이다. 이 회전율이 낮으면 과잉투자와 같은 비효율적인 투자를 하고 있다는 것을 의미한다.

$$\text{총자산회전율} = \frac{\text{매출액}}{\text{총자산(총자본)}}$$

4. 수익성 비율

기업의 수익성은 기업의 여러 가지 정책과 의사결정의 종합적 결과로서 나타나는 것이다. 앞에서 설명한 비율들은 기업이 어떻게 운영되고 있는가를 부분적으로 고려하고 있는 데 반하여, 수익성 비율은 기업의 모든 활동이 종합적으로 어떤 결과를 나타내는가를 측정한다.

(1) 총자본순이익률(Net Profit to Total Assets)

총자본순이익률은 순이익과 총자본의 관계를 나타내는 것으로 기업의 수익성을 대표하는 비율이다. 투자수익률이라고도 하며 ROI로도 쓰인다.

$$\text{총자본이익률} = \frac{\text{세전순이익}}{\text{총자본(총자산)}}$$

(2) 매출액순이익률(Net Profit to Sales)

매출액순이익율은 순이익을 매출액으로 나눈 것으로 매출액 1원에 대한 순이익이 얼마인가를 나타낸다. 보통 매출마진이라는 용어를 많이 쓴다. 이 비율은 기업의 영업활동의 성과를 총괄적으로 파악하는 비율이라 할 수 있으며, 경쟁기업의 매출액순이익률과 비교 분석함으로써 그 기업의 경영이 얼마나 합리적인가를 나타낸다.

$$\text{매출액순이익률} = \frac{\text{순이익}}{\text{매출액}}$$

(3) 자기자본순이익률(Net Profit to Net Worth)

자기자본순이익률은 순이익을 자기자본으로 나눈 것으로, 1원의 자기자본으로 순이익을 얼마만큼 발생시켰는가를 나타낸다. 산업평균보다 낮다는 것은 비능률적으로 운영하고 있거나, 타인자본을 적절히 사용하지 못하고 있음을 나타낸다.

$$\text{자기자본순이익률} = \frac{\text{순이익}}{\text{자기자본}}$$

5. 시장가치비율

주식가격과 관련된 여러 가지 비율도 기업을 분석하는 데 있어 매우 중요하다. 시장가치비율은 투자자가 기업의 과거 성과와 미래 전망에 대해 어떻게 평가하고 있는지를 알 수 있게 하는 지표이다.

(1) 주가수익비율(PER; Price Earning Ratio)

주가수익비율은 주가를 주당순이익으로 나눈 것으로 P/E비율 또는 PER라고 하며, 그 단위는 배가 된다. 이것은 주당순이익의 몇 배가 주식가격으로 형성되는가를 보여준다. 높은 성장이 기대되는 기업은 이 비율이 높게 나타나며, 성장이 낮을 것이라고 생각되는 기업은 이 비율이 낮다.

$$\text{주가수익비율} = \frac{\text{주가}}{\text{주당순이익}}$$

그런데, 여기서 주당순이익(EPS; Earning Per Share)은 주식을 평가할 때 가장 기본이 되는 자료로서, 발행주식 1주당 순이익이 얼마인가를 보여주는 수치이다. EPS가 클수록 그 기업의 주식가격이 높은 것이 보통이다.

$$\text{주당순이익} = \frac{\text{순이익}}{\text{발행주식수}}$$

(2) 주가 대 장부가치비율(PBR; Price Book-value Ratio)

주가 대 장부가치비율은 주식가격을 주당 장부가치로 나눈 값이다. 주식가격은 시장에서 평가된 가치이므로 주가 대 장부가치비율은 시장가치 대 장부가치비율이라고도 한다. 높은 수익률을 내는 기업은 장부가격보다 비싼 가격으로 주가가 형성되기 때문에, 이 비율에 의해 기업의 수익성을 평가할 수 있다.

$$주가대장부가치비율 = \frac{주가}{주당장부가치}$$

여기서 주당 장부가치는 재무상태표에서 자본금과 유보이익의 합을 발행주식수로 나누어 구할 수 있다. 보통 높은 성장이 기대되는 회사는 주식의 장부가치보다 높게 시장가치가 형성되며, 성장이 크지 않은 기업들에 있어서는 이 비율이 아주 낮을 수도 있다.

$$주당장부가치 = \frac{자본금 + 유보이익}{발행주식수}$$

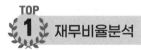

재무비율분석

01

재무비율 용어와 분류내용을 올바르게 짝지은 것은? `20기출`

재무비율		분류내용	
수익성비율	활동성비율	당좌비율	부채비율
유동성비율	레버리지비율	투자수익률	재고회전율

① 레버리지비율 – 부채비율
② 수익성비율 – 재고회전율
③ 활동성비율 – 당좌비율
④ 유동성비율 – 투자수익률

02

다음 중 재무비율이 높아질 때, 개선되는 것으로 옳지 않은 것은? `19추기출`

① 부채비율
② 총자본순이익률
③ 매출액순이익률
④ 이자보상비율

03

다음 중 자산의 효율적 활용도를 알 수 있는 것으로 옳은 것은? `19기출`

① 수익성 비율
② 유동성 비율
③ 활동성 비율
④ 안전성 비율

04

다음 중 재무제표에 대한 설명으로 옳은 것으로만 묶인 것은? `18기출`

$$\bigcirc \ (부채비율) = \frac{(유동부채) + (비유동부채)}{(자기자본)}$$

$$\bigcirc \ (자기자본비율) = \frac{(자본)}{(총부채)}$$

$$\bigcirc \ (총자산회전율) = \frac{(매출액)}{(평균총자산)}$$

$$\bigcirc \ (주당순이익) = \frac{(당기순이익) + (비유동부채)}{(주식주)}$$

$$\bigcirc \ (주가수익률) = \frac{(우선주1주당주가)}{(주당순이익)}$$

① ㉠, ㉢, ㉣
② ㉠, ㉢, ㉤
③ ㉡, ㉢, ㉤
④ ㉡, ㉣, ㉤

05

10,000명이 인터넷 광고를 열람하였고 그중 100명이 그 회사 홈페이지를 방문하였다. 그 100명 중 50명이 제품을 구매하였고 그중 12명만이 제품을 재주문하였을 때 이 회사 제품의 재구매율로 옳은 것은?　　　17기출

① 24%
② 5%
③ 1%
④ 0.05%

TOP
2 자본예산 기법 - 투자안의 경제성 분석

01

다음 중 순현가법에 대한 설명 중 옳지 않은 것은?

19⊛기출

① 화폐시간가치를 고려한다.
② 모든 현금흐름을 고려한다.
③ 할인율이 필요하다.
④ 매출액을 기준으로 한다

02

다음 중 생산자가 원가를 가장 중요한 기준으로 하여 가격을 책정하는 방식으로 옳은 것은?　　　19기출

① 지각기준 가격결정
② 목표이익률 가격결정
③ 모방 가격결정
④ 입찰참가 가격결정

03

다음 〈보기〉에서 설명하고 있는 것으로 옳은 것은?　　　17기출

───〈보 기〉───
어떤 사업에 대해 사업기간 동안의 현금수익 흐름을 현재가치로 환산하여 합한 값이 투자지출과 같아지도록 할인하는 이자율을 말한다.

① 평균이익률
② 내부수익률
③ 순현재가치
④ 수익성지수

TOP
3 재무관리의 기초개념

01

부채를 통하여 자금을 조달받는 경우에 해당하는 설명으로 옳지 않은 것은?　　　20기출

① 부채 조달 시 소유권을 포기하지 않게 된다.
② 부채 조달 시 기업의 현금 흐름이 나빠질 수 있다.
③ 채권에 대한 이자 지급은 법인세 상승을 가져온다.
④ 이율이 낮아지면 대출의 기회비용이 낮아진다.

02

다음 〈보기〉 중 간접적 자본 조달 수단으로 옳은 것을 모두 고른 것은?　　　19기출

───〈보 기〉───
㉠ 주식 발행　　㉡ 기업어음 발행
㉢ 은행차입　　㉣ 회사채 발행

① ㉠, ㉡
② ㉡, ㉢
③ ㉡, ㉣
④ ㉢, ㉣

01

다음 중 일정 금액을 투자했을 때 2년 후 6,050만 원을 만들기 위해 투자해야 할 원금으로 옳은 것은? (단, 연이율은 10%이며, 천 원 단위에서 반올림한다) `17기출`

① 5,050만 원

② 5,000만 원

③ 4,850만 원

④ 4,800만 원

01

다음 중 적대적 M&A 수단으로 옳지 않은 것은? `19기출`

① 위임장경쟁

② 공개시장매수

③ 주식공개매수

④ 역매수 제의

01

다음 중 채권에 대한 설명으로 옳지 않은 것은? `19추기출`

① 채권이란 회사에서 발행하는 유가증권으로 일정한 이자의 지급을 예정하여 발행하는 타인자본이다.

② 채권은 주식과는 다르게 만기가 정해져 있다.

③ 채권의 발행기관은 정부와 지자체, 특수법인 등이 있다.

④ 영구채권(Perpetual Bond)은 일정한 기간 동안 이자만 지급하는 채권으로 만기가 도래했을 때 이자와 원금을 모두 지급해야 하는 채권이다.

01

포트폴리오를 통한 분산투자에 관한 설명으로 틀린 것은? `20기출`

① 상관계수가 1일 때 위험분산효과가 크다.

② 여러 종목에 투자할수록 위험이 낮아진다.

③ 체계적 위험(Systematic Risk)이란 분산투자로 제거되지 않는 위험을 뜻한다.

④ 종업원 파업, 법적 문제는 비체계적 위험(Unsystematic Risk)에 속한다.

I wish you the best of luck!

시대접은 win 시대로 www.sdedu.co.kr/winsidaero

군무원

합격 저격

경영학

PART 6

생산관리

기출 이론 저격

01 생산관리의 기초개념

1 생산관리의 개념

생산목표를 달성하기 위하여 유형인 재화의 생산이나 무형인 서비스의 공급을 담당하는 생산시스템을 관리하는 활동을 의미한다(생산관리 목표: 품질, 납기, 원가, 유연성).

2 생산시스템의 유형

1. 생산시스템의 기본유형

(1) 판매시스템

재화를 생산하는 부분이 포함되어 있지 않고, 타 기업이나 다른 조직에서 만들어 놓은 것을 판매하는 시스템이다.

(2) 생산–판매 시스템

소품종의 제품을 대량생산하여 판매하는 시스템으로 표준화된 규격품을 대량생산하는 시스템이다.

(3) 폐쇄적 주문생산시스템

사전에 제품의 규격을 정해 놓고, 이 제품에 한해서만 주문에 의한 생산 활동을 하는 시스템이다.

(4) 개방적 주문 시스템

수요처에서 요구하는 명세서대로 공급해 주는 시스템이다.

(5) 대규모 1회 프로젝트

건설공사나 조선업과 같이 대규모적이고 1회에 한하는 프로젝트의 생산시스템이다.

2. 생산시스템의 세부적 유형

생산시스템의 유형은 획일적 기준으로는 예외적 사항을 모두 설명할 수 없으나, 일반적으로 다음과 같이 정리해도 큰 무리는 없다.

(1) 생산형태의 분류

수주 및 생산시기	주문생산	시장생산
생산의 반복성	개별생산	연속생산
품종 및 생산량	다품종 소량생산	소품종 대량생산
생산의 흐름	단속생산	계속생산
생산 공정	기능별 배치	제품별 배치
작업조직	기계별 작업조직, 만능작업조직	품종별 작업조직, 유동작업조직
주요목표	납기	원가
운영상의 주요 문제	생산 활동의 관리	수요예측 및 재고관리

(2) 여러 가지 특징 비교

구분	주문생산	시장생산
단위당 생산원가	높음	낮음

02 수요예측

1 수요예측기법

1. 수요예측의 질적 방법

(1) 개념

정성적 방법 또는 주관적 방법이라고도 하는데, 이는 조직 내외의 전문가들의 경험이나 견해와 같은 주관적인 요소에 의존해서 예측하는 것이다.

(2) 성격

① 일반적으로 예측자료가 불충분할 때 이용하므로 과거의 수요패턴에 대한 고려가 부족하다.

② 장기예측의 경우에 주로 사용된다.

2. 질적 방법의 종류

(1) 델파이기법(Delphi Method)

① 내용: 랜드사의 헬머(O. Helmer)에 의해 개발된 것으로, 브레인스토밍(Brainstorming)이나 패널 동의법(Panel Consensus) 등과는 달리 전문가들을 한자리에 모으지 않고 서신에 의하여 전문가들의 일치된 예측치를 얻기 위하여 실시하는 순환적인 집단질문과정을 뜻한다.

② 특징

    ⊙ 인간의 직관력을 이용하여 장래를 예측하는 직관적 예측기법의 일종이다.

    ⓛ 원래 기술적 예측을 위하여 개발되었으나 근래에는 관련 자료가 불충분한 장기예측에 많이 사용한다.

    ⓒ 설득력 있는 한 특정인에 의해 결과가 영향 받지 않으며 대면회합이 없다는 장점이 있으나, 시간과 비용이 많이 소모된다.

(2) 시장조사법(Market Survey)

제품이나 서비스를 출시하기에 앞서 소비자의 의견조사 내지, 시장조사를 행하여 시장 및 수요예측을 하는 방법이다.

(3) 자료유추법(Historical Analogy)

기존 제품과 아주 유사한 새로운 제품을 시판하고자 할 때 그 제품의 성공여부를 예측하기 위하여 기존 제품과 관련된 자료를 사용하는 방법이다.

(4) 라이프사이클 유추법(Life-cycle Analogy)

제품의 라이프사이클 단계를 토대로 미래의 수요를 예측하는 방법이다.

(5) 위원회에 의한 방법(패널동의법; Panel Consensus)

수요예측을 위한 위원회를 구성하고, 이 전문가 위원회로부터 공개적으로 자유롭게 의사를 표시하고 토의하여 전문가들의 의견을 종합하여 수요예측을 하는 방법으로 패널동의법이라고도 한다.

(6) 판매원을 이용하는 방법

판매원들이 시장에서 점원, 소비자 반응을 조사한 결과의 여론을 참고한다.

(7) 경영자 의견법(Executive Opinion)

경영자들이 오랜 경험에 의한 추세 분석 기법을 반영한다.

3. 수요예측의 양적 방법

(1) 시계열분석(Time Series Analysis)방법

① 개념: 과거의 자료로부터 얻은 시계열에 대해 그 추세나 경향을 분석함으로써 장래의 상태를 예측하는 방법이다.

② 기본전제

　㉠ 미래수요가 과거에 발생하였던 패턴대로 결정된다는 전제이며, 따라서 시계열분석은 장기예측보다는 단기예측을 수행하는 데 적절하다.

　㉡ 과거의 수요량이 종속변수이고, 시간이 독립변수가 된다.

③ 시계열의 구성요소

　㉠ 추세변동(T; Trend movement): 평균수요량의 장기적, 점진적 변동을 뜻한다.

　㉡ 순환변동(C; Cyclical movement): 1년 이상의 기간을 두고 유사한 진동의 양상이 반복되는 변동이다.

　㉢ 계절변동(S; Seasonal movement): 1년을 주기로 일정한 패턴으로 되풀이되는 변동이다.

　㉣ 불규칙변동(I; Irregular movement): 돌발적인 원인이나 불명의 원인에 의해서 일어나는 우연변동으로서 일반적으로 시계열의 고려대상에서 제외된다.

④ 종류

　㉠ 전기수요법(Last Period Method): 가장 단순한 시계열분석기법으로 가장 최근의 실제치를 바로 다음기의 예측치로 사용하는 기법이다.

　㉡ 단순이동평균법(Simple Moving Average Method): 평균의 계산기간을 순차적으로 1기간씩 이동시켜 나가면서 기간별 평균을 계산하여 수요를 예측하는 기법이다.

　㉢ 가중이동평균법(Weighted Moving Average Method): 단순이동평균법에서처럼 각 실제치에 동일한 가중치를 부여하는 것이 아니라 가까운 실제치에는 높은 가중치를, 먼 과거로 갈수록 낮은 가중치를 부여하여 수요를 예측하는 기법이다.

　㉣ 지수평활법(Exponential Smoothing)

　　• 현시점에서 가까운 실제치에는 큰 비중을 주고, 과거로 거슬러 올라갈수록 비중을 지수적으로 적게 주어 예측하는 방법이다.

　　• 회귀분석법이나 이동평균법에 비해 최근의 단기자료만으로도 수요예측이 가능하다.

(2) 횡단면분석(Casual Analysis)방법

① 예측하려는 제품에 대한 수요와 이에 영향을 미치는 요인들과의 관계를 분석해서 장래의 수요를 예측하는 방법으로 인과형 예측기법이라고도 한다.

② 시계열분석방법과의 관계

　㉠ 미래의 예측을 위하여 과거의 데이터를 이용한다는 점과 이로 인하여 표본오차가 발생한다는 점에서는 동일하다.

　㉡ 원인변수를 시간으로 하는지, 다른 특정변수로 하는지에 따라 시계열분석과 횡단면분석으로 구분된다.

ⓒ 두 방법 모두 최소자승법이 이용된다.

ⓔ 시계열분석기법은 일반적으로 단기예측에, 횡단면분석기법은 중기예측에 이용된다.

③ 종류

ⓐ 회귀분석(Regression Analysis): 수요에 중대한 영향을 미치는 변수를 찾아 최소자승법을 이용하여 이 변수와 수요량의 관계를 나타내는 회귀식의 계수 및 상수를 추정한 후, 추정된 회귀식을 이용하여 수요량을 예측하는 방법이다.

$$Y=a+bX \text{ (단, Y=수요량, X=수요에 영향을 미치는 변수)}$$

ⓑ 상관관계분석(Correlation Coefficient Analysis)=상관관계분석(Correlation Analysis)+상관계수(Correlation Coefficient): 두 변수의 상호 연관성 분석기법이다.

ⓒ 선도지표방법(Leading Indicator): 경제지표로 주식시장의 흐름으로 작성한다.

ⓓ 계량경제모형(Econometrics Model): 경제관계에 적합한 이론들을 고려하여 계량경제학 목적에 적합한 형태로 개발된 것이다.

ⓔ 투입−산출모형(Input−output Model): 투입변인이 산출변인에 어느 정도 영향을 주는가를 분석하는 기법이다.

03 생산시스템의 설계

1 제품결정 및 설계

1. 제품결정

(1) 제품 아이디어를 창출한다.

(2) 제품 아이디어의 수집과 심사를 통해 개발대상이 될 수 있는 대안들을 창출한다.

(3) 제품을 선정한다.

(4) 사업성 분석 및 타당성 검토를 통해서 최적의 제품 아이디어를 결정한다.

2. 제품설계

개발대상으로 선정된 제품을 공정에서 제조하기 위하여 해당 제품의 기술적 기능을 구체적으로 규정하는 것이다.

(1) 예비설계

① 개념: 제품개념(Product Concept)을 개발하고, 제품에 대한 특성을 부여하는 단계이다.

② 고려요소: 신뢰성, 유지가능성을 잠정적으로 명시한다.

(2) 최종설계

① 개념: 원형제품(Prototype)을 개발하고 시장실험을 거쳐서 최종설계안으로 구체화하는 단계이다.

② 내용

  ㉠ 기능설계: 제품의 성능 또는 기능에 초점을 맞추는 설계이다.

  ㉡ 형태설계: 제품의 색채, 크기, 모양 등 제품의 외관과 관련된 설계로 제품의 기능과 유기적인 연관하에 결정한다.

  ㉢ 생산설계: 낮은 비용으로 높은 품질의 제품을 설계하는 데, 즉 경제적 생산에 초점을 맞추는 설계이다.

2 공정설계

1. 의미

(1) 제품설계가 완료된 후 효율적으로 생산할 수 있도록 생산공정을 구체적으로 계획하는 것으로 공정계획이라고도 한다.

(2) 공정(Process)은 원재료를 투입하여 제품을 산출하는 데까지 필요한 모든 작업의 유기적 집합체를 뜻한다.

2. 생산공정의 결정

(1) 연속생산공정(Continuous Process)

표준화된 제품을 대량생산하기 위하여 설계된 생산공정으로 특정제품의 생산만을 목적으로 하는 특수목적의 기계설비를 필요로 한다.

(2) 단속공정(Intermittent Process)

다양한 제조공정을 갖는 상이한 제품을 소량으로 생산하기 위하여 설계된 공정으로 일반목적의 기계설비를 필요로 한다.

(3) 프로젝트공정(Project Process)

1회에 한 제품을 생산하기 위하여 설계된 공정이다.

(4) 생산흐름 분석

작업공정 간의 작업흐름을 분석하는 것으로 방법연구(Methods Study)와 작업측정(Work Measurement)으로 연결된다.

(5) 생산설비 선정

생산흐름 분석에 따라 가장 적합한 생산설비를 선정하는 것으로 시설의 배치와 연결된다.

04 총괄생산계획

1 총괄생산계획의 기초개념

1. 의미

(1) 개념

보통 2개월에서 1년까지의 중기 또는 중·단기 계획으로서 기업의 생산능력을 거시적으로 파악하여 총괄적 관점에서 시간적으로 제품의 수량적 조정을 시도하는 방법으로 수요나 주문의 시간적, 수량적 요건을 만족시킬 수 있도록 생산시스템의 능력(생산율, 고용수준, 재고수준 등)을 조정해 나가는 계획을 뜻한다.

(2) 성격

① 공장 같은 유형의 시설은 일정한 것으로 전제하므로 수요의 변동은 작업자의 고용과 해고, 잔업 또는 조업단축, 재고의 증감 및 하청 등 통제가능한 변수에 의존한다.

② 생산능력계획과 같은 장기계획결정에 제한을 받고, 일정계획이나 자재소요계획(MRP)같은 단기계획결정에 제한을 가한다.

③ 변동하는 수요에 대응하여 통제가능한 변수를 최적 결합하는 것이므로 만약 수요 변동이 없다면 총괄생산계획은 의미가 없다.

2. 총괄생산계획의 목적

이용가능한 자원의 한계 내에서 가장 합리적으로 수요를 만족시키는 전략을 수립하고자 하는 것으로 중·단기수요예측에 입각하여 최소의 생산비용으로 이용가능한 기업에 적합하다.

3. 총괄생산계획의 절차

총괄생산계획은 계획대상기간 동안의 각 기간별 수요예측량이 주어졌을 때 계획대상기간 동안의 총생산비용을 최소로 하는 각 기간별 생산율, 재고수준, 고용수준, 하청수준을 결정하는 것이므로 일반적으로 네 단계를 거친다.

2 총괄생산계획의 기법

1. 선형결정기법(LDR; Linear Decision Rule)

(1) 개념

총괄생산계획기간에 걸쳐 최적생산율 및 작업자 수를 결정하는 두 개의 선형방정식, 즉 선형결정규칙을 도출하고자 하는 기법이다.

(2) 장점

수학적 최적해를 보장해 주는 기법이다.

(3) 단점

① 비용함수가 1차함수가 아니면 적용할 수가 없다.

② 결정변수의 값에 아무런 제약을 가하지 않기 때문에 음수의 생산율이나 작업자 수를 초래할 수 있다.

③ 비용에 대한 정확한 자료를 수집하기가 어렵다.

2. 휴리스틱 기법(Heuristic Technique)

(1) 개념

자기발견적 기법이라고도 하는 것으로, 의사결정의 대안이 많거나 상황이 너무 복잡하여 수학적인 기법의 사용이 현실적으로 불가능할 때 인간의 사고의 기능을 통하여 경험을 살려 스스로 해결방안을 강구하면서 점차로 최적해에 접근해 가는 기법이다.

(2) 특징

LDR과 같은 수리적 모형의 경우 비용의 성격에 제한을 가한다는 결점이 있는 데 반해, 휴리스틱 기법은 비용의 성격에 아무런 제한을 가하지 않고 경험에 바탕을 둔 탐색적 방법을 적용한다.

(3) 경영계수이론(Management Coefficient Theory)

① 개념: 경영자의 과거 경험과 경영환경에 대한 민감성 때문에 총괄생산계획에 있어 아주 좋은 결정을 내린다는 가정하에 같은 상황하에서 경영자가 행한 의사결정결과를 다중회귀분석(Multiple Regression Analysis)하여 최적에 가까운 생산율 및 작업자 수를 결정하고자 하는 기법이다.

② 특징

㉠ 경영자의 무의식적인 의사결정규칙을 계량화할 수 있다.

㉡ 경영자와 의사결정규칙 사이에 피드백이 가능하다.

㉢ LDR의 2차비용 함수가 갖는 제약으로 인한 한계를 극복할 수 있으며, 경영자의 경험, 판단을 활용함으로써 의사결정과정에서 참신한 통찰력을 부여할 수 있다.

(4) 매개변수에 의한 생산계획(Parameter Production Planning)

생산율과 작업자 수를 위한 두 개의 의사결정규칙을 구조화하고, 휴리스틱 기법을 사용하여 의사결정 규칙의 매개변수의 값을 변화시킴으로써 최소비용을 가져오는 작업자 수를 찾고자 하는 기법이다.

(5) 생산전환탐색법(Production Switching Heuristic)

수요예측 내지 재고수준을 토대로 하여 생산율이나 고용수준을 결정하는 휴리스틱 기법으로 생산수준을 상·중·하로 정해놓고, 예상되는 생산소요량(= 수요예측치 + 재고수준)이 상보다 크면 상만큼 생산하고, 하보다 작으면 하만큼 생산하며, 상과 하 사이에 있을 때는 중만큼 생산하도록 생산율과 고용수준을 계획하는 방법이다.

3. 탐색결정기법(SDR; Search Decision Rule)

(1) 개념

최소비용의 총괄생산계획을 수립할 생산율과 작업자 수 같은 결점변수들을 미리 결정된 컴퓨터 탐색 결정규칙에 따라 찾는 기법이다.

(2) 특징

① 비용감소를 가져오는 점을 체계적으로 탐색하기 위하여 패턴 서치 프로그램이 이용된다.

② 현실적인 비용과 이익모형을 컴퓨터 서브루틴의 형태로 나타내서 의사결정규칙을 발견한다.

(3) 장점

① 수학적 모형과 같은 제한된 가정이 없으므로 보다 현실적인 분석이 가능하다.

② 어떠한 비용함수에도 적용가능하다.

(4) 단점

*SDR*에 대한 전체적인 최적해를 제공하지 못할 수도 있다.

05　생산일정계획

❶ 기초개념

1. 일정계획의 의미

(1) 개념

총괄생산계획(Aggregate Production Planning)을 기초로 해서 그 내용을 보다 구체적으로 제시한 것이다.

(2) 성격

① 총괄생산계획이 시스템의 생산능력을 회사전체의 관점에서 거시적으로 파악하는 것인 데 반하여, 일정계획(개별생산계획)은 제품별로 수요나 주문량을 파악하여 이에 필요한 생산능력을 개별적으로 할당하는 미시적 방법에 의한 계획에 해당한다.

② 작업순서의 관점에서 주일정계획과 세부일정계획으로 구분

　　㉠ 주일정계획(Master Scheduling): 수요예측 및 고객의 주문에 근거해서 제품별 생산순위와 생산수량을 결정하는 것이다.

　　㉡ 세부일정계획(Operation Scheduling): 주일정계획에 근거하여 각 공정별 및 설비별로 구체적인 작업을 제시하기 위한 운영계획을 의미한다.

2 생산시스템과 일정계획

1. 연속생산시스템(Continuous Production System)

표준화 제품이 대량으로 생산되므로, 제품이 시설을 통하여 흐르는 생산율을 통제하는 것이 근본목적이기 때문에 일정계획이 간단하다. 즉, 조립공정균형(Line-balancing)의 문제가 주된 관심사이다.

2. 배치생산시스템(Batch Production System)

(1) 개념

표준화된 제품이 대량으로 생산된다는 점에서는 연속생산시스템과 일치하나, 동일한 품목이 조립공정을 통하여 계속적으로 생산되는 것이 아니고, 동일한 제품라인에 속하는 몇 가지 품목이 같은 라인을 통하여 생산되는 것이다.

(2) 초점

① 경제적 로트 크기(Economic Production Lot Size)와 제품의 생산순서가 주된 관심사이다.

② 제품의 생산순서 결정에 재고소진기간법(ROT; Run-out Time)을 이용한다.

(3) 재고소진기간법(ROT)

현 재고를 단위기간당 수요량으로 나눈 재고소진기간의 값이 가장 적은 제품에 생산우선순위를 부여하는 방법이다.

$$ROT = \frac{\text{현재고}}{\text{단위기간수요량}}$$

3. 주문생산시스템(Job Shop Production System)

(1) 개념

① 소량생산으로 고객 주문 시마다 납기준수가 관점인 생산형태이다.

② 수많은 독립된 주문을 취급하므로 일정계획문제는 매우 복잡하다.

③ 여러 가지 서로 다른 작업들을 어느 순서로 수행하느냐 하는 작업순위결정의 문제가 된다.

(2) 초점

각 기계에 작업을 어떻게 할당할 것인가 하는 부하의 문제가 주된 관심사이다.

4. 작업순위결정

(1) 우선순위규칙(Priority Rule)

작업의 순서를 결정하는 데 사용되는 간단한 지침을 재고하는 탐색적 기법이다.

(2) 긴급률(CR; Critical Ratio) 기법

① 개념

㉠ 작업 배열의 순위를 작업을 완성할 수 있는 시간 대 납품시점과의 대비로 결정하는 기법을 긴급률 기법이라고 부른다.

㉡ 최소 긴급률 기법에 의해 긴급률이 가장 작은 것부터 먼저 처리한다.

② 의미

$$CR = \frac{\text{납기일} - \text{현재일(잔여납기일)}}{\text{작업완료예정일} - \text{현재일(잔여작업일수)}}$$

㉠ $CR > 1$: 작업이 예정보다 빨리 진행

㉡ $CR = 1$: 작업이 예정대로 진행

㉢ $CR < 1$: 작업이 예정보다 지체

③ 특징

㉠ 수요 및 작업내용의 변동에 따라 우선순위를 계속해서 갱신하는 동태적인 기법이다.

㉡ 주문생산과 재고생산작업을 공통기준으로 처리한다.

(3) 존슨의 방법(Johnson's rule)

① 개념: 연속적인 n개의 제품을 2개의 기계(작업)를 거쳐서 생산하는 경우의 작업우선순위결정 기법이다.

② 방법

㉠ 작업장 1, 2에서 가장 짧은 시간을 갖는 작업을 찾는다.

㉡ 작업장 1이면 제1의 순서로, 작업장 2이면 제일 뒤의 순서로 결정한다.

③ 조건
  ㉠ 모든 주문이 반드시 두 대의 기계에 대해서 동일한 작업순서를 이루는 경우에만 가능하다.
  ㉡ 재공품 재고의 문제가 없고, 모든 작업이 동등한 작업순서를 이루는 경우에만 가능하다.

(4) 잭슨의 방법(Jackson's rule)
  ① 개념: 제품의 작업순서가 다른 경우와, 작업해야 할 개수가 반드시 두 개가 아니고 하나인 것도 허용되는 조건하에서의 일정계획 기법이다.
  ② 방법: 여러 작업 중 우선작업순서가 동일한 작업별로 그룹화하고 그룹 내의 작업에 대해서는 잭슨의 원리에 의해 해결한다.

06 재고자산관리

1 재고관리의 기초개념

1. 개요

재고란 미래에 생산하거나 판매할 목적으로 보유하고 있는 원자재, 재공품, 완제품, 부품, 소모품 등을 말한다. 이때 재고자산관리는 재고투자액에 대한 최적수준을 결정하고 유지하는 것을 중심으로 이루어지는 관리활동이다.

2. 재고관련비용

(1) 재고매입비용
재고자산을 매입하기 위하여 발생한 매입원가로서 구입수량에 단위당 구입원가를 곱하여 산출하므로 구입수량에 비례하여 발생한다.

(2) 재고유지비용(Holding costs, Carrying costs)
재고자산을 일정수준으로 유지하고 보관하는 데 발생하는 비용으로서 재고자산에 대한 평균 투자액에 비례하여 발생한다. 이에는 재고자산에 투자된 자금의 기회원가, 보험료, 보관료, 재고자산 감모손실, 진부화로 인한 재고자산평가손실 등이 해당된다.

(3) 주문비용(Ordering costs)
필요한 재고를 주문하여 창고에 입고시켜 이용 가능한 상태에 도달할 때까지 구매와 관련하여 발생한 모든 비용으로서 통신비, 운송비, 선적 및 하역료 등이 해당된다.

(4) 재고부족비용(Shortage costs, Stockout costs)

재고가 고갈되어 발생하는 판매기회의 상실과 이로 인한 고객들로부터의 불신, 생산계획의 차질 등에 의하여 발생하는 기회비용을 말한다.

2 경제적 주문량 모형

1. 의미

경제적 주문량 모형은 1회에 얼마만큼 주문할 것인가의 확정적 의사결정모형으로 재고매입비용과 재고부족비용은 고려하지 않는다. 따라서 경제적 주문량은 재고유지비용과 주문비용의 합을 최소화시키는 1회 주문량을 말한다.

2. 가정

(1) 연간사용량(D)은 일정하다.

(2) 단위기간의 사용률(1일 사용량: d)은 일정하다.

(3) 재고를 주문해서 회사에 도착할 때까지의 기간인 조달기간(LT)은 일정하다.

(4) 수량할인은 없다. 즉, 구입량에 관계없이 단위당 구입가격은 일정하다.

(5) 재고부족은 없다. 즉, 재고부족비용을 총재고관련비용에 포함시키지 않는다.

(6) 주문량은 모두 일시에 배달된다.

(7) 단위당 재고유지비용과 횟수당 주문비용은 일정하다.

3. 경제적 주문량의 결정

EOQ 모형에서는 수요의 조달기간이 확정적이므로 안전재고는 필요치 않으며, 재고부족과 대량 구입 시 수량할인은 없다고 가정하므로 총비용은 재고유지비용과 주문비용으로 구성된다.

(1) 재고유지비용

재고수준은 최대 Q로부터 최소 0까지 일정한 율로 감소하므로 평균재고는 $\dfrac{Q+0}{2}=\dfrac{Q}{2}$이다.

따라서 단위당 재고유지비용은 C라고 하면 재고유지비용은 다음과 같이 구할 수 있다.

$$재고유지비용 = \frac{Q}{2} \times C$$

(2) 주문비용

연간사용량과 1회 주문량이 알려져 있으므로 연간 주문횟수는 연간 사용량을 1회 주문량으로 나누어 구할 수 있다. 따라서 횟수당 주문비용을 O라고 하면 주문비용은 다음과 같이 구할 수 있다.

$$재고주문비용 = \frac{D}{Q} \times C$$

(3) EOQ결정

$$TC = 재고유지비용 + 주문비용$$
$$= \frac{Q}{2} \times \frac{D}{Q} \times O$$

경제적 주문량은 재고유지비용과 주문비용의 합을 최소화 시키는 1회 주문량이므로 TC를 최소화시키는 Q를 구하기 위하여 TC를 Q에 대하여 1차 미분하여 0으로 두면 경제적 주문량은 다음과 같다.

$$Q = \sqrt{\frac{2DO}{C}}$$

3 ABC 관리방식

1. 의의

회사가 취급하는 품목이 매우 많은 경우 품목별로 엄격한 재고관리를 한다면 거기에서 얻는 효익보다 비용이 더 많을 것이다. ABC 관리방식은 자재의 중요도나 가치를 중심으로 자재의 품목을 분류해서 차별적으로 관리하는 방식을 말한다.

2. 재고의 구분

ABC 관리방식은 다수의 저가품목보다는 소수 중요품목을 중점관리하고자 하는 방식으로 재고의 분류는 파레토분석(Pareto Analysis)을 통하여 행해진다.

3. 품목별 관리방법

품목	내용	사용량 비율	가치비율	모형
A	가치는 크지만 사용량이 적은 품목	10~20%	70~80%	정량주문모형
B	가치와 사용량이 중간에 속하는 품목	20~40%	15~20%	절충형주문모형
C	가치는 적지만 사용량이 많은 품목	40~60%	5~10%	정기주문모형

07 자재소요계획 및 적시생산시스템

1 자재소요계획(MRP; Material Requirement Planning)

1. 자재소요계획의 의미

(1) 개념
재고의 종속성을 이용한 일정계획 및 재고통제기법이다.

(2) 성격
① 완제품의 생산수량 및 일정을 기초로 하여 그 제품생산에 필요한 원자재, 부품 등의 소요량 및 소요 시기를 역산하여 자재조달계획을 수립함으로써 일정관리와 더불어 효율적인 재고통제관리를 기하고자 하는 컴퓨터 정보시스템이다.

② 종속수요의 재고관리를 위하여 개발된 기법이다.

③ 생산일정계획, 완제품재고관리, 자재계획을 연결하는 일련의 생산시스템을 말한다.

(3) 독립적 수요와 종속적 수요
독립적 수요는 어떤 품목의 생산 활동이 다른 품목과 독립적인 수요를 갖는 것인 데 비해, 종속적 수요는 재고로 받아들여지는 대부분의 품목이 최종생산품의 부품이거나 중간조립품이며 그들의 수요가 완제품 수요에 대하여 종속적인 것을 말한다.

2. MRP 시스템의 특징

(1) 특징

① 전통적 재고관리에서 발생하는 재고과잉과 재고부족현상을 제거함으로써 재고비용을 극소화하고자 하는 것이다.

② 자재 각각에 대한 별도의 수요예측이 필요치 않다.

③ 모든 재고품의 리드타임이 알려져 있다.

④ 이론상 안전재고(Safety Stock)의 문제는 필요치 않다.

⑤ 독립수요품의 생산일정을 고려한 종속수요량의 소요시간에 맞추어 조달시간을 차감하는 시간차감법(Time Phasing Method)에 의해 발주된다.

⑥ 사전 납기통제가 용이하다.

⑦ 컴퓨터의 지원이 필수적이며 여건변화에 민감한 자재계획의 수립이 가능하다.

(2) 기타사항

① MRP 시스템의 단점: 컴퓨터시스템의 도입 및 유지에 많은 비용이 소요된다.

② Synchro MRP: MRP와 JIT생산시스템을 절충한 방식으로서, 자재소요계획은 MRP로 하고 생산현장관리는 JIT시스템에 따른다.

2 적시생산시스템(JIT System; Just In Time System)

1. 개념

적시생산시스템은 일본의 도요타자동차에서 개발한 기법으로 필요한 부품을 필요한 시간에 필요한 양만큼 공급함으로써 생산 활동에서 모든 낭비의 근원이 되는 재고를 없애고 작업자의 능력을 완전하게 활용함으로써 생산성 향상을 달성하고자 하는 풀시스템(Pull system)이다.

2. 근본원리

(1) 생산공정에서 발생하는 비능률과 비생산적 요소를 제거함으로써 비용 절감(원가 절감)과 제품품질의 향상을 통하여 투자수익을 증대시키고자 하는 시스템이다(Zero Inventory).

(2) 생산에 필요한 부품을 필요한 때에 필요한 양만큼 생산한다.

(3) 작업자의 능력을 완전활용한다.

3. 적시생산시스템의 구성요소

주 일정계획으로부터 시작하여 생산공정을 통하여 납품업자에 이르도록 모든 과정에 관계를 갖고 있는 구조를 가진다.

(1) 주일정계획(MPS)의 안정화

안정된 주일정계획과 이로 인한 생산의 평준화(Smoothing of Production)는 선행 작업장과 납품업자들이 일정한 수요에 대비할 수 있게 함으로써 재고를 줄이는 데 기여한다.

(2) 로트 크기와 생산준비시간의 축소

① 반복생산에 있어서 수요변동에 대응하는 생산평준화에는 소로트 생산이 뒷받침되어야 한다.

② 소로트 반복생산에서는 수요의 변동에 적응이 쉬운 반면에 생산준비횟수가 증대되므로 생산준비시간의 축소에 많은 관심이 있다. → 린 생산방식(Lean Production Methods)

(3) 설비배치-집단관리(GT)기법

생산시간의 축소를 위해서 JIT시스템에서는 GT기법을 사용한다. GT는 여러 가지 상이한 기능을 수행하는 개별적인 기계들을 한 곳에 배치하여 그들이 하나의 조립라인처럼 운영되도록 하는 것이다.

(4) 칸반(Kanban)방식

① 의미: 시스템 내에서 생산 및 자재의 운반을 허가함으로써 자재의 흐름을 통제하기 위해 사용되는 엽서모양의 카드를 가리킨다.

② 특징

㉠ 생산허가와 부품운반의 기능을 담당한다.

㉡ JIT를 지원하는 정보시스템으로서 JIT의 하위시스템에 속한다.

㉢ 후속공정이 생산에 필요한 자재를 필요로 할 때에 선행공정으로부터 끌어당겨 받는 시스템(Pull System)에 해당한다.

㉣ 칸반 카드와 컨테이너에 의해서 작업장 간을 통제한다.

4. JIT와 MRP시스템의 비교

구분	JIT시스템	MRP시스템
재고	부채	자산
로트크기	즉시 필요한 양의 크기	일정계획에 의거한 경제적 로트
납품업자	인간적 관계	기능적 관계
조달기간	짧게 유지	길수록 좋음
생산준비시간	최소	무관심
전략	요구에 의한 Pull시스템	계획에 의한 Push시스템
생산계획	안정된 MPS	변경이 잦은 MPS
관리방식	눈으로 보는 관리(Kanban)	컴퓨터 처리
품질	무결점	불량품 인정
적용	반복생산	비반복생산

1 품질관리의 기초개념

1. 품질관리의 개념

소비자가 요구하는 품질의 제품이나 서비스를 경제적으로 산출하기 위한 모든 수단과 활동의 시스템이다.

2. 품질관리의 변천과정

단순한 품질관리(QC) → 총괄적 품질관리(TQC) → 종합적 품질관리(TQCS) → 종합적 품질경영(TQMS)

2 총괄적 품질관리(TQC)

1. 총괄적 품질관리의 등장배경

종전의 불량품을 양품으로 선별하는 검사위주의 품질관리를 통해서는 급증하는 고급품질에 대한 수요증가, 품질관리로 인한 원가급증 등 효율적인 품질관리체제를 확립할 수 없다는 데서 기인한다.

2. 총괄적 품질관리의 개념

고객에게 최대의 만족을 주는 가장 경제적인 품질을 생산하고 서비스할 수 있도록 사내 각 부문의 활동을 품질개발, 품질유지, 품질향상을 위해 전사적으로 조정, 통합하는 시스템으로 종합적 품질관리라고도 한다.

3. 총괄적 품질관리의 특성

(1) 품질은 품질관리부서만의 책임이 아니라 기업 내 모든 구성원들의 책임이며, 특히 제품생산현장에서의 품질보증을 강조한다.

(2) 종전의 품질관리와 같이 생산된 제품에 대한 사후검사가 아니라 제품생산현장에서의 불량품 발생을 미연에 방지하고자 하는 예방 측면을 강조, 즉 전사적 품질관리와 사후품질보증이라는 행동적 측면을 중시한다.

(3) 품질과 경영관리의 양 측면을 결합한 것으로 생산시스템 내의 모든 단계에서 수행되는 품질관리이다. 즉, 제품뿐만 아니라 납기, 원가, 서비스 등도 대상으로 한다.

3 동기부여에 의한 품질향상운동

1. 무결점(ZD; Zero Defect) 운동

(1) 개념
작업자에게 지속적으로 동기를 부여함으로써 업무수행상 결점을 0으로 하고 제품의 품질향상, 신뢰성 제고, 납기 엄수, 원가 절감 등의 목적을 달성하려는 노력을 뜻한다.

(2) 구성요소
① 자기제안제도(ECR; Error Cause Removal): 직접 작업에 종사하는 작업자 자신이 각자의 부주의 및 오류 발생 원인을 제거하도록 제안을 하는 제도이다.
② 동기부여
  ㉠ 종업원 각자가 자발적으로 자신들의 개선목표를 설정하도록 자주성을 부여한다.
  ㉡ 관리자는 동종 작업을 수행하는 종업원들끼리 ZD집단을 편성하도록 자주성을 부여한다.
③ 표창: ZD목표를 달성한 집단이나 목표달성에 공헌한 종업원들에게 표창을 내린다.

(3) 특징
① 종업원 각자에게 자주성을 부여하고 종업원의 동기부여를 강조함으로써 불량품이 발생할 가능성을 사전에 예방하고자 하는 것이다.
② 인간의 고차원적인 욕구를 만족시키는 인간존중의 경영이념에 입각하고 있다.

(4) 전통적 품질관리와의 비교

구분	전통적 품질관리	ZD
허용불량률	불량품 발생에 의한 손실과 품질관리 비용의 균형을 고려하여 표준치에 대한 불량률을 인정	불량률을 허용하지 않아 불량품 발생을 0으로 함
강조점	작업장과 설비의 기능 및 품질의 물적 변동요인을 중시하여 처음부터 작업을 올바르게 할 수 있는 방법을 부여	종업원의 기술과 작업의욕 및 품질의 인적 변동요인을 중시하여 처음부터 올바르게 작업할 수 있는 동기를 부여
성격	논리적이고 수리적	심리적이고 비수리적

2. 품질분임조(QC; Quality Circle)

품질분임조라고도 하는 것으로, 같은 부서 또는 같은 작업장에서 근무하는 보통 8~10명이 생산과 관련된 문제(품질, 생산성, 원가, 기타 작업환경 등의 문제)를 분석하고 상호 해결하기 위하여 정기적으로 모임을 갖는 소집단을 지칭한다.

4 종합적 품질경영

1. 개념

품질경영(QM; Quality Management)이라고도 하는 것으로 경영자가 소비자 지향적인 품질방침을 세워 최고경영진은 물론 모든 종업원들이 전사적으로 참여하여 품질향상을 꾀하는 활동을 말한다. 이는 최고경영자가 중심이 되어 우수품질 및 고객만족도의 확보를 통해 기획, 설계, 생산, 판매 등 경영활동 전반에 걸쳐 경쟁적 우위를 갖추도록 모든 구성원이 참여하는 전사적, 종합적, 경영관리체계이다.

2. 특징

종전의 품질관리가 생산현장 중심의 품질관리인 데 비해 QM은 최고경영자의 품질방침에 따라 국제적으로 경쟁력 있는 품질을 확보하는 것을 목표로 생산현장에서부터 최고경영층에 이르는 고객 위주의 전사적인 품질향상운동이며, 고객지향의 제품개발 및 품질보증체계의 확보를 중요시한다.

3. 전사적 품질관리(TQC)와 종합적 품질경영(TQM)의 비교

TQC와 TQM은 전사적으로 품질관리활동을 추진하고 전원이 참가한다는 점에서는 유사하지만 다음과 같은 차이점이 있다.

TQC	TQM
• 단위(Unit) 중심 • 생산현장 근로자의 공정관리 개선에 초점 • 생산현장 중심 • QC전문가의 관리통제기능 중시	• 시스템 중심, 경영전략지원 • 제품의 계획 설계에서부터 제조, 검사, 판매과정에까지 기업의 전부문을 상호 유기적으로 보완, 발전시켜 품질 제고를 노리는 것
• 사내규정 제정 • 설비원, 부자재 및 공정관리 개선	• 사내규격 제정 • 품질전략수립 • 고객지향의 제품설계, 소비자 만족도 관리
• 기업이익 우선의 공정관리 • 품질요구를 만족케 하는 기법과 활동	고객의 만족을 얻기 위해 최고경영자의 품질방침에 따라 실시하는 모든 부문의 총체적 활동
공정 및 제품의 불량감소를 목표로 일정한 품질규격을 설정하고 이에 대한 적합성을 추구하는 수단	설계, 공정, 제품, 업무, 사람 등을 포함하는 총체적 품질향상을 통해 경영목표를 달성하기 위한 수단
기업자체의 필요성에 따라 자율적으로 추진	ISO에 의해 국제규격으로 정해져 있으며 강제성은 없으나 구매자가 요구하면 이행해야 함(반강제적)
생산 중심적 또는 제품 중심적 사고와 관리기법을 강조하는 개념	고객지향의 기업문화와 구성원의 행동의식도 요구
공급자 위주	구매자 위주(고객중시)

4. ISO 9000 시리즈

(1) 의미

품질보증에 관한 국제 표준으로, 제품 자체에 대한 품질을 보증하는 것이 아니라 제품 생산과정 등의 프로세서(품질관리시스템)에 대한 신뢰성 여부를 판단하기 위한 것이다. 이 시리즈는 공산품은 물론 소프트웨어, 서비스 등 산업 전체에 적용될 수 있는 범용적인 규격이다.

(2) 성격

ISO 9000은 생산자 중심의 규격이 아닌 구입자 중심의 규격으로, 구입자가 외부로부터 제품을 구입했을 경우 그 품질을 신뢰할 수 있는 판단기준을 제공한다. 이때 신뢰할 수 있는 판단기준을 제공하는 것은 생산자나 구입자가 아닌 제3자(인증기관)이며, 제3자의 개입으로 판단기준의 객관성을 더욱 높일 수 있다.

TOP 1 재고자산관리

01

재고비용에 대한 설명으로 옳지 않은 것은?　　20기출

① 재고비용은 창고비용을 포함하지 않는다.
② 생산라인 가동을 준비하는 비용을 준비비용이라고 한다.
③ 재고비용은 재고부족과 관련된 비용도 포함한다.
④ 재고량을 조사하는데 소요하는 비용은 재고비용에 포함된다.

02

다음 중 재고비용으로 옳지 않은 것은?　　19❸기출

① 자본의 기회비용
② 창고유지비용
③ 진부화비용
④ 매출손실비용

TOP 2 자재소요계획 및 적지생산시스템

01

자재소요계획(MRP)의 구성요소가 아닌 것은?　　20기출

① 자재명세서(BOM)
② 재고기록철(IR)
③ 주일정계획(MPS)
④ 생산능력소요계획(CRP)

02

다음 중 적시생산시스템(JIT)과 자재소요계획(MRP)의 차이에 대한 설명으로 옳지 않은 것은?　　19기출

① JIT는 푸시(Push) 방식, MRP는 풀(Pull) 방식이다.
② JIT의 재고는 부채, MRP의 재고는 자산이다.
③ JIT는 무결점을, MRP는 소량의 결점을 인정한다.
④ JIT는 일본의 도요타자동차에서 개발한 기법이다.

01

어떤 제품의 실제수요는 110만 대이고 예측수요가 100만 대이다. 지수평활계수가 0.6일 때 올해 예측 수요로 옳은 것은?

19 ⊕ 기출

① 104만 대
② 106만 대
③ 96만 대
④ 94만 대

02

다음 중 인력 자원 예측 접근법에 대한 설명으로 옳지 않은 것은?

18기출

① 하향적 접근법은 주로 인력수요를 예측하는 데 있어 상위계층의 주도하에 수요를 예측하는 것이다.
② 인적 자원의 조절은 인력의 수급이 일치하지 않을 때 수요 및 공급이 시행된다.
③ 델파이기법은 회귀식을 만들어낸다.
④ 마코브 분석은 공급량을 예측하는 기법이다.

01

다음 중 단위생산과 대량생산에 해당하는 조직유형으로 옳은 것은?

19기출

① 유기적 조직, 유기적 조직
② 유기적 조직, 기계적 조직
③ 기계적 조직, 유기적 조직
④ 기계적 조직, 기계적 조직

01

다음 중 자재소요계획(MRP)의 구성요소로 옳지 않은 것은?

19 ⊕ 기출

① 기준생산계획(MPS)
② 자재명세서(BOM)
③ 재고기록(IR)
④ 작업일정계획(OP)

01

다음 중 수요예측에 관한 설명 중 옳지 않은 것은?

19 ㉻기출

① 수요예측의 대상이 되는 수요는 독립수요이다.
② 주문생산에서 수요예측액은 중요시 된다.
③ 수요예측기법의 평가기준에는 정확성, 간편성, 충실성 등이 있다.
④ 수요예측을 할 때 우연변동은 고려대상이 아니다.

01

다음 중 가빈의 8가지 품질에 대한 설명으로 옳지 않은 것은?

19 ㉻기출

① 성능 – 제품이 가지고 있는 운영적 특성
② 특징 – 제품이 가지고 있는 기능을 보충하는 보조적인 차이
③ 적합성 – 제품이 정해진 규격에 맞는 정도
④ 신뢰성 – 소비자가 받아들이는 제품에 대한 만족도

군무원

합격 저격

경영학

PART 7

인사관리

기출 이론 저격

01 인사관리론의 이해

1 인사관리론의 개념

1. 현대적 인사관리론

(1) 현대 인사관리의 목적

질적 목표 (이념)	• 경제–사회 시스템으로서의 기업 • 합리성 존중＋인간성 존중＝성과적 공동체
양적 목표 (목표)	• 생산성 목표: 과업 그 자체를 달성하려는 목표 • 만족성 목표: 인간적 측면과 관계된 목표 • $P=f(A, M, E)$ (P＝Performance, A＝Ability, M＝Motivation, E＝Environment)

(2) 전통적 인사관리론과 현대적 인사관리론

전통적 인사관리론	현대적 인사관리론
엽관주의	실적주의
직무 중심	경력 중심
X이론	Y이론
인사부서 중심	현장 중심
조직 목표	조직+개인 목표
획일적, 일방적, 단기적, 제도적	목적별, 쌍방적, 장기적, 운영적

(3) 인사관리부서 역할의 변화

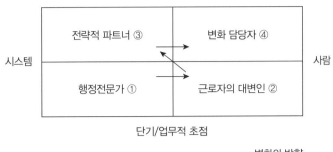

2. 인사관리론에 영향을 미치는 요소

내부환경	• 노동력 구성의 변화: 고령자층의 증가, 전문직의 증가, 계약직의 증가 등 • 가치관의 변화: 개인주의의 발달 등 • 조직규모의 확대: 인사관리의 전문화, 집중화
외부환경	• 정부개입의 증대: 고용기회 균등, 노사화합 등 • 경제여건의 변화: 기업활동의 국제화 등 • 노동조합의 발전: 인사관리의 제도화, 체계화 • 정보기술의 발전: 인사관리의 정보화

2 인사관리의 기본체계

1. 인사관리의 발전단계 비교

비교측면 발전단계	이론적 원천	강조측면	인적자원관리 기능
구조적 접근 (기계론적 접근, 1930년대 이전)	• 과학적 관리법 • 초기 산업공학 • 초기 인간공학	능률, 생산성, 경제적 동기, 합리적 직무구조, 작업조건, 공식 조직구조, 방침, 권한	직무설계, 성과급제, 과학적 선발, 훈련, 기능적 조직구조
인간적 접근 (가부장적 접근, 1930~1950년대)	• 호손공장실험 • 인간관계 • 사회학, 심리학	만족감, 인적요소, 사회적 동기, 규범, 자생적 조직	커뮤니케이션, 상담제안제도, 조직민주적 리더십
인적자원 접근 (시스템적 접근, 1960년대~현재)	• 행동과학 • 시스템일반 • 노사관계	성과, 만족감, 개발, 종합 학문적 접근	조직체계획, 인력자원계획, 조직개발, 인력개발, 경력개발

1 확보관리

1. 외부 충원

모집	조직 외부의 노동시장으로부터 조직의 신규 종업원으로 선발할 사람들을 식별하고 유인하는 일련의 활동
선발	고용제의(Employment Offer)를 하기 위하여 지원자의 정보를 수집하고 평가하는 과정
배치	해당 직무에 종업원을 배속시키는 것

(1) 모집

① 모집의 특성

ㄱ 쌍방적 의사소통 과정에 해당한다.

ㄴ 외부환경적 요인을 많이 받는다.

② 모집 방법

내부모집	• 기술목록을 이용한 적격자 탐색 • 추천에 의한 적격자 탐색 • 공개모집제도를 통한 적격자 탐색
외부모집	• 모집원천: 광고, 추천, 교육기관과의 연계, 노동조합, 고용 알선기관, 인터넷, 채용박람회, 직접지원 등 • 선택기준: 노동력의 양, 노동력의 질, 모집방법의 가용성, 과거의 경험, 예산 등

③ 평가

ㄱ 성공적인 원천의 평가: 시간, 비용, 노력

ㄴ 기준

• 지원자의 수

• 입사제안 수락 여부의 수

• 채용의 수

• 성공적인 배치의 수

(2) 선발

① 선발도구의 종류

바이오 데이터 (Bio-data)	• 입사원서의 항목: 대학성적, 군복무, 결혼여부 등 개인의 전기적 자료 • 성차별, 학력 차별 등의 결과 유발
선발시험	• 인지능력검사(Cognitive Ability Test) • 성격 및 흥미도 검사(Personality Test) • 지능 검사(Intelligence Test) • 정직성 검사(Integrity Test)
선발면접	• 구조적 · 비구조적 면접 • 스트레스 면접 • 패널 면접 • 집단 면접
평가센터법	• 다수의 지원자들을 일정 기간 동안 합숙을 통하여 평가 • 다양한 선발도구의 동원

② 선발도구의 평가

신뢰성 (Reliability)	동일한 환경에서 동일한 시험을 반복하여 보았을 때 결과가 일치하는 정도(일관성)	
	• 시험-재시험방법 • 대체형식법 • 양분법	
타당성 (Validity)	측정하고자 하는 내용을 정확하게 측정하는 정도	
	기준 타당성	• 동시 타당성: 현 종업원의 시험성적과 직무성과 • 예측 타당성: 선발시험 후 합격자의 시험성적과 고용 후의 직무성과
	내용 타당성	'선발도구가 측정하고자 하는 바를 얼마나 잘 나타내는가'의 정도
	구성 타당성	선발도구가 무엇을 측정하는지를 설명

③ 선발도구의 오류

채용 후 직무성과

	성공(만족)	실패(불만족)
거부	Type Ⅰ Error (부정오류) Ⅳ	Ⅲ 옳은 결정
수락	Ⅰ 옳은 결정	Ⅱ Type Ⅱ Error (긍정오류)

(선발결정: 거부 / 수락)

Type Ⅰ Error	• 좋은 성과를 낼 지원자를 탈락시키는 오류 • 선발활동의 비용 증가 • 특정 범위의 지원자가 거부될 경우 발생
Type Ⅱ Error	• 만족스럽지 못한 성과를 낼 지원자를 선발하는 오류 • 선발 후 비용 증가

2. 내부 충원

(1) 배치이동(수평적 이동)

① 정의: 종업원을 필요에 따라 현재의 직무에서 다른 직무로 배치시키는 것을 말한다.

② 목적

　㉠ 다양한 직무 경험과 새로운 기술의 습득

　㉡ 적재적소의 인재 배치

　㉢ 상황변화에 따른 부서 간 인원 수급 조정

③ 원칙

적재적소주의	종업원이 자신의 능력을 최대한 발휘할 수 있는 최적의 위치에 배치
실력주의	실력을 발휘할 수 있는 직무의 제공과 올바른 평가
인재육성주의	기업에 필요한 인재의 육성
균형주의	공평성의 유지

(2) 승진(수직적 이동)

① 정의: 종업원의 기업 내에서의 지위 상승과 함께 이루어지는 보수, 권한, 책임의 상승을 의미한다.

② 중요성

    ㉠ 개인의 목표와 조직의 목표의 합일점

    ㉡ 의사소통의 수단

    ㉢ 인사정체의 방지

③ 연공주의와 능력주의

연공주의(Seniority)	능력주의(Competence)
• 근속기간 • 사람 중심 • 연공승진제도 • 이해자 집단: 노동조합 • 동양사회 • 일반직종 • 하위층 • 집단 중심의 연공질서 형성 • 적용 용이 • 안정성과 객관성	• 직무수행능력 • 직무 중심 • 직계승진제도 • 이해자 집단: 경영자 • 서구사회 • 전문직종 • 상위층 • 개인 중심의 경쟁질서 형성 • 적용 어려움 • 불안정성과 주관성

④ 승진제도

속인 기준	연공승진제도	• 사람 중심 • 학력, 근무연수, 연령 등
	직능자격승진제도	• 직무수행능력 기초 • 현재적 · 잠재적 능력 평가 • 연공주의＋능력주의
속직 기준	역직승진제도	• 자리 기준 • 조직 구조의 편성과 조직 운영의 원리
	직계승진제도	• 직무요건 기준 • 직무분석 평가 완료 후
기타 기준	대용승진제도	• 형식적 승진 • 승진은 시켜야 하나 해당 직책이 없는 경우 • 보수나 지위의 상승 • 직무의 내용 변화 없음
	OC 승진제도 (Organization Change)	조직 변화를 통한 승진 기회의 확대

2 개발관리

1. 개발관리의 기초개념

(1) 개발의 개념과 중요성

① 개발의 개념

　　㉠ 기업 내에서 종업원의 자질을 개발하고 직무에 대한 적응성을 높임으로써, 보다 나은 자격을 갖출 수 있도록 조직적 · 체계적으로 유도하는 활동을 의미한다.

　　㉡ 종류에는 교육과 훈련이 있다.

② 개발의 중요성

기업	• 국제 경쟁의 시대 • 인력의 고도화, 전문화의 필요성 • 인재 육성을 통한 생산성 향상
개인	• 자아실현 • 자기 가치의 향상
사회	생애교육의 대두와 기업 역할의 중요성 증대

(2) 개발관리의 이슈

① 인재를 키울 것인가, 사올 것인가

② 인재 양성 비용은 투자인가, 비용인가

2. 교육훈련

(1) 교육훈련의 개념

① 교육과 훈련: 개발은 양자를 모두 행하는 것

교육	훈련
• 보편적인 지능, 기능, 태도의 육성 • 장기적 · 체계적 · 객관적 과정 • 정규교육제도 • 개인 목표 강조 • 특정결과 기대하지 않음 • 일반적인 지식과 기초 이론	• 특정직무의 지식과 기능의 습득 • 개별적 · 실제적 · 구체적 과정 • 단기 프로그램 • 조직 목표 강조 • 특정결과 기대 • 특정한 직무와 관련한 지식과 실무

② 교육훈련의 원리

학습곡선 (Learning Curve)	• 학습자가 일정한 교육훈련을 받은 후에 도달하는 숙련의 수준을 나타냄 • 직무와 사람에 따라 효과가 다름 • 학습이 항상 일어나는 것은 아님 • 명확한 비율도 없음
전이 (Transfer)	• 교육훈련에서의 학습이 실제 작업환경에서 발휘되는 것 • 동일요소이론(Identical Element Theory) • 원리에 의한 전이(Transfer Through Principle)
보존 (Retention)	• 학습환경에서 동기가 유발되면 장기간 유지 가능 • 강화가 되면 장기간 유지 가능

(2) 교육훈련의 방법

최고경영층	• 개념적 자질 • ATP(Administrative Training Program) • AMP(Administrative Management Program) • CCS(Civil Communication Selection)
중간관리층	• 인간적 자질 • JIT(Job Instruction Training) • TWI(Training Within Industry) • MTP(Management Training Program)
하위종업원층	• 기술적 자질 • 기능훈련, 노동교육, 일반교양교육 등

(3) 직장 내 교육훈련(OJT; On the Job Training)

① 개념: 구체적인 직무를 수행하는 과정에서 직속상사가 부하에게 직접적으로 개별지도를 하고 교육 훈련을 시키는 라인담당자 중심의 교육훈련방식을 뜻한다.

② 장점과 단점

장점	단점
• 실제 업무에 바로 적용 가능 • 실제적 업무 능력 신장 • 저비용 • 교육의 필요성 파악 용이 • 결과 평가 용이 • 상사-부하의 신뢰관계 두터워짐	• 막대한 회사 손실 가능성 • 전문적 교육 능력 없음 • 다수의 종업원에게 동시 훈련 불가능 • 일과 훈련 병행의 어려움 • 동일한 내용의 교육훈련을 할 수 없음

③ OJT의 성공요건

    ㉠ 인적자산에 대한 철학과 비전

    ㉡ 자아실현 지향적 가치관

    ㉢ JT 제도의 규정화

④ OJT의 실패원인

    ㉠ 부하의 참여가 적음

    ㉡ 미숙한 교육 기술

    ㉢ OJT 실시 이후 인사와의 연계 미흡

    ㉣ 제도적 불합리성

1 인사고과의 개념

1. 인사고과의 방법

(1) 전통적 인사고과 방법

서열법 (Ranking Method)	피고과자의 능력과 업적에 대하여 순위를 매기는 방법
강제할당법 (Forced Distribution Method)	미리 정해놓은 비율에 따라 피고과자를 강제로 할당하는 방법
등급할당법 (Grading Method)	• 등급을 나누어 각 범주에 피평가자를 할당하는 방법 • 주관적이고 오류 발생확률이 높음
표준인물비교법	• 판단의 기준이 되는 종업원을 선정하고 그들을 기준으로 피고과자를 평가하는 방법 • 구체적이고 평가가 쉬우나, 표준인물의 설정이 주관적
기록법 (Filling out Method)	종업원의 근무 성적의 기준을 객관적으로 정해놓고 이를 기록하는 방법
평정척도법 (Rating Scale Method)	사전에 마련된 척도를 근거로 피고과자의 자질을 평가하는 방법
대조표법 (Checklist Method)	설정된 평가세부일람표에 체크하는 방법
업무보고법 (Performance Report Method)	피고과자가 작업 업적을 구체적으로 적어서 평가받는 방법
성과기준고과법 (Performance Standard Method)	• 피고과자의 직무수행 결과가 사전의 성과기준에 도달하였는가의 여부에 의하여 평가하는 방법 • 직무 범위가 표준화되어 있고 성과기준이 설정되어 있는 직무 이외에는 적용이 어려움

(2) 현대적 인사고과 방법

서술법 (Essay Method)	평가자가 피고과자의 행위의 강약점을 진술하고 해결방안 제시
중요사건 서술법 (Critical Incidents Method)	• 기업 목표 달성의 성패에 영향을 미치는 주요 사건을 중점적으로 서술 • 직무태도와 업무 능력 개선 유도
인사평정센터법 (HACM; Human Assessment Center Method)	합숙과정에서 특별 선정된 라인관리자들이 복수의 평정절차를 통하여 하는 인사고과 방법
행위기준 척도법 (BARS; Behaviorally Anchored Rating Scale)	피고과자의 구체적인 행위에 근거하여 평가하는 방법
자기고과법 (Self-rating)	피고과자가 자신의 능력과 희망을 서술함으로써 고과하는 평가방법
목표관리(MBO)	결과에 대한 평가에 피고과자가 참여하여 평가하는 방법
토의식 고과법 (Committee Nomination)	현장 토의법, 면접법, 위원회 지명법
인적자원회계	인적자산을 대차대조표와 손익계산서에 나타내는 과정을 통한 평가방법

2. 인사고과상의 오류

(1) 규칙적 오류(Systematic Error)

일반적으로 일어나기 쉬운 가치판단상의 규칙적인 심리적 오류에 해당한다.

① 종류

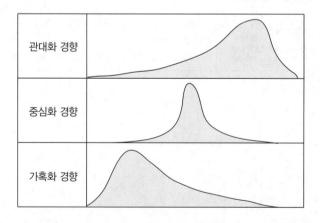

② 대처 방안: 강제할당법, 서열법 등

(2) 논리적 오류(Logical Error)

고과 요소 간에 상관관계가 있을 때 하나를 통하여 다른 하나를 미루어 짐작하는 오류이다.

(3) 유사효과(Similar to me Effect)

자신과 유사한 사람을 후하게 평가하는 오류이다.

(4) 대비효과(Contrast Error)

한 사람에 대한 평가가 다른 사람의 평가에 영향을 주는 오류이다.

⑩ 우수한 답안을 채점한 후 다음 사람의 답안 채점 시 영향을 줌

(5) 기타

① 상동적 태도
② 주관의 객관화
③ 현혹효과

---

04 임금관리의 개념

■ 임금체계의 유형

1. 연공급

(1) 연공급의 의의

① 연령, 근속기간, 학력, 성별, 경력 등 인적요소를 중심으로 임금을 결정하는 것이다.
② 보통 연령급과 근속급으로 나뉜다.

연령급	• 구성원의 연령이 주요 평가기준 • 생활급적 형태가 강한 임금체계
근속급	구성원의 근속연수 기준에 따라 임금을 지불하는 임금체계

(2) 연공급의 유형: 정액 승급형, 체증 승급형, 체감 승급형, S자 승급형

(3) 연공급의 장점과 단점

장점	단점
• 생활보장, 고용안정 • 기업에 대한 귀속의식 확대 • 연공 존중, 동양적 질서 확립 • 지휘체계의 안정 • 가족주의적 인간관계	• 소극적, 종속적 근무태도 • 능력 있는 젊은 층의 사기 저하 • 전문인력의 확보 곤란 • 동일노동 동일임금의 실시 곤란 • 인건비 부담의 가중

2. 직무급

(1) 직무급의 의의

① 직무의 중요도, 난이도, 기여도에 따라 직무의 질과 양에 대한 상대적 가치를 평가하고 그 결과에 따라 임금을 결정하는 것이다.

② 동일직무에 대하여 동일임금의 지급(Equal Pay for Equal Work)이 가능하다.

③ 직무분석과 직무평가가 선행되어야 한다.

(2) 직무급의 유형: 개별 직무급, 단일 직무급, 범위 직무급

(3) 직무급의 장점과 단점

장점	단점
• 공정한 임금지급, 능력주의 • 직무를 기준으로 하여 합리적 인사관리 가능 • 연공 존중, 동양적 질서 확립의 반대 개념 • 개인별 임금 차 불만해소 • 비합리적 인건비 과다지출 방지	• 절차 복잡 • 연공 중심 풍토의 저항 • 종신고용 풍토 혼란 • 융통성 결여

3. 직능급

(1) 직능급의 의의

① 직무급＋연공급을 결합한 형태이다.

② 직무수행 능력에 따라 개별임금을 결정하는 임금체계이다.

(2) 직능급의 유형: 병존형, 순수형

(3) 직능급의 장점과 단점

장점	단점
• 근로자 능력 신장 • 유능한 인재 확보 • 능력에 따른 임금결정과 불평 해소 • 완전한 직무급 도입이 어려운 동양적 기업 풍토에 적합	• 직무수행능력에 치우쳐 일상업무의 소홀 • 직무수행능력이 떨어지는 자의 근무의욕 상실 • 직무표준화, 직무분류의 미비로 인한 혼란

4. 자격급

(1) 자격급의 의의

① 직무급＋연공급＋자격급을 결합한 형태이다.

② 자격제도를 바탕으로 한 임금체계로서 직능급을 제도화한 것이다.

③ 종업원의 자격취득 기준을 정해놓고 자격취득에 따라 임금의 차이를 두는 제도이다.

(2) 자격급의 장점과 단점

장점	단점
• 자아발전의 욕구충족 • 근로의욕의 향상 • 연공에 따른 자동승급의 지양 • 직무중심의 경직성 탈피	• 형식적 자격기준에 치우칠 우려 • 자격취득에 요청되는 시험제도로 인한 인간관계 저해의 우려

※ 직능급과 자격급의 차이점에 유의할 것

2 임금 형태의 분류

1. 시간급제

(1) 시간급제의 의의: 수행한 작업의 양과 질에는 관계없이 단순히 근로시간을 기준으로 하여 임금을 산정, 지불하는 방식이다.

(2) 시간급의 종류

단순 시간급제	임금＝실제 작업 시간×시간당 임률
복률 시간급제	• 표준과업량 미만인 경우: 임금＝실제 작업 시간×낮은 시간 임률 • 표준과업량 이상인 경우: 임금＝실제 작업 시간×높은 시간 임률

2. 성과급제

(1) 성과급제의 의의: 근로자의 작업에 대한 노력 및 능률의 정도를 고려하여 높은 능률의 근로자에게는 높은 임금을 지급하여 그들의 생활을 보장하고 생산성을 향상하고자 하는 임금형태이다.

(2) 성과급의 장점과 단점

장점	단점
• 합리성, 공평감 • 작업능률 자극, 소득증대효과 • 직접노무비 일정으로 인한 원가계산 용이	• 표준단가결정, 작업량 측정 곤란 • 심신과로, 수입 불안정 • 제품품질 저하, 기계설비 소모

(3) 성과급제도의 도입 시 전제조건

① 생산단위가 측정 가능하다.

② 노력과 생산량 관계가 명확하다.

③ 직무 표준화, 정규적인 작업흐름이 존재한다.

④ 생산의 질이 일정하다.

⑤ 작업자들에 대한 감독이 철저하다.

⑥ 노무비의 사전 결정이 이루어져 있다.

(4) 성과급제의 종류

개인 성과급제	단순 성과급제	
	복률 성과급제(차별 성과급제)	• 일급보장 성과급제 • 테일러식 차별적 성과급제 • 메리크식 복률 성과급제
집단 성과급제	• 스캔론 플랜: 매출액을 기준으로 성과를 측정 • 럭커 플랜: 부가가치를 기준으로 성과를 측정 • 프렌치 시스템: 모든 절약분 • 링컨: 이윤분배＋성과급	

05 노사관계관리

1 노동조합

1. 노동조합의 의의

숍 제도 (Shop System)	양적인 파워 신장면에서 조합원 확보를 뒷받침해 주는 제도로서 근로자들의 조합가입문제를 중점적으로 다룬 부분이다.
체크오프 제도 (Check-off System)	질적인 파워 신장면에서 자금 확보를 뒷받침해 주는 제도로서 조합원 2/3 이상의 동의가 있으면 노조는 세력 확보 수단으로서 체크오프조항을 둘 수 있다.

2. 노동조합의 가입 방법(Shop System)

오픈숍 (Open-shop)	사용자가 조합원 또는 비조합원의 여부에 상관없이 아무나 채용할 수 있으며, 근로자 또한 노동조합에 대한 가입이나 탈퇴가 자유로운 제도
유니온숍 (Union-shop)	• 사용자에게 조합원 또는 비조합원의 여부에 상관없이 종업원을 고용할 자유는 있으나, 일단 고용된 후 일정기간 이내에 종업원은 노동조합에 가입하여야 하는 제도 • 유니온숍하에서 근로자가 노동조합을 탈퇴하게 되면 원칙적으로 사용자는 해당 근로자를 해고할 의무를 지게 됨
클로즈드숍 (Closed-shop)	• 사용자가 조합원만을 종업원으로 신규 채용할 수 있는 제도 • 비조합원은 원칙적으로 신규 채용할 수 없음

기출 문제 저격

TOP 1 인사고과

01

행위기준고과법(BARS)에 대한 설명이 아닌 것은?　20기출

① 주요사건 서술법과 평정척도법을 결합한 평가법이다.
② 비교적 개발이 간단하고 적은 시간과 비용이 투입되기 때문에 실무에 많이 적용된다.
③ 피고과자 행위의 지속적인 관찰이 곤란하다.
④ 척도개발과정에 주관성 개입의 여지가 있다.

02

다음 중 고과자가 피고과자를 평가할 때 다른 피고과자나 고과자 자신과 비교하여 평가함으로써 나타나는 오류로 옳은 것은?　18기출

① 대비효과
② 시간오류
③ 투사효과
④ 후광효과

TOP 2 임금관리의 개념

01

다음 중 집단성과급을 도입함으로써 기대할 수 있는 장점으로 옳은 것은?　19ⓐ기출

① 표준작업량과 표준작업시간 등의 설정에 있어 노사 간의 갈등을 줄일 수 있다.
② 기업이 적정한 생산량을 유지하는 데 있어 감독비용을 줄일 수 있다.
③ 집단의 응집성을 완화할 수 있다.
④ 업무 프로세스가 측정 가능해 개인별 성과 측정이 용이하다.

02

다음 중 성과급의 특징에 대한 설명으로 옳지 않은 것은?　19기출

① 집단성과급에는 스캔론플랜, 럭커플랜, 임프로쉐어플랜이 있다.
② 노동자에게 동기부여를 주고, 공평성과 합리성을 준다.
③ 작업량에만 치중하여 제품의 품질 저하를 초래할 우려가 있다.
④ 기본급이 고정되어 있어서 계산이 쉽다.

01

다음 설명 중 옳지 않은 것은?　　18기출

① 탄력근무제는 회사 측의 요구로 실시될 수 있으며 회사의 상황이 급할 때 유용하다.

② 유연시간근무제는 워크숍, 회의시간 등의 일정관리 조정이 용이하다.

③ 선택시간제는 회의시간의 일정을 맞추기가 힘들다.

④ 교대근무제는 생활패턴이 망가질 수 있다.

01

다음 중 노조가입의 유무와 상관없이 조합원과 비조합원 중 임의로 채용 가능한 제도로 옳은 것은?　　18기출

① 오픈숍

② 클로즈드숍

③ 유니온숍

④ 에이전시숍

02

다음 중 신뢰성 검사방식에 대한 설명으로 옳지 않은 것은?　　18기출

① 실시–재실시 검사는 동일한 대상에게 동일한 시험을 시간을 두고 재실시하는 방법이다.

② 양분법은 하나의 검사를 양쪽으로 나누어 측정하는 방법이다.

③ 대체형식법은 같은 시험을 다시 실시하는 방법이다.

④ 복수양식법은 대등한 2개 이상의 측정도구로 동일한 대상을 검사하는 방법이다.

I wish you the best of luck!

군무원

합격 저격

경영학

PART 8

경영정보 시스템

기출 이론 저격

01 경영정보시스템의 기초 개념

1 정보시스템의 등장 배경

1. 정보화 사회의 도래

(1) 정보화 사회란 정보, 지식 및 첨단 기술이 힘의 원천이 되는 사회를 일컬으며, 앨빈 토플러(A. Toffler)는 그의 저서인 『제 3의 물결』에서 정보화 사회의 도래를 예측하였다.

(2) 정보화 사회에 있어서 컴퓨터 사용자는 크게 하드웨어, 소프트웨어 등을 개발하는 컴퓨터 전문가와 업무 혹은 취미 생활을 위해 컴퓨터를 사용하는 최종 사용자(End-User)로 구분된다.

2. 정보화 사회의 승자와 패자

정보화 사회의 승자	정보화 사회의 패자
• 컴퓨터 분야 종사자, 혁신자 • 빌게이츠 등	• 컴퓨터의 등장으로 일자리가 사라지는 사람 • 주산부기학원, 카세트 테이프 제조업자 등

3. 디지털 경제 시대의 새로운 경제원칙

(1) 전통적인 경제법칙-수확체감의 법칙

① 생산요소를 투입할수록 비용은 늘고 수익이 그에 비례해서 증가하지 않는 것을 뜻한다.

② 노래방 기계 1대 증가 → 수익 100만 원 증가, 노래방 기계 2대 증가 → 수익 50만 원 증가

(2) 신 경제법칙-수확체증의 법칙

① 생산요소를 투입할수록 비용은 줄고 수익은 증가하는 것을 의미한다.

② 윈도우 1개 생산 → 비용 500만 달러, 윈도우 2개 생산 → 비용 시디(CD) 1장 값

4. 정보시스템의 필요성

(1) 정보의 급증

① 정보화 사회는 정보의 홍수 시대를 의미한다.

② 이러한 상황에서 경영자들은 꼭 필요한 정보만 선별하여 의사결정에 이용해야 한다.

(2) 경영환경의 급격한 변화

① 과거와 같이 안정적이고 연속적인 경영환경에서는 미래 예측이 용이하였다.

② 현재는 제품의 수명주기 단축, 소비자들의 기호 다양화 등으로 인해 불연속적인 변화를 겪고 있으며, 미래 예측을 위한 신속한 정보 수집이 필요하다.

(3) 기업 내 각 부서 간 상호의존성 증대

① 오늘날 기업은 거대해지고 전 세계에 넓게 퍼져 경영활동을 수행하고 있다.

② 부서 간·조직 간 의견조정 및 통제의 수단으로서 정보시스템의 역할이 중요하다.

(4) 생산성 향상

① 제조기업에서는 정보시스템을 이용한 공장자동화를 실시하여 생산성을 제고한다.

② 유통기업에서는 거래의 기록 및 처리에 정보시스템을 활용하여 효율성을 제고한다.

(5) 경쟁우위 원천으로서의 정보시스템

① 보다 능률적이고, 비용을 절감하며, 노동력을 줄이기 위해 정보시스템을 활용한다.

② 경영혁신을 촉진시킬 수 있는 수단이 된다.

2 정보시스템의 정의과 구성요소

1. 정보시스템의 정의

특정 목적을 위해 정보를 수집·처리·저장·분석·배포하는 관련 요소들의 집합을 말한다.

2. 정보시스템의 구성요소

(1) 하드웨어

① 입력, 처리, 출력 활동을 수행하기 위해 사용되는 컴퓨터 장비를 뜻한다.

② 키보드, 마우스, 스캐너 등이 있다.

(2) 소프트웨어

① 컴퓨터의 작업을 지시하는 프로그램으로서 컴퓨터 운영을 통제하는 시스템이다.

② 워드프로세서나 스프레드시트와 같은 특정 업무지향적인 응용 소프트웨어가 있다.

(3) 데이터베이스

① 조직화된 사실 및 정보들의 집합이다.

② 고객, 종업원, 재고 등에 관한 내용들이 있다.

(4) 통신 및 네트워크

① 통신은 지리적·시간적 장벽을 극복하여 조직의 컴퓨터 시스템을 연결시켜 주며, 네트워크는 한 건물 내에 있는 컴퓨터 및 주변장치들을 서로 연결시켜준다.

② 사람들의 의사전달을 지원하는 E-mail이나 Voice-mail 등이 있다.

(5) 사람

① 컴퓨터 시스템을 관리·운영하는 전산 전문가를 가리킨다.

② 개발된 정보시스템을 사용하는 인사, 재무, 마케팅 등의 경영자 및 관리자를 포함한 조직구성원을 지칭한다.

(6) 절차

① 정보시스템을 개발·활용하기 위한 전략, 정책, 방법, 규칙, 순서에 대한 것이다.

② 프로그램의 실행 절차, 데이터베이스 접근 권한, 재난 대비 사항 등을 기술한다.

3. 정보시스템의 발달과정

시기	내용
1950~1960	전자적 자료 프로세싱
1960~1970	경영정보시스템
1970~1980	의사결정지원시스템
1980~1990	전문가시스템, 전략정보시스템
1990~2000	e 비즈니스, 전자상거래

3 기업경영과 정보시스템

1. 경영정보시스템의 정의

경영정보시스템(MIS; Management Information System)이란 고객 가치를 증대시키기 위해 기업의 생산성과 효율성을 높일 수 있도록 활용되는 정보시스템이다.

2. 기업경영에서 정보시스템의 역할

(1) 업무처리방식의 효율화

① 생산업무, 조정업무, 관리업무에 있어서 각각에 필요한 정보기술을 활용한다.

② 이를 통해 조직의 성과를 개선시키고, 업무의 성격을 변화시킨다.

(2) 의사결정의 정확성, 신속성 증가

① 정보기술의 적절한 활용은 효과적인 의사결정을 가능케 한다.

② 특히, ERP와 같은 정보시스템을 활용함으로써 의사결정의 합리성을 제고시킬 수 있다.

(3) 공급자 및 소비자와의 밀착화

① 사회적 생산 네트워크의 구성요소로는 공급업자, 소비자, 경쟁업체 등이 있다.

② 경쟁력 있는 기업들의 경우 공급업자와의 관계는 SCM을 통해 강화하고, 소비자와의 관계는 CRM을 통해 강화하고 있다.

(4) 조직과 업무분담의 재정비

① 집중식 조직구조와 분산형 조직구조의 장점을 고루 갖춘 조직운영이 가능하다.

② 아웃소싱을 시도함에 있어 외부화한 기능들을 적절하게 계획하고 통제할 수 있다.

(5) 세계화에의 대응

① 해외의 지점망이나 국제적인 정보 네트워크를 구축할 수 있다.

② 장소적·시간적 장애를 극복하고 세계 어느 곳에서 언제든지 경영활동을 수행할 수 있다.

(6) 경영전략의 혁신

① 경쟁우위 확보를 위해 경영전략의 실천력을 배가시킬 수 있는 정보시스템(SIS)을 활용한다.

② 정보기술을 전담하는 정보관리 총책임자(CIO)를 두어 정보기술의 활용과 계획을 체계적으로 관리한다.

(7) 새로운 분야로의 진출

① 정보시스템의 발전으로 인해 IT관련 신사업이 등장하였다.

② 개별 기업의 입장에서도 기존 자원의 결속을 통한 새로운 제품 및 서비스를 제공할 수 있어 새로운 사업 영역에 진출 가능하다.

3. 지원시스템별 경영정보시스템

(1) 지식업무지원

① 사무정보시스템(OIS; Office Information System): 사무실 지식근로자들의 업무와 활동을 효율적으로 지원하는 시스템이다.

② 사무자동화시스템(OAS; Office Automation System): 사무실에서 일상적으로 수행하는 정보처리 업무를 자동화하는 시스템이다.

(2) 운영지원

① 거래처리시스템(TPS; Transaction Processing System): 반복적이고 일상적인 거래처리활동을 기록하는 시스템이다.

② 경영정보시스템(MIS; Management Information System): 조직의 운영을 위한 정보를 구성원에게 제공해 조직의 목표를 효율적이고 효과적으로 달성할 수 있도록 조직화한 시스템이다.

(3) 관리지원

① 경영보고시스템(MRS; Management Reporting System): 경영자에게 과거 및 현재의 상태에 대한 정보를 제공한다.

② 의사결정지원시스템(DSS; Decision Support System): 비구조적·반구조적이고 특별하거나 자주 변하며 사전에 쉽게 정의내릴 수 없는 의사결정 문제들을 다룰 수 있도록 지원한다.

③ 중역정보시스템(EIS; Executive Information System): 고위경영층의 비구조화된 의사결정을 지원하도록 설계된 전략적 수준의 정보시스템이다.

02 정보시스템의 전략적 활용

1 전략정보시스템의 개관

1. 개념

(1) 전략정보시스템(SIS; Strategic Information System)이란 단순히 자료처리와 의사결정을 지원하는 측면을 넘어서 기업의 경쟁력 유지, 신사업 진출, 조직의 경영혁신 등을 지원하는 정보시스템을 말한다.

(2) 기업의 경쟁 우위 획득을 위해 정보시스템과 기업의 전략을 연계시켜 전략적으로 추진함으로써 지속적인 경쟁우위를 확보하고자 하는 시스템이다.

2. 전략정보시스템 활용을 통한 경쟁우위 확보 방법

새스와 키프(Sass & Keefe)는 전략정보시스템을 활용하여 경쟁우위를 획득할 수 있는 5가지 방법을 제시하였다.

(1) 높은 진입장벽을 구축한다.

(2) 고객의 전환비용을 높이고 종속성을 강화한다.

(3) 새로운 제품 및 서비스를 제공한다.

(4) 사업의 본질 또는 환경을 변화시킨다.

(5) 컴퓨터와 자동화된 프로세스를 도입한다.

2 정보시스템의 전략적 활용

1. 정보시스템 활용을 통한 전략적 기회 탐색

포터와 밀러(Porter & Miller)는 정보기술을 활용하여 전략적 기회를 탐색하기 위해 다음의 단계를 거쳐야 한다고 주장하였다.

(1) 정보의 집약도를 점검한다.

(2) 산업구조 내 정보기술의 역할을 결정한다.

(3) 정보기술에 의한 경쟁적 기회를 규명한다.

(4) 평가 및 선택을 한다.

(5) 새로운 사업의 전개가능성을 점검한다.

(6) IT를 활용하기 위한 계획을 작성한다.

2. 전략정보시스템 활용의 예

(1) 저원가 전략
① 경쟁사보다 낮은 비용구조 확보를 위해 정보시스템을 활용한다.
② 월마트의 경우 POS 시스템을 도입하여 적기에 재고를 보충함으로써 가격을 낮게 유지한다.

(2) 차별화 전략
① 제품이나 서비스의 차별화를 위해 정보시스템을 활용한다.
② 오티스 엘리베이터는 엘리베이터에 유지보수를 위한 자가진단기능과 무료 전화를 설치하여 제품의 차별화를 시도하였다.

(3) 집중화 전략
① 매출액 및 마케팅 기법을 향상시키기 위해 정보시스템을 활용한다.
② 시어즈 백화점은 목표 고객별로 마케팅을 할 정보를 추출하기 위해 자사가 보유하고 있는 소매 고객들에 대한 데이터베이스를 지속적으로 발굴하였다.

(4) 고객과 공급업자의 연결
① 고객과 공급업자의 연계를 강화시키기 위해 정보시스템을 활용한다.
② 백스터 인터내셔널의 경우 무재고 주문시스템을 이용하여 자사 고객과의 관계 결속을 강화했다.

3. 정보관리 총책임자(CIO; Chief Information Officer)

(1) 역할

① 회사의 경영전략에 부합하는 중장기 정보전략을 수립하고 집행한다.

② 정보전략 수립 집행을 위한 자원을 배분 · 조정 및 통제한다.

③ 부서 간 업무 및 갈등 조정을 담당한다.

④ 어플리케이션을 유지하고 개발한다.

⑤ 정보기술 하부구조의 향상 및 유지를 수행한다.

⑥ 사용자들을 위한 교육훈련 계획 수립 및 실시를 한다.

(2) 자질

① 정보통신기술에 대한 광범위한 지식

② 정보기술이 제공하는 기회를 사업과 연결시킬 수 있는 사업적 능력

③ 정보화에 수반되는 변화에 대한 저항을 무마시키기 위한 커뮤니케이션 능력과 지도력

---

03 e 비즈니스 시스템 모델과 구성요소

1 e 비즈니스 시스템 모델

1. 고객관련활동

(1) 고객관계관리(CRM; Customer Relationship Management)

고객과 관련된 기업의 내외부 자료를 분석, 통합하여 고객 특성에 기초한 마케팅 활동을 계획하고, 지원하며, 평가하는 과정이다.

(2) CRM 솔루션

① 프런트오피스 솔루션: 마케팅, 판매, 고객서비스 업무에 직접 적용하여 고객들의 요구사항을 보다 효과적으로 충족시키고 잠재고객을 발굴함으로써 고객 확보능력 및 신규고객 창출 기회를 향상시키는 시스템이다.

② 백오피스 솔루션: 기업전산시스템의 근간을 이루는 네트워크, DBMS 등의 소프트웨어 및 하드웨어 인프라와 이것을 기반으로 동작하는 그룹웨어, 워크플로우, 웹서버, 메일 서버 등의 기간정보시스템을 의미한다.

(3) CRM 기술

① 서비스 기술: 판매관리기술, 고객지원기술, 개인화 기술 등

② **지원기술**: 데이터웨어하우스 기술, 데이터마트 기술, 데이터마이닝 기술 등

2. 기업내부활동

(1) 거래 처리 정보 시스템(TIPS; Transaction Processing System)

자재의 입고, 제품의 출고 등에서 이루어지는 거래들을 처리하도록 하는 시스템으로서 ERP 패키지를 구축하여 구현한다.

① ERP를 실현하기 위해 공급되는 소프트웨어이다.

② 모든 사내 자료들이 통합적으로 운영되므로 한 곳에서 자료를 입력하면 전사적으로 적용된다.

③ 신기술 도입 시 적용이 쉽다.

(2) 경영정보시스템(MIS; Management Information System)

기업 내외부의 모든 정보를 관리하는 시스템으로서 DW(Data Warehouse) 구축을 통해 구현된다.

① 고객, 시장, 기업 내부의 정보 등 기업의 모든 활동에 대한 정보를 공통된 형식으로 변환하여 하나로 통합하여 관리하는 것이다.

② 외관상 아무런 관련이 없어 보이는 데이터에서 어떤 관계를 찾아내는 것이 주요 이슈이다.

(3) 전략기업경영(SEM; Strategic Enterprise Management)

기업의 전략과 성과 등을 관리하기 위한 시스템으로서 BSC(Balanced Score Card) 구축을 통해 구현한다.

① 조직의 사명과 전략을 측정하고 관리할 수 있도록 포괄적인 측정지표로 바꾸어주는 시스템이다.

② 재무, 고객, 내부 프로세스, 학습과 성장 등 4개의 분야로 나누어 각각의 목표를 측정하고 전체적인 기업의 사명과 전략을 관리한다.

3. 협력업체와 관련된 활동

(1) 공급망 관리(SCM; Supply Chain Management)

물자, 정보, 및 재정 등이 공급자로부터 생산자에게, 도매업자에게, 소매상인에게, 그리고 소비자에게 이동함에 따라 그 진행 과정을 통합적으로 관리하는 것이다.

(2) 목표

재고 감소를 목표로 한다.

(3) EDI/CALS 구축을 통해 구현

① **전자문서교환(EDI; Electronic Data Interchange)**: 수 · 발주 장부 및 지불청구서 등 기업 서류를 컴퓨터 간에 교환할 수 있도록 제정된 기준이다.

② **광속상거래(CALS; Commerce At Light Speed)**: 상품의 라이프사이클 정보를 디지털화하여 경영에 활용하는 기업 간 정보시스템으로서, 제조업체와 협력업체 등 관련 기업들이 공유하며 경영에 활용한다.

2 e 비즈니스 시스템 모델의 구성요소

1. 전사적 자원관리(ERP; Enterprise Resource Planning)

(1) 개념

① 가트너 그룹에서 최초로 정의하였다.

② 인사, 재무, 생산 등 기업의 전 부문에 걸쳐 독립적으로 운영되던 인사정보시스템, 재무정보시스템, 생산관리시스템 등을 하나로 통합한다.

③ 기업 내의 인적 · 물적 자원의 활용도를 극대화하고자 하는 경영 혁신기법이다.

(2) 특징

① 범용성

② 실시간 처리

③ 사용자 편의성

④ 개방성

⑤ 국제성

2. 지식경영시스템(KMS; Knowledge Management System)

(1) 개념

① 지식경영이란 기업 내의 여러 지식들을 활용하여 업무처리가 가능하도록 프로세스를 구축하는 활동이다.

② 이러한 지식경영이 가능하도록 하는 시스템으로서 기업은 지식자원의 활용도를 높이기 위해 지식자원을 체계적으로 관리한다.

(2) 구축 방안

① 비즈니스 핵심 파악: 기업의 성장과 경쟁능력의 핵심을 파악한다.

② 고객 요구 파악: 마케팅과 판매에 들어가는 비용을 효과적으로 사용하도록 구축한다.

③ 업무 프로세스 파악: 기업의 핵심역량과 경쟁우위를 강화할 수 있도록 구축한다.

④ 관리대상 지적자산 파악: 특허, 기술, 운영방식, 고객관계에 대한 지식을 구축한다.

⑤ 지식 재사용과 우수 사례 전달 강조: KMS와 실제 경험을 포괄하도록 구축한다.

3. 고객관계관리(CRM; Customer Relationship Management)

(1) 개념

① 마케팅 전략이 '대면 → 매스 → 세그먼트 → 1:1'으로 진화되었다.

② 고객과 관련된 기업의 내외부 자료를 분석, 통합하여 고객 특성에 기초한 마케팅 활동을 계획하고, 지원하며, 평가하는 과정이다.

(2) e-CRM의 개념

① 인터넷을 활용한 CRM 활동을 의미한다.

② 웹사이트, 접속 고객, 접속 시의 여러 가지 활동들로 구성된다.

4. 균형성과지표(BSC; Balanced Score Card)

(1) 개념

① 기업의 성과를 재무, 고객, 내부프로세스, 학습과 성장(학습효과)의 4가지 분야로 구분하여 평가 및 관리한다.

② 4가지 분야의 측정 결과를 바탕으로 전체적인 기업의 경영전략 및 사업부조직 단위별 전략을 관리한다.

(2) 의의

① 조직의 비전과 전략에 대한 성과를 확인한다.

② 조직의 전략적 방향을 제시한다.

③ 변화의 방향을 제시한다.

④ 의사결정의 기초 자료로 사용된다.

(3) 활용법

① 전략적 목표를 분명하게 설정한다.

② 목표에 대한 구체적인 측정지표를 설정한다.

5. 공급사슬관리(SCM; Supply Chain Management)

(1) 개념

① 물자, 정보, 및 재정 등이 공급자로부터 생산자에게, 도매업자에게, 소매상인에게, 그리고 소비자에게 이동함에 따라 그 진행 과정을 통합적으로 관리하는 것이다.

② 재고 감소를 통한 비용절감 및 생산성 제고를 목표로 한다.

(2) SCM 구축 방법

EDI, CALS를 통해 구축한다.

기출 문제 저격

TOP 1 e 비즈니스 시스템 모델과 구성요소

01

암묵지에 해당하는 예시가 아닌 것은? `20기출`

① 개인만의 노하우

② 몸에 체화된 지식

③ 컴퓨터 매뉴얼

④ 주관적 측면의 지식

02

균형성과표(BSC)에서 고려하지 않는 관점은? `20기출`

① 고객 관점

② 경영전략 관점

③ 재무적 관점

④ 학습 및 성장 관점

03

다음 〈보기〉에서 설명하고 있는 것으로 옳은 것은? `17기출`

> ───── 〈보 기〉 ─────
>
> 공급자로부터 최종소비고객에게 제품 및 서비스가 도달하기까지의 전체 시스템을 최적화하여 관리하는 작업흐름으로서 채찍효과를 보완하기 위해 등장하였다.

① SCM

② ERM

③ 6시그마

④ JIT

04

다음 중 균형성과표(BSC)의 구성요소로 옳지 않은 것은? `17기출`

① 학습과 성장 관점

② 내부 프로세스 관점

③ 고객 관점

④ 환경 관점

01

다음 중 의사결정지원시스템에 대한 설명 중 옳지 않은 것은? 19㉠기출

① 관련성 있는 데이터를 포함하고 있는 데이터 베이스에 접근을 용이하게 해주는 기능을 수행한다.

② 구조적인 의사결정에만 쓰인다.

③ 의사결정지원시스템을 통한 효과적인 문제해결은 사용자와 시스템 간의 대화를 통해 향상된다.

④ 기업경영에 당면하는 여러 가지 문제를 해결하기 위해 복수의 대안을 개발하고 비교 평가하여 최적안을 선택하도록 하는 시스템이다.

01

다음 중 포터의 경쟁전략에 대한 설명으로 옳지 않은 것은? 19㉠기출

① 소기업이 집중화전략을 쓰는 경우 저원가전략은 고려하지 않아도 된다.

② 소기업이 집중화전략을 사용하는 경우 차별화 전략은 고려할 수 있다.

③ 시장점유율이 높은 기업은 원가우위전략을 통하여 시장지배력을 강화할 수 있다.

④ 시장점유율이 낮은 기업은 차별화전략을 통하여 시장점유율의 확대를 모색할 수 있다.

02

다음 중 소프트웨어 개발 시 관리방법에 대한 설명으로 옳지 않은 것은? 18기출

① 폭포수 이론은 자원을 순차적으로 배분하는 관리방법이다.

② 애자일 이론은 반복 · 점진적 방식을 통해 지속적으로 요구사항 개발과 변경을 수용한다.

③ 폭포수 이론은 유연성이 높고 비용이 적게 든다.

④ 애자일 이론은 이터레이션이라는 일정 기간 단위를 반복한다.

군무원

합격 저격

경영학

PART 9

계량의사결정론&
국제경영과
국제경제

기출 이론 저격

01 계량의사결정론 – 상충하의 의사결정

1 의사결정

상충하의 의사결정은 곧 게임에서의 의사결정으로 두 사람 또는 여러 사람의 성과(이득)를 다루는 것이다. 나의 전략과 경쟁자의 전략에 따라 성과(이득)가 결정되며, 서로는 상대방의 선택을 완전히 알고 있다(전략과 이득을 이해).

2 2인 영합게임

1. 순수전략

S자동차와 H자동차의 중형차 시장에서의 신차 개발 경쟁

[게임 성과이득표(수익: S자동차 기준)]

		H자동차		
	구분	안정성	실용성	승차감
S자동차	안정성	5	4	6
	내구성	6	0	-2
	승차감	-3	-2	-3

Max/min 기준적용: S자동차 → 안전성 선택, H자동차 → 실용성 선택
균형점/안정점: (S자동차 전략, H자동차 전략)=(안정성, 실용성)

(1) 균형점(Equilibrium Point)이 있는 경우

S자동차 전략 vs H자동차 전략

S : 내구성 → H : 승차감 → S : 안정성 → H : 실용성 → S : 안정성 → H : 실용성 → ‥

∴ 균형전략 (S자동차 전략, H자동차 전략)＝(안정성, 실용성)

게임 값＝4

(2) 균형점(Equilibrium Point)이 없는 경우

[성과이득표(시장점유율%: S자동차 기준)]

H자동차

	구분	안정성	실용성	승차감
S자동차	안정성	35	30	25
	내구성	40	25	30
	승차감	10	35	40

S자동차 전략 vs H자동차 전략

S: 안정성 → H: 승차감 → S: 승차감 → H: 안정성 → S: 내구성 → H: 실용성 → S: 승차감 → H: 안정성 → ‥ (반복)

∴ 균형전략 없음

2. 혼합전략(Mixed Strategy)

위의 예에서 S자동차의 경우 [안정성, 내구성, 승차감 : 0.4, 0.4, 0.2]의 비중을 두는 전략을 선택하고, H자동차가 안정성 전략을 선택했을 경우,

기대 시장 점유율＝$(0.4 \times 35) + (0.4 \times 40) + (0.2 \times 10) = 32(\%)$

※ H자동차의 전략에 관계없이 기대 시장점유율을 최대로 하는 혼합전략
- 문제의 게임 값 V를 상정
- H자동차가 어떤 전략을 선택하든 이 게임 값보다 기대 시장 점유율이 작지 않게 혼합전략을 결정
- X_1, X_2, X_3: 각 전략의 비중(의사결정변수)

Max Z＝V(목표 기댓값)

$s.t.$ $35X_1 + 40X_2 + 10X_3 \geq V$

           $30X_1 + 25X_2 + 35X_3 \geq V$

           $25X_1 + 30X_2 + 40X_3 \geq V$

           $X_1 + X_2 + X_3 = 1$

           X_1, X_2, $X_3 \geq 0$

※ H자동차의 혼합전략은 S자동차 문제의 쌍대문제가 됨

3 비영합게임

1. 1회적 2인 비영합게임: 범법자의 고민의 의사결정수와 성과행렬

[의사결정수]

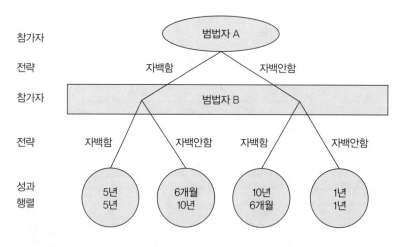

[성과행렬]

범법자 A \ 범법자 B	자백함	자백안함
자백함	5년 / 5년	10년 / 6개월
자백안함	6개월 / 10년	1년 / 1년

(1) 우위 전략

게임이론에 입각해 두 범법자는 모두 자백을 하는 전략을 취한다(5년, 5년).

(2) 범법자의 고민

둘 다 자백을 하지 않음으로써 1년의 형량만을 받을 수도 있다.

(3) 전략선택의 기회가 단 한번뿐인 1회적 2인 비영합게임에서는 두 참가자 모두에게 좋은 결과를 가져다 주는 이상적 전략(1년, 1년)이 있음에도 불구하고 두 참가자 모두에게 나쁜 결과를 가져다주는 전략을 선택하게 하는 경우도 있다.

2. 반복적 2인 비영합게임: 성의 대결(Battle of Sex)

다정한 신혼부부가 있다. 그런데 이 부부는 서로의 직장 때문에 남편은 부산에서 아내는 서울에서 각각 향후 1년 동안 헤어져 살아야 한다. 남편과 아내는 매주 일요일에 한 번씩 만나기로 결정을 했는데 만나는 장소는 서울과 부산 둘 중의 한 곳이 된다. 물론 두 장소 중 남편은 부산에서 만나기를 좋아하고 아내는 서울에서 만나는 것을 좋아한다. 그러나 만나지 않는 경우, 즉 남편은 부산에 남아 있고 아내는 서울에 남아 있는 경우는 남편과 아내 모두 가장 좋아하지 않는다. 물론 이 경우에도 남편과 아내는 서로 상대방이 어떤 결정을 내리는지를 모른 채 자신의 의사결정을 내린다.

[성과행렬]

남편＼아내	서울		부산	
서울	1	2	0	0
부산	0	0	2	1

(1) 서로 떨어져 있다면 둘 다 효용은 '0'이 된다. 아내의 입장에서 보면 아내가 계속해서 서울에 그냥 있으면 남편은 할 수 없이 서울에 올라오게 되고, 이는 남편도 마찬가지이다.

(2) 남편과 아내가 서로 협력하여 한 주는 서울에서 한 주는 부산에서 만나기로 한다면 평균효용은 '1.5'이다.

(3) 전략선택의 기회가 1회적인 것이 아니라 반복적인 경우에는 두 참가자가 전략선택할 수 있는 조합이 무수히 많으므로 하나의 유일한 혼합전략은 존재할 수 없다.

1 국제경영전략의 의미와 수립 과정

1. 국제경영전략의 의미

(1) 국제경영전략이란 기업이 국제 경영을 함에 있어서 목표를 설정하고 이를 달성하기 위해 하는 의사결정이라고 할 수 있다. 제품 계획, 마케팅, 생산, 연구개발 등에 관한 전략이다.

(2) 국제경영전략은 해외 국가별로 이루어지는 국가별 전략과 전 세계를 하나의 시장으로 보는 글로벌 경영 전략으로 분류할 수 있다.

2. 국제경영전략의 수립 과정

기업의 목표 설정 → 경쟁 환경 분석 → 기업의 특징 분석 → 핵심 전략 개발 → 전략의 실행 → 전략 평가

2 국제경영전략의 유형 및 다국적 기업

1. 국제경영전략의 유형

(1) 국제경영전략

① 해외 시장 진입 전략: 수출 방식, 계약 방식, 해외 직접 투자 방식이다.

② 해외 시장 철수 전략: 수동적 철수 전략, 능동적 철수 전략이다.

(2) 수출 전략

① 직접 수출: 제조업체가 직접 국제 마케팅, 제반 수출 절차, 서류 작성 등의 업무를 수행하는 방식이다.

② 간접 수출: 직접 수출할 능력이 부족한 경우 무역 대리업자나 기타 중개인을 통해 하는 간접 수출 전략이다.

(3) 국제 라이센싱 전략

① 무상 라이센싱: 플랜트 수출과 같은 기술 지원 형태로서 설비 설치부터 가동까지 사용 기술을 무상으로 이전하는 방식이다.

② 유상 라이센싱: 법률적 보호를 받는 산업 재산권과 법률적 보호를 받지 않는 비산업 재산권이 있다.

(4) 국제 프랜차이징 전략

① 경영에 관련된 모든 것을 이전하고 사용료를 받는 방식이다.

② 국제적으로 표준화된 제품 또는 서비스 산업에서 활용한다.

(5) 해외 투자 전략

① 해외 직접 투자(FDI; Foreign Direct Investment)

ⓐ 수출 유발: 현지 법인에 의한 본국으로부터의 수입(본국 수출 증가)

ⓑ 수출 대체: 현지 법인의 생산품이 본국 수출품을 대체(국제 수지 악화)

ⓒ 역수입: 현지 법인의 생산품이 국내로 수입(국제 수지 악화)

② 해외 간접 투자(FII; Foreign Indirect Investment)

ⓐ 자금 대여에 의한 투자: 이자 수익을 목적으로 하는 자금 대여

ⓑ 단기 주식 취득에 의한 투자: 시세 차익을 목적으로 하는 해외 증권 투자

(6) 단독 투자와 합작 투자

① 단독 투자(Solo Venture): 기업을 완전 소유 형태로 투자하는 방식(의결권주의 95% 이상 단독 소유)
→ 제품, 기술, 노하우의 통제, 자사의 경영 방침으로 독자적 운영

② 합작 투자(Joint Venture): 두 개 이상 기업이 자본을 공동으로 투자하여 경영에 참여하는 형태로서 소유권과 경영을 분담하여 자본, 기술 등 상대방의 강점을 이용할 수 있는 장점

(7) 국제 컨트랙팅과 해외 자원 개발

① 국제 컨트랙팅: 외국의 대규모 건설 사업, 해외 자원 개발 사업 등에 참여할 때 국제 계약을 통하는 방법이다.

② 해외 자원 개발: 해외 현지에 자본, 인력, 기술을 투입하여 자원을 탐사, 개발, 생산, 수송하는 일련의 과정을 통해 자원을 확보하는 사업을 말한다.

2. 다국적 기업(MNE; Multinational Enterprise)

(1) 다국적 기업이란 세계 각지에 자회사, 지사, 합병회사, 공장 등을 확보하고 생산 · 판매 활동을 국제적 규모로 수행하는 기업을 말한다.

(2) 해외 직접 투자의 한 방식으로 단순히 지점이나 자회사를 둔 것이 아니라 현지 국가의 국적을 취득하고 현지의 실정과 본사의 경영 전략에 따라 움직이는 국제적 조직망을 갖는 기업 형태이다.

(3) 기업이 다국적화하는 이유

① 원자재, 노동력 등 원가가 가장 저렴한 국가에서 생산

② 가장 유리한 가격에 판매하고 무역 마찰 완화

③ 주문자 상표 부착 방식(OEM)의 생산

(4) 다국적 기업의 경영 전략

① 범세계적 저원가 전략: 저원가를 바탕으로 가격 경쟁을 한다.

② 범세계적 차별화 전략: 차별화된 기술과 품질로 세계 시장을 공략한다.

계량의사결정론

01

다음 중 첫 테스트에서 먹은 것 때문에 두 번째 먹었을 때 맛있는지 모르는 효과로 옳은 것은?   19기출

① 성숙효과

② 매개효과

③ 상호작용효과

④ 시험효과

국제경영과 국제경제

01

다음 중 국제경영에 대한 설명으로 옳은 것은?   19②기출

① 라이센싱계약은 해외시장에 이미 진입해 있는 자회사와는 이루어질 수 없다.

② 프랜차이징을 통해 해외 지역의 빠른 성장을 위한 자원 확보가 가능하며, 상대적으로 많은 비용이 든다.

③ 계약생산은 외국의 기업과 계약을 맺어 생산을 한 뒤 마케팅과 판매를 해당 외국 기업에서 직접 담당하도록 하는 것을 말한다.

④ 전략적 제휴는 장기적인 관점에서 협력을 유지하는 경우이다.

02

다음 중 환경오염의 원인으로 옳지 않은 것은?   19기출

① 인구증가

② 도시화

③ 국제화

④ 산업화

MEMO

I wish you the best of luck!

군무원

합격 저격

경영학

PART 10

실전모의고사

※ 모바일 OMR 답안분석 서비스
아래의 QR코드를 활용하여 풀이 시간 측정,
자동 채점, 결과 분석 서비스를 받아보세요.

| 제1회 | 제2회 | 제3회 |
| 실전모의고사 | 실전모의고사 | 실전모의고사 |

제1회 실전모의고사

01 SWOT 분석 결과 S-T상황이라고 판단된다면 다음 중 어떤 대처법이 가장 적절한가?

① 회사의 규모를 줄리고 필요하다면 청산까지 고려한다.

② 내부적인 강점을 적극 활용하면서 안정적인 성장을 도모한다.

③ 외부로부터 기술이나 인적 자원을 적극 도입하는 우회전략을 추진한다.

④ 조직 내의 강점과 외부기회를 이용할 수 있는 기회이므로 사업을 적극 다각화한다.

02 다음 중 정보시스템의 구성 요소에서 조직화된 사실 및 정보들의 집합을 의미하는 것으로 옳은 것은?

① 하드웨어

② 소프트웨어

③ 데이터베이스

④ 사람

03 다음 중 〈보기〉에서 현대적 직무설계 방안 사항에 해당하는 것으로 옳은 것은?

〈보 기〉

세계 최초로 자동차 생산에 있어서 모듈생산 방식을 채택한 작업장은 스웨덴의 볼보(Volvo)자동차 회사의 칼마르 공장이 효시이다. 1970년대 말부터 볼보 칼마르 공장에서는 컨베이어 벨트라는 조립라인을 사용하여 자동차를 대량 생산하는, 이른바 포디즘(Fordism)이 '노동의 비인간화'를 초래하여 생산현장에서 근로자들에게 부정적인 영향을 미친다는 데 주목하고 조립라인 생산방식을 지양하고 생산공정의 일부를 '준 자율적 작업집단(Semi-Autonomous Work Group)'에 의한 모듈생산 방식으로 전환하였다. 이 작업집단에서는 원자재의 확보와 생산 방법의 선택, 검사 등 제한된 범위 내에서 자율적으로 생산방식을 결정할 수 있었고 구성원에 대한 작업할당도 집단에서 결정하였다. 그 결과 생산성은 과거 컨베이어 벨트 작업 시절보다 향상되었을 뿐만 아니라 작업자들 간의 의사소통이 원활해지고 사회적, 심리적인 벽도 허물어져 노동소외가 해소되고 근로자들의 직무만족도 향상되는 등 전반적으로 사회, 심리학적 측면에서 작업자간 인간관계 등 공장 내 사회적 분위기가 획기적으로 개선되는 효과를 거두게 되었다.

① 직무순환(Job Rotation)

② 직무확대(Job Enlargement)

③ 직무충실화(Job Enrichment)

④ 준자율적 작업집단(Semi-Autonomous Work Group)

04 다음 중 〈보기〉에서 의사소통(Communication)의 과정으로 옳은 것은?

———— 〈보 기〉 ————
㉠ 발신자	㉡ 메시지
㉢ 매체	㉣ 수신자
㉤ 피드백	

① ㉠ → ㉡ → ㉢ → ㉣ → ㉤
② ㉠ → ㉢ → ㉡ → ㉣ → ㉤
③ ㉠ → ㉣ → ㉡ → ㉢ → ㉤
④ ㉡ → ㉠ → ㉢ → ㉤ → ㉣

05 다음 중 응집력이 높은 집단에서 구성원들 간에 합의에 대한 요구가 지나치게 커서 현실적인 다른 대안의 모색을 저해하는 경향으로 옳은 것은?

① 집단규범
② 집단 간 갈등
③ 집단사고
④ 집단응집력

06 다음 중 재무레버리지와 관계있는 것으로 옳은 것은?

① 임금, 임차료
② 영업이익
③ 고정비
④ 이자비용

07 다음 중 개인에 대한 모티베이션의 정도를 행위의 결과에 대한 유의성, 행위의 결과에 대한 수단성, 행위의 결과에 대한 기대의 함수로 보는 이론으로 옳은 것은?

① 공정성이론
② 기대이론
③ 욕구단계이론
④ 직무특성이론

08 포터(Porter)의 가치사슬모형(Value Chain Model) 중 본원적 활동(Primary Activities)으로 가장 적절하지 않은 것은?

① 투입요소를 최종제품 형태로 만드는 활동
② 기계, 설비, 사무장비, 건물 등의 자산과 원재료, 소모품 등의 요소를 구입하는 활동
③ 제품을 구매자에게 유통시키기 위한 수집, 저장, 물적 유통과 관련된 활동
④ 구매자가 제품을 구입할 수 있도록 유도하는 활동

09 다음 중 핵심역량에 관련된 다음의 설명 중 가장 옳지 않은 것은?

① 핵심역량은 조직에서 집단적 학습과정을 통하여 배양된다.
② 핵심역량은 다양한 시장으로 진출할 수 있는 기회를 제공한다.
③ 현재의 효과적인 전략은 미래핵심역량의 형성토대가 된다.
④ 핵심역량은 다른 기업과 공동으로 개발할 수 있다.

10 다음 중 기업회계기준상 포괄손익계산서 작성기준으로 옳지 않은 것은?

① 수익, 비용 대응의 원칙

② 발생주의 원칙

③ 구분계산의 원칙

④ 유동성배열의 원칙

11 다음 〈보기〉의 자료를 보고 EVA(경제적 부가가치)로 옳은 것은?

─ 〈보 기〉 ─
• 투자자본: 1억 원
• 가중평균자본비용: 10%
• 세전이익: 3천만 원(세율 20%)

① 1,200만 원

② 1,400만 원

③ 1,600만 원

④ 1,800만 원

12 다음 중 시장세분화의 기준으로 옳지 않은 것은?

① 지리적 세분화

② 인구통계적 세분화

③ 구매자행위적 세분화

④ 고객규모 세분화

13 다음 의사결정의 종류 중 자주 발생하며 구조가 명확하게 되어 있는 것으로 옳은 것은?

① 정형적 의사결정

② 비정형적 의사결정

③ 전략적 의사결정

④ 상충적 의사결정

14 인사고과에서 평가문항의 발생빈도를 근거로 피고과자를 평가하는 방법은?

① 직접서열법

② 행위관찰평가법

③ 분류법

④ 쌍대비교법

15 다음 중 경쟁기준 가격결정법(Competition-oriented Pricing)으로 비교적 동질적인 제품을 판매하는 산업에서 주로 이용되는 것으로 옳은 것은?

① 명성가격(Prestige Pricing)

② 단수가격(Odd Pricing)

③ 모방가격(Going-rate Pricing)

④ 지각가치가격(Perceive-value Pricing)

16 다음 중 기업이 신제품을 개발하여 새로운 시장에 내놓는 마케팅으로 옳은 것은?

① 제품개발
② 시장침투
③ 시장개척
④ 다각화

17 제품P의 연간 수요는 10,000개로 예상한다. 이 제품의 연간 재고유지비용이 단위당 100원이고, 주문 1회당 주문비용은 200원이다. 이 경우 경제적 주문량 EOQ으로 옳은 것은?

① 100
② 150
③ 200
④ 250

18 다음 중 인터넷 비즈니스에 대한 설명으로 옳지 않은 것은?

① 옥션을 통한 제품구매는 B2C 거래의 예라 할 수 있다.
② 상거래 위주에서 탈피하여 인터넷비즈니스로 확대되었다가 다시 모바일 인터넷비즈니스로 성장하고 있다.
③ 소비자들의 공동구매는 C2B 거래의 좋은 예이다.
④ 기업 대 기업 간 B2B 거래라 표현한다.

19 중요한 업무 혹은 시간과 돈이 많이 드는 업무의 프로세스를 선정하여 투입·산출과정을 분석하고 거기에 알맞은 정보기술을 파악하여 공정을 단축하고 자동화함으로써 관리활동을 효율화하는 경영 혁신기법은?

① 벤치마킹
② 리엔지니어링
③ 리스트럭처링
④ 전사적 품질관리

20 다음 중 정형적 의사결정기법(Programmed Decision-making)으로 옳은 것은?

① 직관
② 경영자의 창의력
③ 경험법칙
④ 컴퓨터 모의실험

21 다음 〈보기〉를 읽고 옳은 것은?

---〈보 기〉---
(주)A는 현금 60억원을 지급하고 (주)B를 흡수합병하려고 한다. (주)A는 합병 후 매년 영구적으로 매년 말 3억원의 세후 영업현금흐름을 추가할 수 있으며, 이에 적용되는 적정할인율은 10%이다. 두 기업은 부채가 없고 (주)B의 순자산의 공정가치는 40억일때 (주)A의 합병이득을 구하시오.

① 10억
② 20억
③ 30억
④ 40억

22 다음 중 사채의 액면(표시)이자율이 시장이자율보다 적은 경우의 사채의 발행형태로 옳은 것은?

① 할인발행

② 조건부 발행

③ 액면발행

④ 할증발행

23 다음 중 리더십 이론으로 옳지 않은 것은?

① 피들러의 상황이론

② 아지리스의 성숙/미성숙 이론

③ 블레이크와 모우톤의 관리격자 이론

④ 리커트의 관리시스템 이론

24 다음 중 복리후생을 위한 인간관계에 대한 제도로 옳지 않은 것은?

① 제안제도

② 고충처리제도

③ 카운슬링

④ 유급휴가제

25 사무용 의자를 생산하는 기업의 총고정비가 1,000만 원, 단위당 변동비가 10만 원이며, 500개의 의자를 판매하여 1,000만 원의 이익을 목표로 한다면, 비용가산법(Cost-Plus Pricing)에 의한 의자 1개의 가격은?

① 100,000원

② 120,000원

③ 140,000원

④ 160,000원

제2회 실전모의고사

01 다음 중 아웃소싱의 기대효과로 옳지 않은 것은?

① 조직구조를 유연하게 유지하여 환경대응력을 강화할 수 있다.
② 조직에서 핵심 및 비핵심 분야를 포괄하는 다양한 인재의 역량을 육성할 수 있다.
③ 외부 인력을 활용하여 아웃소싱 업무의 생산성을 높일 수 있다.
④ 핵심역량을 가진 사업 분야에 경영자원을 집중할 수 있다.

02 다음 중 훈련의 방법을 직장 내 훈련(OJT)과 직장 외 훈련(Off-JT)으로 구분할 때 직장 외 훈련으로 옳지 않은 것은?

① 강의실 강의
② 영상과 비디오
③ 시뮬레이션
④ 직무순환

03 다음 중 대규모 건설공사, 연구, 개발사업 등과 같이 비 반복적이고, 한 번만 하는 프로젝트(One-time project)를 효율적으로 계획, 통제하기 위한 네트워크 모델로 옳은 것은?

① LOB
② FMS
③ MAPI
④ PERT

04 다음 중 역경매에 대한 설명으로 옳은 것은?

① 더 이상 높은 가격이 제안되지 않으면 최고가에 낙찰
② 구매자가 제품 구매 의사를 밝힘
③ 구매자가 경쟁
④ 판매자는 1명이고 구매자는 다수

05 다음 중 종업원의 생활안정을 위해 가장 바람직한 임금형태로 옳은 것은?

① 판매가격순응임금제
② 생계비순응임금제
③ 이익순응임금제
④ 소비자물가지수순응임금제

06 소비자의 구매 의사결정단계는 문제인식, 정보탐색, 대안평가, 구매, 구매 후 행동의 다섯 단계로 이루어진다. 그 중 소비자의 구매 의사결정에 가장 효과적인 촉진믹스로 이루어진 것은?

㉠ 광고	㉡ PR
㉢ 판매촉진	㉣ 인적판매

① ㉠, ㉢
② ㉡, ㉣
③ ㉢, ㉣
④ ㉠, ㉡

07 다음 〈보기〉의 어느 국가의 2020년도 경제지표에서 무역 의존도는 몇 %인가?

─── 〈보 기〉 ───
연간 수출액: $ 5,000
연간 수입액: $ 4,000
1인당 평균 소비액: $ 500
1인당 평균 저축액: $ 300
1년 간 국민 소득 총액: $ 10,000

① 60%

② 70%

③ 80%

④ 90%

08 다음 중 유동비율이 감소하는 경우로 옳은 것은?

① 보증금을 돌려받았다.

② 보유재고자산을 3년 만기 채권을 받고 판매하였다.

③ 우선주를 발행하여 자금을 조달하였다.

④ 투자부동산을 처분하였다.

09 다음 중 효율적 시장가설에서 역사적 정보, 과거 정보가 현재 주가에 반영되는 시장으로 옳은 것은?

① 약형 효율적 시장

② 배분형 효율적 시장

③ 강형 효율적 시장

④ 준강형 효율적시장

10 '가산이익률에 따른 가격결정법(Mark-up Pricing)'을 사용할 경우 다음 제품의 가격은?

• 단위당 변동비: 10,000원
• 기대판매량: 100,000개
• 고정비: 400,000,000원
• 가산(Mark-up)이익률: 20%

① 16,800원

② 17,500원

③ 17,800원

④ 18,500원

11 다음의 중 현금의 유입이 있는 거래로 옳은 것은?

① 전환사채의 주식 전환

② 장기차입금의 차입

③ 무상증자로 인한 자본의 증가

④ 현물출자로 인한 유형자산의 취득

12 BCG 매트릭스에 관한 설명으로 옳은 것은?

① 어떤 사업 단위가 개(Dog) 위치에 있었다면 이를 별(Star)로 이동하도록 관리하는 것이 바람직하다.

② 현금젖소(Cash Cow) 상황은 시장성장률은 낮지만, 시장점유율이 높은 경우이다.

③ 물음표(Question Mark) 상황은 시장이 커질 가능성도 낮고, 수익도 거의 나지 않는 상황이다.

④ 별(Star) 상황에 필요한 전략은 현상유지전략이다.

13 다음 중 마케팅정보시스템의 필요성을 증대시키는 요인으로 옳지 않은 것은?

① 마케팅활동 영역의 확대

② 구매자욕구의 다양화

③ 시장변화에 대한 신속대응

④ 가격경쟁

14 다음 중 경상수지에 영향을 미치는 거래로 옳지 않은 것은?

① 인터넷으로 해외 사이트 물건을 구입한다.
② 해외 기업으로부터 특허 사용료를 수령한다.
③ 해외 투자 주식으로부터 배당금을 수령한다.
④ 외국인 투자자가 국내 기업에 현금을 출자한다.

15 다음 중 기업경영에서 정보의 가치를 결정하는 요인으로 옳지 않은 것은?

① 적합성
② 정확성
③ 적시성
④ 접근성

16 다음 중 균형성과표(BSC)의 네 가지 관점으로 옳지 않은 것은?

① 내부 프로세스 관점
② 외부프로세스 관점
③ 고객관점
④ 학습 및 성장 관점

17 다음 중 선형계획법의 구성요소로 옳지 않은 것은?

① 목적함수
② 제약조건
③ 네트워크
④ 비음조건

18 다음 중 직장 내 교육훈련(OJT)에 관한 설명으로 옳지 않은 것은?

① 직장의 직속상사가 직무수행관련 교육을 수행한다.
② 훈련실시가 용이하다.
③ 훈련비용이 저렴하다.
④ 여러 명의 종업원을 함께 훈련시킬 수 있다.

19 예측하고자 하는 특정 문제에 대해 전문가들의 의견을 모으고 조직화하여 합의에 기초한 하나의 결정 안을 만드는 시스템적 의사결정 방법은?

① 델파이법
② 시뮬레이션
③ 브레인스토밍
④ 명목집단기법

20 다음 〈보기〉를 읽고 총괄생산계획 기법으로 옳지 않은 것은?

─── 〈보 기〉 ───
　A기업에서 2개월에서 1년까지의 중기 또는 중, 단기 계획으로서 기업의 생산능력을 거시적으로 파악하여 총괄적 관점에서 시간적으로 제품의 수량적 조정을 시도하는 방법이다. 수요나 주문의 시간적, 수량적 요건을 만족시킬 수 있도록 생산시스템의 능력(생산율, 고용수준, 재고수준 등)을 조정해 나가는 계획으로 계획기간 내에 변화하는 수요를 가장 경제적으로 충족시킬 수 있도록 기업이 보유한 생산능력의 범위 내에서 생산수준, 고용수준, 재고수준, 하청수준 등을 결정하는 것을 총괄생산 계획이라 한다.

① 선형결정기법　　　② 판별분석
③ 경영계수이론　　　④ 탐색결정법

21 다음 중 부당노동행위로 옳지 않은 것은?

① 단체교섭의 거부

② 황견계약(Yellow-dog Contract)

③ 불이익 대우

④ 직장 폐쇄(Lock-out)

22 다음 설명 중 옳지 않은 것은?

① 고용할당제는 고용결정을 할 때 일정 비율만큼 어느 부분에 우선권을 부여하는 제도로 주로 여성고용할당제에 적용된다.

② 변형근로시간제는 주 단위의 근로시간을 탄력적으로 운용할 수 있는 제도로 근로생활의 질이 위협받을 가능성이 크다.

③ 근로자파견제도는 고용을 안정시키고 노동조합을 더욱 단결시킬 수 있는 제도이다.

④ 정리해고제는 산업구조의 조정이 급속히 일어나고 공장이전에 따른 전출 등 근로자의 탄력적 운용이 시급한 실정에서 의의를 갖는다.

23 다음 중 신입사원들이 정신적으로나 업무적으로 행동의 모델이 되는 상사로부터 영향을 받아 스스로 깨우치는 교육으로 옳은 것은?

① OJT

② 역할연기 프로그램

③ 감수성훈련

④ 멘토링(Mentoring)

24 다음 중 부하에게 목표를 공유하고 부하들의 성장을 도모하면, 리더와 부하간의 신뢰를 형성시켜 궁극적으로 조직성과를 달성하게 하는 리더십으로 옳은 것은?

① 거래적 리더십

② 변혁적 리더십

③ 서번트 리더십

④ 권위적 리더십

25 인간의 욕구는 계층을 형성하며, 고차원의 욕구는 저차원의 욕구가 충족될 때 동기부여 요인으로 작용한다는 욕구단계이론을 제시한 사람은?

① 맥그리거(D. McGregor)

② 매슬로우(A. Maslow)

③ 페이욜(H. Fayol)

④ 사이먼(H. Simon)

제3회 실전모의고사

01 다음 중 회계상의 거래로 옳지 않은 것은?

① 상품을 구입하고 구입대금 500,000원을 현금지급하였다.

② 사원을 월급 900,000원으로 채용하였다.

③ 상품을 외상으로 판매하였다.

④ 폭우로 인해 건물이 파손되었다.

02 다음 중 기업의 형태에 대한 설명으로 옳지 않은 것은?

① 유한회사: 2인 이상 100인 이하의 유한책임사원으로 구성된다.

② 주식회사: 소유와 경영이 분리된 법인 회사를 말한다.

③ 합자회사: 무한책임을 지는 출자자가 기업을 경영하는 역할을 한다.

④ 합명회사: 2인 이상의 무한책임사원이 공동 출자하는 구조다.

03 다음 〈보기〉에서 설명하는 것으로 옳은 것은?

───── 〈보 기〉 ─────
기업의 자재, 회계, 구매, 생산, 판매, 인사 등 모든 업무의 흐름을 효율적으로 지원하기 위한 통합정보시스템

① CRM

② SCM

③ DSS

④ ERP

04 다음 중 노사관계에서 체크오프(Check-off) 시스템에 대한 설명으로 옳은 것은?

① 출근시간을 점검하는 것이다.

② 작업성적을 평가하여 임금 결정 시 보완하려는 제도이다.

③ 종합적 근무성적을 인사고과에 반영하는 것이다.

④ 회사급여계산 시 노동조합비를 일괄 공제하여 노조에 인도하는 것이다.

05 다음 중 가격관리에 대해 〈보기〉의 상황을 가장 적절하게 설명한 것으로 옳은 것은?

───── 〈보 기〉 ─────
1,000원짜리 제품에서 150원 미만의 가격 인상은 느끼지 못하지만, 150원 이상의 가격 인상은 알아차린다.

① JND(Just Noticeable Difference)

② 단수가격(Odd-number Pricing)

③ 유보가격(Reservation Price)

④ 베버의 법칙(Weber's law)

06 자재소요계획(MRP)을 수립하기 위해 필요한 3대 투입요소로 옳은 것은?

┌─────────────────────────────
│ ㉠ 주일정계획(Master Production Schedule)
│ ㉡ 자재명세서(Bill of Material)
│ ㉢ 재고기록철(Inventory Record File)
│ ㉣ 부하계획(Loading)
│ ㉤ 계획주문일정
│ ㉥ 성과통제 보고서
└─────────────────────────────

① ㉠, ㉡, ㉢　　　　　② ㉡, ㉢, ㉣

③ ㉢, ㉣, ㉤　　　　　④ ㉣, ㉤, ㉥

안심Touch

07 다음 중 표적시장에 관한 설명으로 옳지 않은 것은?

① 단일표적시장에는 집중적 마케팅 전략을 구사한다.

② 다수표적시장에는 순환적 마케팅 전략을 구사한다.

③ 통합표적시장에는 역세분화 마케팅 전략을 구사한다.

④ 인적, 물적, 기술적 자원이 부족한 기업은 보통 집중적 마케팅 전략을 구사한다.

08 다음 〈보기〉에서 A의 행동을 설명하는 동기부여이론으로 옳은 것은?

─── 〈보 기〉 ───

　팀원 A는 작년도 목표 대비 업무실적을 100% 달성하였다. 이에 반해 같은 팀 동료 B는 동일 목표 대비 업무실적이 10% 부족하였지만 A와 동일한 인센티브를 받았다. 이 사실을 알게 된 A는 팀장에게 추가 인센티브를 요구하였으나 받아들여지지 않자 결국 이직하였다.

① 기대이론

② 공정성이론

③ 욕구단계이론

④ 목표설정이론

09 다음 중 자본참여로 인한 소유관계로 생산 및 마케팅에 있어서 수직관계에 있는 유통경로기관을 계열화하는 유통계열화로 옳은 것은?

① 기업적 VMS

② 관리적 VMS

③ 계약적 VMS

④ 수평적 유통계열화

10 마케팅 조사(Marketing Research)를 위한 표본추출방법 중에서 할당 표본추출(Quota Sampling)방법에 대한 설명으로 옳은 것은?

① 확률 표본추출방법 중의 하나이다.

② 모집단의 특성을 반영하도록 통제 특성별로 미리 정해진 비율만큼 표본을 추출하는 방법이다.

③ 모집단을 어떤 기준에 따라 상이한 소집단으로 나누고 각 소집단으로부터 표본을 무작위로 추출하는 방법이다.

④ 모집단을 동질적인 여러 소집단으로 나눈 후 특정 소집단을 표본으로 추출하고 선택된 소집단 전체를 조사 대상으로 삼아 조사하는 방법이다.

11 다음 〈보기〉에서 설명하는 제품수명주기로 옳은 것은?

─── 〈보 기〉 ───

• 품질관리가 중점

• 제품의 기본수요를 자극

• 대개 시장대응목적으로 가격 설정

① 도입기

② 성장기

③ 성숙기

④ 포화기

12 다음 자료를 이용하여 계산한 영업이익은?

· 판매량	5,000단위
· 단위당 판매가격	₩ 1,000
· 단위당 변동비	500
· 고정비	1,000,000

① ₩ 500,000

② ₩ 1,500,000

③ ₩ 2,500,000

④ ₩ 4,000,000

13 다음 (주)공사의 2019년말 재무상태표에서 (주)공사의 유동비율이 400%일 때 자본금으로 옳은 것은?

재무상태표
2019년 12월 31일 현재

(주)공사 　　　　　　　　　　　　　(주)공사 (단위: 원)

현금	20	매입채무	?
매출채권	?	미지급비용	17
재고자산	?	비유동부채	100
비유동자산	200	자본금	?
		이익잉여금	50
자산 합계	400	부채와 자본합계	400

① 100원

② 130원

③ 170원

④ 200원

14 다음 중 제품 – 시장 매트릭스에서 기존 시장에 그대로 머물면서 기존 제품의 매출을 늘리고 시장점유율을 한층 높여가는 성장전략으로 옳은 것은?

① 시장 침투

② 제품 개발

③ 시장 개발

④ 다각화

15 다음 중 생산계획에 대한 설명으로 옳지 않은 것은?

① 중기계획은 기업에서의 전략계획, 판매 및 시장계획, 재무계획, 사업계획, 자본·설비투자계획 등과 같은 내용을 포함한다.

② 장기계획은 통상적으로 1년 이상의 계획기간을 대상으로 해서 매년 작성된다.

③ 중기계획은 대체로 6~8개월의 기간을 대상으로 하여 분기별 또는 월별로 계획을 작성한다.

④ 단기계획은 대체로 주별로 작성되며, 1일 내지 수주간 기간을 대상으로 한다.

16 다음 〈보기〉에서 설명하고 있는 의사결정 모형으로 옳은 것은?

─〈보 기〉─
최대한의 과업능력을 이끌어내기 위해 기업조직의 자원을 조직화하는 문제에 대한 의사결정

① 전략적 의사결정

② 관리적 의사결정

③ 업무적 의사결정

④ 위험하에서의 의사결정

17 다음 중 승진대상에 비해 직위가 부족한 경우 조직변화를 통하여 종업원에게 승진의 기회를 확대시키려는 것으로 옳은 것은?

① 직계승진
② OC승진
③ 대용승진
④ 자격승진

18 다음 중 목표에 의한 관리(MBO)에 대한 설명으로 옳지 않은 것은?

① 드러커와 맥그리거에 의해 체계화되었다.
② 목표관리의 요소에는 목표의 구체성, 참여적 의사결정, 명확한 일정, 성과피드백이 있다.
③ 종업원의 동기부여에 큰 효과가 있다.
④ 양보다 질을 중요시하며, 장기적인 목표를 강조한다.

19 다음 중 인사고과에 관한 설명으로 옳지 않은 것은?

① 강제할당법은 피고과자의 수가 적을 때 타당성이 있다.
② 서열법은 동일한 직무에 대해서만 적용이 가능하다.
③ 평정척도법은 가장 오래되고 널리 사용되는 기법이다.
④ 자기고과법은 피고과자의 능력과 희망을 토대로 평가가 이루어진다.

20 다음 중 인적자원관리 과정에서 개발활동과 가장 관련이 높은 평가항목으로 옳은 것은?

① 얼마나 많은 인재가 우리 기업에 지원했으며 투입된 비용은 어느 정도인가?
② 임금결정과정에 대해 종업원이 공정하다고 받아들이는가?
③ 기업이 실시한 교육훈련 효과가 어느 정도 나타났는가?
④ 이직방지 프로그램을 위해 투입한 비용과 성과가 만족할 만한 수준인가?

21 시장세분화가 유용하게 사용되기 위해 갖추어야 할 요건이 아닌 것은?

① 측정 가능성(Measurability)
② 소멸 가능성 (Perishability)
③ 충분한 규모의 시장성(Substantiality)
④ 접근 가능성(Accessibility)

22 다음 중 관계마케팅의 등장 배경으로 옳지 않은 것은?

① 정보통신기술의 급격한 발전
② 구매자 중심시장에서 판매자 중심시장으로 전환
③ 고객 욕구 다양화로 고객 만족이 더욱 어려워짐
④ 시장 규제 완화로 신시장 진입 기회 증가에 따른 경쟁자의 증가

23 다음 중 가격설정 목표에서 손실유도품(loss leader)과 가장 관계가 깊은 것으로 옳은 것은?

① 시장침투의 목적

② 조기 현금회수 목적

③ 시장대응 목적

④ 제품계열 판매촉진 목적

25 다음 중 원가함수의 형태를 보유한 기업의 손익분기점의 판매량으로 옳은 것은?

- 원가함수: $Y = 10,000,000 + 5,000X$
- 단위당 판매가격: 10,000원

① 3,000개

② 2,500개

③ 2,000개

④ 1,500개

24 평가과정에서 자주 발생하는 오류의 하나로서 '그들이 속한 집단의 특성에 근거하여 다른 사람을 평가하는 경향'을 말하는 것은?

① 현혹효과

② 상동적 태도

③ 주관의 객관화

④ 중심화 경향

일반군무원 공개경쟁채용 필기시험 답안카드

직렬	

성명	

수험번호

	⓪	①	②	③	④	⑤	⑥	⑦	⑧	⑨
	⓪	①	②	③	④	⑤	⑥	⑦	⑧	⑨
	⓪	①	②	③	④	⑤	⑥	⑦	⑧	⑨
	⓪	①	②	③	④	⑤	⑥	⑦	⑧	⑨
	⓪	①	②	③	④	⑤	⑥	⑦	⑧	⑨
	⓪	①	②	③	④	⑤	⑥	⑦	⑧	⑨
	⓪	①	②	③	④	⑤	⑥	⑦	⑧	⑨
	⓪	①	②	③	④	⑤	⑥	⑦	⑧	⑨

감독위원 확인
(인)

시험일

문번	①	②	③	④
1	①	②	③	④
2	①	②	③	④
3	①	②	③	④
4	①	②	③	④
5	①	②	③	④
6	①	②	③	④
7	①	②	③	④
8	①	②	③	④
9	①	②	③	④
10	①	②	③	④
11	①	②	③	④
12	①	②	③	④
13	①	②	③	④
14	①	②	③	④
15	①	②	③	④
16	①	②	③	④
17	①	②	③	④
18	①	②	③	④
19	①	②	③	④
20	①	②	③	④
21	①	②	③	④
22	①	②	③	④
23	①	②	③	④
24	①	②	③	④
25	①	②	③	④

시험일

문번	①	②	③	④
1	①	②	③	④
2	①	②	③	④
3	①	②	③	④
4	①	②	③	④
5	①	②	③	④
6	①	②	③	④
7	①	②	③	④
8	①	②	③	④
9	①	②	③	④
10	①	②	③	④
11	①	②	③	④
12	①	②	③	④
13	①	②	③	④
14	①	②	③	④
15	①	②	③	④
16	①	②	③	④
17	①	②	③	④
18	①	②	③	④
19	①	②	③	④
20	①	②	③	④
21	①	②	③	④
22	①	②	③	④
23	①	②	③	④
24	①	②	③	④
25	①	②	③	④

시험일

문번	①	②	③	④
1	①	②	③	④
2	①	②	③	④
3	①	②	③	④
4	①	②	③	④
5	①	②	③	④
6	①	②	③	④
7	①	②	③	④
8	①	②	③	④
9	①	②	③	④
10	①	②	③	④
11	①	②	③	④
12	①	②	③	④
13	①	②	③	④
14	①	②	③	④
15	①	②	③	④
16	①	②	③	④
17	①	②	③	④
18	①	②	③	④
19	①	②	③	④
20	①	②	③	④
21	①	②	③	④
22	①	②	③	④
23	①	②	③	④
24	①	②	③	④
25	①	②	③	④

※ 본 답안지는 마킹연습용 모의 답안지입니다.

일반군무원 공개경쟁채용 필기시험 답안카드

직렬

성명

수험번호

감독위원 확인

시행일

※ 본 답안지는 마킹연습용 모의 답안지입니다.

군무원 합격은
시대고시가 답이다!

1 탄탄한 기본기로 군무원 합격의 길을 열다!

군무원 시험 출제경향을 완벽하게 반영한, 군무원 시험만을 위한 수험서
군도(軍道)로 합격의 길을 여세요.

기본서 군도 군무원 국어 / 군도 군무원 행정법 / 군도 군무원 행정학 / 군도 군무원 경영학
군도 군무원 국가정보학 / 군도 군무원 심리학 / 군도 군무원 사이버직렬 / 군도 군무원 정보사회론

종합서 군무원 한다! 시리즈
군무원 9급 행정직 한권으로 다잡기 / 군무원 9급 군수직 한권으로 다잡기

유튜브와 함께하는 기출로 끝 시리즈
기출로 끝내는 군무원 국어 / 행정법 / 행정학

2 군무원 수험생들이 선택한, 믿을 수 있는 기출복원문제집!

군무원 기출 분야 최장기간 1위!(2016.12~2019.03, 2019.07~, Yes24 기준)
가장 많은 수험생들이 선택한, 믿을 수 있는 군무원 기출복원문제집으로 학습하세요.

**기출
문제집** 기출이 답이다 군무원 기출복원문제집 국어
기출이 답이다 군무원 기출복원문제집 행정법
기출이 답이다 군무원 기출복원문제집 행정학
기출이 답이다 군무원 기출복원문제집 군수직
기출이 답이다 군무원 기출복원문제집 통신공학

3 실전에 강한 필승(必勝) 전략!

올해 군무원은 내 차례!
실전 전략까지 책임지는 (주)시대고시기획의 도서로 시험에서 필승(必勝)하세요.

모의고사 필승 봉투모의고사 시리즈
군무원 행정직 / 군수직 / 전기직 / 전산직 / 기계직 / 정보직 /
차량직·전차직 / 행정직·군수직

면 접 면접관이 공개하는 군무원 면접 합격의 공식

※ 도서 구성 및 세부 이미지는 변동될 수 있습니다.

합격저격 군무원

2022
최신개정판

SD 군무원시험연구소 편저

경영학
영역별 기출문제집

정답 및 해설

국군
전문
교육기업

 항균99.9% 안심도서
본 도서는 항균잉크로 인쇄하였습니다.

SD에듀
(주)시대고시기획

자격증　동영상강의　공무원　취업

합격의 공식

시대에듀 동영상강의
1600-3600

최적의 도서와 최고의 동영상 강의를 통해
모든 시험의 합격을 함께 합니다.

군무원

합격 저격

경영학

합격저격

정답 및 해설

조직행위

01 정답 ④

정답의 이유

④ 연구개발은 지원적 활동에 해당한다.

02 정답 ①

정답의 이유

① 명확한 비전제시는 변혁적 리더십의 특성이다.

03 정답 ②

정답의 이유

② 거래적 리더십은 안정지향적이며 현상유지를 하려고 하기 때문에 새로운 변화와 시도를 추구하지 않는다.

오답의 이유

③ 변혁적 리더십은 구성원을 리더로 개발하고, 낮은 정도의 신체적 필요에 대한 구성원들의 관심을 높은 수준의 정신적인 필요로 끌어올린다. 구성원들의 기대수준보다 더 넘어설 수 있도록 고무시키고, 미래의 비전을 가치 있게 만드는 변화 의지를 만드는 방법을 서로·의사소통하는 등의 특징을 가진다.

04 정답 ①

정답의 이유

① 업무몰입의 지원은 직무설계와 관련이 있다.

05 정답 ②

정답의 이유

② 학습은 맥킨지 7S 모형에 해당하지 않는다.

06 정답 ①

오답의 이유

b. 프로젝트를 수행하기 위해 만들어지는 한시적인 조직 형태는 프로젝트 조직이다.

c. 다양한 경험을 통해 전문기술의 개발과 더불어 좀 더 넓은 시야와 목표관을 가질 수 있어 갈등보다는 동기부여 효과가 있다.

e. 이중 권한 체계로 인해 기능부서와 사업부서의 갈등이 발생할 수 있다.

07 정답 ②

정답의 이유

② 동형화란 기업 간에 유사한 전략을 추진하거나, 동일한 경영 기법을 활용하는 것을 말한다.

08

정답의 이유

④ 밀턴 로키치는 개인의 가치체계를 '가치관의 상대적 중요성'에
따라 순위를 매기며, 그것에 기인하여 하나의 가치체계를 형성
한다고 주장한다. 그 유형으로는 궁극적 가치와 수단적 가치가
있는데, 행동방식, 용기, 정직, 지성 등은 궁극적 가치가 아닌
수단적 가치에 해당한다.

오답의 이유

① 통제의 위치는 스스로 운명을 통제할 수 있다고 믿는 정도를 의
미하며 내재론자와 외재론자로 나눌 수 있다.

09

정답 ③

정답의 이유

③ 켈리의 입방체 이론에서 외부 귀인성은 일관성이 낮고, 일치성
과 특이성이 높은 경우라고 설명한다.

10

정답 ①

정답의 이유

① 강화이론에서 부정적 강화는 바람직하지 않은 결과를 회피시켜,
바람직한 행동의 빈도를 늘려나가는 강화방법이다.

11

정답 ②

정답의 이유

② 응집력이 이미 높은 상태에서 조직목표가 불일치하면 생산성이
저하될 위험이 가장 크다.

오답의 이유

① 생산성이 가장 높은 상황이다.
③ 어느 정도 생산성이 향상되는 상황이다.
④ 생산성이 저하되는 상황이지만, 위험이 가장 큰 상황은 아니다.

12

정답 ④

정답의 이유

④ 특정 분야에 대해 가지는 전문적 지식은 개인적 권력이다.

오답의 이유

① 타인에게 부정적 강화를 제공할 수 있는 권력으로 강압적 권력
을 의미한다.
② 타인에게 긍정적 강화를 제공할 수 있는 권력으로 보상적 권력
으로 볼 수 있다.
③ 권한을 가지는 합법적 권력으로 볼 수 있다.

경영학의 기초

01

정답 ①

정답의 이유

① 테일러의 과학적 관리법은 외적 보상(회사에서 의도된 환경, 보
상 등)을 통해 동기가 부여되며, 내적 보상(심리적 보상으로 인
정, 성취감, 칭찬, 격려 등)을 통해 동기부여가 되는 것은 인간
관계론이다.

02

정답 ④

정답의 이유

④ 통제란 조직의 구성원들이 목표달성을 위해 업무가 계획적으로
진행되고 있는지 확인하고 감독하는 기능을 말한다.

03

정답 ③

정답의 이유

③ 업무를 조직화하고 감독하는 활동은 경영이다.

04

정답의 이유

② 베버의 관료제는 인간적인 면을 고려하지 않는다. 즉, 인간적인 측면을 너무 무시하다보니, 이에 대한 반발로 나온 것이 인간관계론이다.

05
정답 ②

정답의 이유

② 가치사슬을 활용해 기업의 활동분야를 여러 단계로 나누고 각 단계별로 가장 뛰어난 경쟁자와 벤치마킹을 통해 경쟁우위가 있는 부문과 열위가 있는 부문을 파악함으로써 자사의 핵심역량이 어디에 있는지 파악할 수 있다.

오답의 이유

① 현장 업무 활동으로 이윤을 창출하는 역할을 '기간활동' 또는 '주활동'이라고 한다.

④ 기업의 하부 구조는 생산 관계를 통틀어 이르는 말로 보조 활동에 포함된다.

06
정답 ③

정답의 이유

③ 고정비용과 관련되는 것은 규모의 경제이다. 즉, 생산시설을 짓는 데 드는 초기 고정비용을 절약할 수 있게 되어 규모의 경제가 실현되는 것이다.

07
정답 ①

정답의 이유

① 카르텔(Cartel)은 기업 상호 간의 경쟁 제한이나 완화를 위하여 동종 또는 유사산업 분야의 기업 간에 결성되는 기업 결합 형태이며, 가맹기업 독립성을 유지하고 있다. 법률적으로 독립성을 유지하고 있는 형태는 콘체른이다.

08
정답 ②

정답의 이유

② 자원기반이론에 의하면 기업 내부의 인적자원 시스템이 기업의 지속적 경쟁 우위를 창출한다고 보고 있다.

생산관리

01
정답 ②

정답의 이유

② 식스 시그마(Six Sigma)는 백만 개의 제품 중 3~4개의 불량만을 허용하는 품질관리 방법이다.

02
정답 ③

오답의 이유

① PDSA(Plan−Do−Study−Act) 싸이클 또는 데밍 싸이클로 불리며 지속적인 품질개선을 위한 모델이다. 월터 슈하트(Walter A. Shewhart), 에드워즈 데밍(W. Edwards Deming) 등에 의해 유명해졌다.

② 싱고 시스템은 오류를 사전에 방지하고 비정상적인 것을 빠른 시간 안에 피드백을 주어 정상적으로 운영할 수 있도록 하는 프로그램이다. 고객지향 상호신뢰, 인간성 존중이 핵심 철학이다.

④ 품질의 집 구축과정은 경영 품질 기능 전개를 수행하는 데 필요한 도구로, 고객의 요구와 기술적 속성을 행렬 형태로 나타낸 표를 말한다.

03
정답 ②

정답의 이유

생산시스템의 설계과정은 '제품결정 및 설계 → 공정설계 → 생산입지선정 → 설비배치 → 작업측정'의 순서로 이루어진다.

오답의 이유

① 생산입지선정: 시설의 위치, 개수, 규모의 결정을 총괄적 시스템

의 관점에서 총유통비가 최소로 되는 방식으로 접근하는 것이다.

③ **설비배치**: 생산공정의 공간적 배열, 즉 공장 내에 필요한 기계설비 등을 공간적으로 적절히 배치하여 생산활동의 최적흐름을 실현하고자 하는 것이다.

④ **제품설계**: 개발대상으로 선정된 제품을 공정에서 제조하기 위하여 해당 제품의 기술적 기능을 구체적으로 규정하는 것이다.

---

04   정답 ①

정답의 이유

① 품질(Quality)경쟁력은 양질의 제품과 서비스를 제공하는 것으로, 두 제품의 가격이 같다면 더 좋은 품질의 제품을 구매하는 것과 제품의 품질수준이 일정하게 유지되는 것을 말한다. 설계의 품질과는 관련이 없다.

오답의 이유

② 유연성(Flexibility)경쟁력은 생산시스템이 외적인 환경변화에 유연하게 반응할 수 있는 능력을 말하며, 제품 수량의 유연성과 고객화로 구분할 수 있다. 고객화는 세분화된 고객과 시장의 요구에 맞게 설계를 변경하는 것이고, 수량의 유연성은 시장수요 변동에 맞춰 탄력적으로 제품을 생산하고 공급하는 것을 말한다.

---

05   정답 ③

정답의 이유

③ 동시공학은 제품개발 속도를 줄이기 위한 것이 아닌 빨리하기 위한 개발된 제품개발 방식이다. 동시공학을 구현하기 위해서는 각 부서가 독립적으로 운영하던 컴퓨터 지원 설계(CAD)·제조(CAM)·엔지니어링(CAE)·실험(CAT) 등 전산시스템을 하나로 통합, 공유하는 것이 필요하다.

---

06   정답 ④

정답의 이유

④ 생산능력 이용률을 구하는 공식에서 설계생산능력이 분모에 해당하므로 설계생산능력이 증가하면 이용률은 감소한다.

---

07   정답 ④

정답의 이유

④ 총괄계획 비용에는 채용비용과 해고비용, 잔업비용과 유휴시간비용, 재고유지비용과 재고부족비용, 하청비용이 고려하는 비용으로, 생산입지 선정비용은 해당하지 않는다.

---

08   정답 ③

정답의 이유

JIT(Just-In-Time)는 적시생산시스템이라고도 한다. 필요한 부품을 필요한 시간에 필요한 양만큼 공급함으로써 생산 활동에서 모든 낭비의 근원이 되는 재고를 없애고 작업자의 능력을 완전하게 활용함으로써 생산성 향상을 달성하고자 하는 풀시스템(Pull System)이다.

③ 안전재고의 저장은 MRP기법에 해당한다.

재무관리

---

01   정답 ②

정답의 이유

② 관리회계는 경영자가 내부통제 또는 재무예측을 위해 필요로 하는 정보를 정리하고, 재무분석은 기업의 외부 이해관계자들이 기업의 재무상태와 경영성과의 적정성 여부를 검토하는 것이다.

---

02   정답 ③

정답의 이유

③ 회계처리는 회계관리자의 역할이다.

03

정답의 이유

② 순현가(NPV)는 투자로 인하여 발생할 미래의 모든 현금흐름을 적절한 할인율로 할인한 현가로 나타내어 투자결정에 이용하는 방법이다. 모든 개별 투자안들 간의 상호관계를 고려하지 않아 독자적 평가가 가능하다.

04

정답 ①

정답의 이유

① 실물옵션 접근법은 시장 환경의 불확실성이 크거나 경영자의 의사결정에 따른 미래 현금흐름 및 투자비용의 변동성이 큰 경우에도 기술의 가치를 보다 합리적으로 평가할 수 있다. 이에 비해 순현재가치법(NPV)은 미래의 유입 현금흐름을 현재가치로 평가한 금액에서 미래의 유출 현금흐름을 현재가치로 평가한 금액을 뺀 값으로 위험 개념을 사용한다.

오답의 이유

② 실물옵션 접근법에는 투자연기옵션, 성장옵션, 유연옵션, 포기옵션, 학습옵션 유형이 있다.

③ 실물옵션 접근법은 불확실한 시장에 반응하기 위한 이론으로 현금흐름이 고정되어 있지 않다고 가정하고, 순현재가치법 또한 화폐가치의 변화, 물가변동을 고려해야한다고 가정한다.

05

정답 ④

정답의 이유

④ 매몰비용의 오류란 진행하고 있는 일의 결과가 좋지 않을 것을 예상하지만, 투자한 비용과 시간이 아까워 상황을 객관적으로 판단하지 못하고 계속 진행하는 상황을 말한다.

06

정답 ①

오답의 이유

② 가중 효과: 복리 가중 효과, 그리고 가감효과라고 한다. 매월 일정금액을 지속적으로 이를 투자하고 재투자한다면 복리의 가중 효과가 생겨서 나오는 큰 차이를 말한다.

③ 톱니바퀴 효과: 생산 또는 소비가 일정 수준에 도달하고 나면, 이전으로 돌아가기 힘든 현상을 말한다.

④ 비례 효과: 광고와 판매량이 같은 방향으로 진행하는 것을 의미한다.

마케팅

01

정답 ①

오답의 이유

② 시제품은 '제품개발 및 시험생산' 단계에 해당한다.

③ 신상품 컨셉트는 '추상적'이 아니라, '구체적'으로 표현하는 것이다.

④ 시장테스트는 '출시 전'에 실시하고 마케팅 프로그램을 수정하는 과정이다.

02

정답 ④

정답의 이유

④ 제품에 대한 소비자의 관여도가 높은 경우는 '고관여'로 지문에서와 같이 광고에 의하여 영향받는 소비자는 '저관여 소비자'를 의미하여 옳지 않다.

03

정답 ③

정답의 이유

③ 라인확장이 아닌 브랜드확장전략에 대한 설명이다. 브랜드확장 유형에는 라인확장과 브랜드확장전략이 있다.

• 라인확장전략(Line Extension Strategy): 기존 제품범주 내에서 새로운 형태, 색상, 크기, 원료를 도입한 신제품을 출시하고 여기에 기존 브랜드명을 사용하는 전략

• 브랜드확장전략(Brand Extension Strategy): 전혀 다른 범주의 신제품에 기존 브랜드명을 사용하는 전략

04

정답 ②

정답의 이유

② 가족은 사회적 요인 중 준거집단에 해당하는 요인으로 외적인 동기요인에 해당한다.

05

정답 ③

정답의 이유

③ 표적시장 선정(Targeting)에 대한 설명이다.

회계학

01

정답 ③

정답의 이유

③ 일정기간 동안의 경영성과를 나타낸 재무제표는 포괄손익계산서(I/S)이다. 재무상태표는 특정시점의 재무상태를 나타낸다.

02

정답 ②

정답의 이유

② 판매가격에서 판매원가와 판매비용을 차감해야 이익을 계산할 수 있다. 단위변동비는 제품의 총변동원가를 판매량으로 나눈 값을 말하며 이익과는 관련이 없다.

03

정답 ④

정답의 이유

손익분기점은 총비용과 총수익이 같아지는 것을 말한다. 이를 산출하기 위해서는 다음의 공식을 사용한다.

$$손익분기점(매출액) = \frac{총고정비용}{1 - \dfrac{제품단위당변동비용}{제품가격}}$$

따라서 영업이익은 해당하지 않는다.

04

정답 ④

정답의 이유

④ 대상 자산에서 잔존가치를 차감하는 것은 맞지만 매년 동일하게 차감하지 않는다. 잔존가치는 계산에 따라 변경된다.

오답의 이유

①은 정액법, ②는 연수합계법, ③은 정액법에 대한 설명이다.

경영정보시스템

01

정답 ③

정답의 이유

③ 차별화된 현지 생산은 특수상황이 반영된 자원관리로 전사적 자원관리(ERP)에 해당하는 내용이 아니다.

02

정답 ②

정답의 이유

② 지연차별화(Delayed Differentiation)는 제품이나 서비스의 생산을 진행하되 고객의 요구나 선호도가 알려지기 전까지는 일부를 완성하지 않고 미루다가 고객의 요구를 확인한 다음 그것을 반영하여 완성하는 것을 의미한다.

03

정답 ③

정답의 이유

③ TQM에서 '원천에서의 품질관리'는 제품의 결함과 오류를 고객에게 넘어가기 전에 검사하는 것을 말한다.

04

정답 ④

정답의 이유

④ 전략적 제휴란 기업 간 상호협력관계를 유지하며 다른 기업에 대한 경쟁우위를 확보하려는 경영전략이다. 기업은 모든 것을 혼자서 실현할 수 없기 때문에 상호협력을 바탕으로 기술·생산·자본 등의 기능에 2개 또는 다수의 기업이 제휴한다.

인사관리

01

정답 ④

정답의 이유

④ 직속상사가 부하에게 직접적, 개별적으로 지도하고 교육하는 방식으로 많은 종업원들에게 체계적이고 통일된 훈련을 시킬 수 없다.

02

정답 ②

정답의 이유

② 노동자의 3가지 기본 권리에 단체협의권은 포함되어있지 않다.

계량의사결정론&국제경영과 국제경제

01

정답 ③

정답의 이유

③ 경영참가나 기술제휴를 목적으로 해외에 자회사를 설립하는 것을 말한다. 세계지향적인 국제화 단계로 경영관리를 위한 이슈나 의사결정이 많이 발생한다.

오답의 이유

① 글로벌 소싱(Global Sourcing): 활동 범위를 세계적으로 확대하여, 외부조달 비용을 절감하는 구매전략을 말한다.

② 전략적 제휴(Strategic Alliance): 기업간의 상호협력을 바탕으로 기술·생산·자본 등의 기업 기능에 2개 또는 그 이상의 기업이 제휴하는 것을 말한다.

④ 프랜차이즈(Franchise): 가맹점에 일정한 지역 내에서의 독점적 사업권을 부여해 시장을 개척하는 방식이다.

마케팅 정답 및 해설

 시장기회 분석과 소비자 행동

01

정답 ③

정답의 이유

의사결정과정은 문제를 인식하고 해결방안을 선택하는 과정을 거쳐 의사결정의 효과성을 평가하는 일련의 과정을 의미한다. 일반적으로 의사결정은 'ⓐ 문제 인식 - ⓞ 의사결정 기준 설정 - ⓛ 기준별 가중치 부여 - ⓜ 대안 탐색 - ⓗ 대안 평가 - ⓐ 대안 선택 - ⓒ 의사 결정 - ⓔ 효과성 평가 및 진단'의 8단계로 이뤄진다.

02

정답 ②

정답의 이유

② 1차 자료는 직접 마케팅과 관련된 자료를 수집한다.

> **더 알아두기**
>
> 1차 자료와 2차 자료의 비교
>
> | 2차 자료
(Secondary Data) | • 이미 어느 곳에 존재하고 다른 목적을 위해 수집된 정보이다.
• 1차 자료에 비해 시간과 비용의 절약이 가능하다.
• 신상품 기획의 경우 필요 정보가 존재하지 않을 수도 있다. |
> |---|---|
> | 1차 자료
(Primary Data) | • 2차 자료에서 원하는 정보를 입수할 수 없을 때 직접 특별한 조사 프로젝트를 구성하여 수집한 자료이다.
• 2차 자료에 비해 정확성, 신뢰성, 객관성이 높다. |

03

정답 ②

정답의 이유

② 패널조사는 조사대상을 고정시키고 동일한 조사대상에 대하여 동일한 질문을 반복하여 조사하는 것으로, 기술조사에 속한다.

오답의 이유

①·③·④ 탐색조사는 드러나지 않은 사물이나 현상 따위를 찾아내거나 밝히기 위하여 살피어 찾는 방법으로 대상을 달리하는 사례조사, 면접조사, 관찰조사, 질문지법 등이 있다.

> **더 알아두기**
>
> 조사의 방법
>
> • 탐색조사: 선행단계의 조사로 광범위한 문제를 세분화하여 의사결정에 관계된 변수들을 찾아내고 새로운 해결방안 제시를 목적으로 하는 방법이다.
> • 기술조사: 구체적으로 구매력과 관련된 수치나 빈도를 설명하는 방법이다.
> • 인과조사: 원인과 결과의 관계를 밝히기 위해 엄격한 실험설계를 통해 실험상황과 그 변수들을 파악하는 방법이다.

04

정답의 이유

① 사전편집식은 평가항목의 우선순위를 결정하고, 우선순위별로 시작하여 1순위부터 가장 높은 평가점수를 받는 대안을 선택하는 방식으로, 비보완적 방식 중 하나이다. 사전에서 영어 단어를 찾는 방식과 유사하다.

오답의 이유

② 분리식은 평가대상의 최소한의 평가기준을 정하고, 어떤 한 가지 기준이라도 최소수준을 만족하면 모두 선택대상에 포함시키는 방식이다.

③ 결합식은 평가대상의 최소한의 평가기준을 모두 충족한 대안은 선택하고, 충족하지 못한 대안은 탈락시키는 방식이다.

④ 순차적 제거식은 평가항목의 우선순위별로 최소한의 평가기준을 먼저 정한 후 그 기준을 충족하지 못한 대안을 순차적으로 제거하는 방식이다.

05

정답의 이유

④ 비율척도는 명목, 서열, 등간척도의 모든 성질을 보유하며, 절대 0값이 존재한다.

더 알아두기

변수의 측정 방식

• 명목척도: 범주나 종류를 구분하기 위한 척도로, 분류적인 개념만을 제시하며, 그 숫자 자체는 아무런 의미가 없다. 남자는 0, 여자는 1로 구분하는 예가 대표적이다.

• 서열척도: 명목척도의 분류적 속성에 서열적 속성을 추가한 기준이다. 연봉 3천~5천만 원은 1로, 5천~8천만 원은 2로 표시하는 경우이다. 범주 간의 간격이 반드시 동일해야 하는 것은 아니며, 서열점수 간 연산은 의미가 없다.

• 등간척도: 대상을 서열화할 수 있고 대상들 간의 간격을 표준화된 척도로 표시할 수 있다. 온도, 주가지수, 환율 등의 지수가 이에 해당한다.

• 비율척도: 등간척도와 유사하나 0이 절대적인 값을 갖는 척도이다. 예를 들어 온도의 0은 기준점이며, 무게의 0은 질량이 없음을 의미한다.

06

정답의 이유

㉠ 복잡한 구매행동은 소비자가 고관여 제품을 구매할 때 나타나는 행동이다.

㉡ 소비자의 관여도가 높은 제품일수록 부조화를 감소시키기 위한 구매행동을 한다.

오답의 이유

㉢ · ㉣ 소비자의 관여도가 낮을 때 보이는 구매행동이다.

더 알아두기

관여도에 따른 소비자 행동 유형

상표 간 차이	고관여	저관여
큰 경우	복잡한 구매행동	다양성 추구 구매행동
거의 없는 경우	부조화 감소 구매행동	습관적 구매행동

07

정답의 이유

④ 소비자는 구매결정을 하기 위해서 '㉢ 문제인식 → ㉤ 정보탐색 → ㉠ 대안평가 → ㉣ 구매결정 → ㉡ 구매 후 행동'의 순으로 수행한다.

더 알아두기

구매의사결정 과정

문제인식	내·외적 자극에 의해 구매욕구가 발생
↓	
정보탐색	정보원천에서 제품들에 대한 정보 수집
↓	
대안평가	대안별로 그 속성들을 평가
↓	
구매결정	평가된 제품들 중 가장 선호하는 것을 실제 구매
↓	
구매 후 행동	구매 후 사용 시 만족 또는 불만족을 행동화 함

TOP 2 마케팅 계획 수립과정

01

정답 ③

정답의 이유

③ 고속 주기순환은 매출의 극대화를 위해 고객의 충성도를 높이는 것을 시도하지 않는다.

02

정답 ①

정답의 이유

① 차별화 전략은 제품의 특성, 디자인이나 이미지, 서비스, 기술력 등에서 다른 제품과의 차별성을 통해 경쟁우위를 확보하는 전략이다. 고객의 요구가 다양해지는 최근에 특히 유용한 전략이다.

03

정답 ④

정답의 이유

④ 아기비누를 피부가 민감한 성인에게 판매하는 경우는 기존 제품을 새로운 시장에서 판매하는 전략으로 시장개발 전략에 해당한다.

더 알아두기

앤소프 매트릭스

구분	기존 제품	신제품
기존 시장	시장침투	제품개발
신규 시장	시장개척	다각화

- 시장침투(Market Penetration) 전략: 시장침투 전략은 기존 시장에서 기존 제품 및 서비스를 더 많이 판매해 성장을 도모하는 전략이다.
- 시장개척(Market Development) 전략: 시장개척 전략은 기존 판매제품은 그대로 유지하면서 새로운 시장으로 진출하는 전략이다.
- 제품개발(Product Development) 전략: 제품개발 전략은 동일한 고객 또는 동일한 시장에서 새로운 제품 및 서비스를 판매하는 전략이다.

- 다각화(Diversification) 전략: 다각화 전략은 신제품을 새로운 시장에 판매하는 전략이다. 제품과 시장 모두 사전 지식과 경험이 없고, 이해도 부족한 상태이기 때문에 실패할 위험이 가장 크지만, 새로운 도전으로서 가장 크게 성장할 수도 있는 기회가 존재하는 전략이기도 하다.

04

정답 ③

정답의 이유

③ Star 영역은 시장성장률과 상대적 시장점유율이 모두 높은 사업이다. 이 영역에 속하는 사업은 수익성과 성장성이 크므로 급속히 성장하는 시장에서 시장점유율을 유지하고 증가시키기 위해서는 많은 투자가 필요하다. 따라서 Star 영역의 사업은 현금의 유입이 큰 반면 현금의 유출도 크므로 현금흐름은 긍정적일 수도, 부정적일 수도 있다.

오답의 이유

① BCG 매트릭스 기법은 글로벌 컨설팅사 BCG가 개발한 방법으로, 가장 많이 사용되는 포트폴리오 관리기법이다. 수직축에는 시장 전체의 매력도를 측정하는 상대적 시장성장률을, 수평축에는 상대적 시장점유율을 두고 이를 토대로 개별 사업부의 위치를 표시해 자원의 투입 전략을 수립할 수 있도록 한다.

② 보통 상대적 시장점유율은 가운데 부분은 1을 기준으로, 시장성장률은 10%를 기준으로 해서 매트릭스를 그리는 것이 일반적이다.

④ Cash Cow 영역은 낮은 시장성장률과 높은 상대적 시장점유율의 사업이다. 저성장시장에 있으므로 신규설비투자 등을 지출하지 않으면서 높은 시장점유율로 많은 수익을 창출하며 일반적으로 유지정책을 사용한다.

05

정답 ①

정답의 이유

① 전방통합(Forward Integration)은 기업이 유통부문에 대해서 소유권과 통제능력을 갖는 것을 의미한다.

01
정답 ①

[정답의 이유]

① 매출이 점점 증가하는 시기는 성장기이다. 성숙기는 판매량 및 이익이 최고점을 찍은 후 매출은 주춤해지는 시기이다.

[오답의 이유]

②·④ 성숙기에는 포화 상태인 시장점유율을 차지하기 위해 가격 인하정책을 시행하거나 막대한 광고 비용을 지불한다.

③ 성숙기에는 구매자의 변화된 수요에 대응하여 새로운 제품 개발을 위해 연구개발비 지출이 증가한다.

더 알아두기

제품수명주기(PLC; Product Life Cycle)
- 개념: 제품이 시장에 처음 도입되어 성장기, 성숙기를 거쳐 쇠퇴기를 통해 시장에서 사라지게 될 때까지의 기간을 말한다.
- 제품수명주기별 특징
  - 도입기: 제품을 개발하여 시장에 출시하는 단계로 인지도나 판매성장률이 낮고 판매량이 적으므로 제품의 기본 수요를 자극하는 전략이 필요한 시기이다.
  - 성장기: 제품이 시장에 정착하여 수요가 급격히 증가하고 기업의 매출액이 증가하는 단계이다. 이 시기에는 매출과 판매량이 빠르게 성장한다는 특징을 가진다.
  - 성숙기: 판매가 극에 달하고 경쟁 또한 최고에 도달한 시기로 후반으로 갈수록 이익은 감소하며, 경쟁에 밀려서 시장에서 사라지는 기업들이 등장한다.
  - 쇠퇴기: 시장에서 제품이 판매되지 않거나 수요가 점차 하락하는 단계를 말하며 이익과 판매량, 경쟁업체 수가 감소한다.

02
정답 ④

[정답의 이유]

④ 제품은 구매 목적에 따라 산업재와 소비재로 나뉜다. 산업재란 판매를 목적으로 하는 제품을 생산하기 위해 직간접적으로 필요한 원자재, 부품, 설비, 기구 등을 의미하며, 주로 인적판매를 통해 판촉한다. 한편 소비재는 구매자가 최종적으로 소비하는 것을 목적으로 하는 제품으로 주로 광고를 통한 마케팅이 효과적으로 활용된다.

더 알아두기

마케팅 커뮤니케이션의 주요수단
- 광고(Advertising): 특정 광고주가 자신의 아이디어, 재화 또는 서비스에 대해 금전적 대가를 지불하고 비인적 매체(Non-Personal Media)를 통해 정보를 전달함으로써 판매를 촉진하는 방법이다.
- 판매촉진(Sales Promotion): 제품 또는 서비스의 사용이나 구매를 촉진시키기 위해 중간상과 최종소비자에게 제공하는 단기적이며 다양한 자극책(Incentive)을 뜻한다.
- 홍보(Publicity): 기업이 비인적 매체에서 자사의 제품이나 서비스를 중요한 뉴스로 다루게 하여 소비자들에게 알림으로써 기업이미지를 제고하고 구매수요를 자극하는 것이다. 광고와 달리 돈을 지불하지 않는다.
- 인적판매(Personal Selling): 잠재적인 고객들과 일대일, 혹은 일대다의 대화와 만남을 통해 제품과 서비스의 판매를 성사시키는 방법이다.
- 직접마케팅(Direct Marketing): 특별한 고객 및 예상 잠재고객으로부터 직접 반응을 요청하거나, 직접 의사소통을 하기 위해 우편, 전화, 팩스, 이메일, 인터넷을 사용하는 활동이다.

03
정답 ②

[정답의 이유]

② 서비스는 무형적 특성을 가지고 있지만 물리적 요소와도 결합될 수 있다.

[오답의 이유]

① 서비스가 생산되고 소비되는 과정에 소비자가 참여하기 때문에 서비스는 생산과 동시에 소비된다.

③ 서비스는 제공자에 따라 제공되는 서비스의 수준이 다르고 동일한 서비스 제공자도 시간에 따라 다른 수준의 서비스를 제공하기 때문에 표준화하기가 어렵다.

④ 서비스는 저장이 곤란하기 때문에 한번 생산된 서비스는 소비되지 않으면 소멸하게 된다. 따라서 재고가 없다. 서비스 공급능력이 수요를 초과할 경우 인적 자원의 사기 저하, 서비스 품질 등이 낮아진다.

서비스 마케팅의 유형

- 내적마케팅(Internal Marketing): 서비스를 제공하는 제공자가 고객에게 만족을 제공할 수 있게 하기 위해 교육하고 동기부여하는 활동이다.
- 외적마케팅(External Marketing): 기업이 고객을 대상으로 벌이는 마케팅으로, 전통적 마케팅의 개념에 해당한다.
- 상호작용마케팅(Interactive Marketing): 서비스가 제공되는 동안 고객들이 지각하는 서비스의 질이 고객과 제공자의 상호작용의 질에 크게 좌우되는 것을 의미하는 활동이다.

04 정답 ④

정답의 이유

④ 쇠퇴기에는 일부 기업들은 시장에서 철수하고, 나머지 기업들도 회수 전략을 수행하기 위해 가격인하정책을 시행하여 가격이 인하된다.

가격관리

01 정답 ②

정답의 이유

② 웨버의 법칙은 처음 자극의 강도가 약하면 자극의 변화가 약해도 그 변화를 쉽게 감지할 수 있으나, 처음 자극의 강도가 강하면 작은 자극에서는 변화를 감지할 수 없고 더 강한 자극에서만 감지할 수 있다는 법칙이다. 이 법칙에 따르면 소비자들은 가격이 웨버상수의 비율값 이상 변해야만 변화를 감지할 수 있다. 즉, '2,000원×0.2(웨버상수)=400원'이므로 400원 미만으로 변하여야 소비자는 가격인상을 감지할 수 없다. 따라서 그 가격대는 ② 2,300원≤현재가격<2,400원이 된다.

02 정답 ③

정답의 이유

③ 종속제품 가격결정은 주제품과 종속제품을 함께 생산 및 판매하는 전략으로, 주제품(면도기)은 가격을 낮게 책정하여 소비자의 구매를 유도한 후 종속제품(면도날)의 가격을 높게 책정하여 이윤을 창출하는 전략이다.

오답의 이유

① 부산물 가격결정은 제품 제조 시 발생하는 부산물에 가격을 책정하는 전략이다.
② 선택사양제품 가격결정은 주력제품에 추가하여 제공되는 각종 옵션제품 또는 액세서리에 부과되는 가격을 말한다. 자동차의 경우 가죽시트, 선루프 등이 옵션제품에 해당한다.
④ 묶음제품 가격결정은 여러 개의 제품을 결합하여 할인된 가격으로 판매하는 전략으로 패스트푸드점의 세트 메뉴가 대표적이다.

집합제품 가격결정전략

구분	내용
제품라인 가격결정	다양한 제품을 생산하는 경우 기업이 제품 간 원가나 성능, 품질의 차이를 고려하여 가격을 차등화하여 책정
결합제품 가격결정	기반이 되는 제품은 저렴하게 책정하고 결합되는 제품은 비싸게 가격을 책정 예 프린터와 토너
묶음제품 가격결정	여러 가지 상품을 묶어서 판매하는 가격정책으로 보완재끼리 묶어서 판매 예 세트 메뉴
옵션제품 가격결정	주력제품에 추가되는 각종 부가제품 및 액세서리에 부과하는 가격 예 자동차와 옵션상품
부산물 가격결정	제품 제조 시 발생하는 부산물에 대한 가격책정 예 소꼬리 및 내장

03

정답의 이유

④ 단수 가격전략이란 소비자의 심리를 고려한 가격결정법 중 하나로, 제품 가격의 끝자리를 홀수(단수)로 표시하여 소비자에게 제품이 저렴하다는 인식을 심어주는 가격결정 방법이다. 예를 들어 정상가가 40,000원인 상품을 39,900원으로 파는 경우를 말한다.

오답의 이유

① 유인 가격전략은 특정 제품의 가격을 낮게 책정하여 소비자를 유인해 이윤이 높은 다른 제품의 추가 구매를 유도할 때 사용된다. 주로 대형마트나 할인매장에서 활용되는 전략이다.

② 결합제품 가격전략은 소비자들이 많이 찾는 핵심 제품의 가격은 낮게 설정하여 소비자들의 방문율을 높이는 대신, 핵심 제품과 연결되어 있는 종속제품의 가격을 높게 정하여 이윤을 확보하는 방식이다.

③ 옵션제품 가격전략은 제품의 성능이나 옵션 등에 의해 가격이 변동하는 것으로 대체로 기본제품에는 낮은 가격이, 옵션제품에는 높은 가격이 책정되는 경향이 있다.

유통경로관리

01

정답의 이유

② 수직적 통합으로 인해 생산부터 판매까지 하나의 기업조직이 운영하기 때문에, 기술보호가 철저히 이뤄진다는 장점이 있다.

더 알아두기

수직적 통합

유통경로가 서로 다른 수준에 있는 구성원들(공급업자, 제조업자, 유통업자)을 통합해 하나의 기업조직을 이루는 형태이다. 일반적으로 전방통합과 후방통합으로 구분되며, 최근 프랜차이즈 시스템의 확산으로 그 가치가 주목받고 있다. 하지만 생산에서 유통까지 철저한 관리가 이뤄진다는 장점과는 달리 기업 활동의 유연성이 낮아지고, 힘을 더 가진 경로구성원에 의한 횡포가 발생할 수 있으며, 거래비용 감소라는 장점을 가지지만 관련 활동 간의 생산능력의 불균형, 그리고 독점적 공급으로 인한 비효율성에 의한 원가열위 문제가 발생할 수 있다.

02

정답의 이유

② 소매와 도매의 구분은 누구와의 거래인가에 의한 구분이다. 소매상은 개인용으로 사용하려는 최종소비자에게 직접 제품과 서비스를 제공하여 소매활동을 하는 유통기관을 말하고, 도매상은 제품을 재판매하거나 산업용 또는 업무용으로 구입하려는 재판매업자(Reseller)나 기관구매자(Institutional Buyer)에게 제품이나 서비스를 제공하는 상인 또는 유통기구를 의미한다.

03

정답의 이유

③ 수직적 통합의 경우 효율적 운영을 위해 여러 조직적인 측면에서 고정된 형태를 가져야 하기 때문에 유연성이 떨어지는 단점이 존재한다.

오답의 이유

① 기업의 활동으로부터 최종구매자 쪽 방향의 활동들을 통합하면 전방통합이다.

② 수직적 통합은 자원의 분산으로 전문성이 감소될 수 있기 때문에 자원을 집중하고 전문성을 증가시키기 위해서는 수직적 통합을 지양하고 아웃소싱을 활용해야 한다.

목표시장의 선정(STP)

01

정답의 이유

③ 시장전문화전략은 하나의 세분 시장에 마케팅을 집중하여 선도적 위치를 차지하려는 전략이다. 따라서 시장집중화전략은 복수 시장이 아닌 단일시장에 집중하는 것이 더 효과적이다.

더 알아두기

시장전문화전략과 제품전문화 전략

구분	시장전문화전략	제품전문화전략
전략	하나의 시장을 대상으로, 해당 시장의 고객 집단을 위해서 다양한 제품을 만드는 형태	하나의 제품을 여러 고객 집단을 상대하는 형태
특징	타겟팅 중인 시장 상황에 많은 영향을 받음	신기술(신제품) 등장에 취약함
예시	유아용품점	감자탕만 판매하는 감자탕 전문점

02
정답 ①

정답의 이유

① 시장세분화는 이질적 시장을 동질의 시장으로 나누어, 세분화된 시장 안에서는 최대한 동질적이고, 세분화된 시장 사이에서는 최대한 이질적이다.

더 알아두기

시장세분화

비슷한 선호와 취향을 가진 소비자를 묶어서 몇 개의 고객집단으로 나누고 이 중에 특정 집단을 골라 기업의 마케팅 자원과 노력을 집중하는 것을 말하며 기업의 한정된 자원을 효율적으로 집행하는 데 필요한 전략이다. 시장세분화를 위해서는 다수의 소비자를 소수 그룹으로 분류할 수 있는 기준이 필요하다. 소비자의 나이, 소득수준, 교육수준 등의 인구통계학적 특성, 라이프스타일, 성격 등의 심리적 특성, 이외에도 소비패턴, 주거지역, 문화 등 다양한 소비자 특성 변수를 활용해 시장세분화를 할 수 있다.

마케팅 믹스

01
정답 ④

정답의 이유

④ 포장(Package)은 마케팅 믹스에 해당하지 않는다.

02
정답 ①

정답의 이유

① 포지셔닝(Positioning)은 마케팅 전략의 구성요소에 속한다. 마케팅 전략의 구성요소는 시장 세분화(Segmentation), 표적 시장 선정(Targeting), 포지셔닝(Positioning)이다. 포지셔닝은 표적시장의 소비자들에게 기업의 제품과 이미지에 대한 차별화된 이미지를 심기 위한 설계 활동을 의미한다.

오답의 이유

②·③·④ 마케팅믹스의 구성요소(4P)는 제품(Product), 가격(Price), 유통경로(Place), 촉진(Promotion)이다.

01

정답의 이유

④ 마케팅 컨셉은 기업의 모든 마케팅 행위의 중심을 고객에게 두는 것으로 기업의 목표달성 여부는 소비자의 욕구를 파악하고 이들에게 만족을 전달해 주는 활동을 경쟁자보다 얼마나 효율적으로 수행할 수 있느냐에 달려 있다고 본다. 기업은 전사적 노력을 통해 올바른 고객 욕구의 충족이 가능하도록 하며 고객만족을 통해 이익을 실현하는 것을 목적으로 한다.

오답의 이유

①·②·③ 기업 입장에서의 마케팅 컨셉에 해당한다.

① 소비자는 저렴한 제품을 선호한다는 가정에서 출발한 개념으로, 기업의 목적은 대량생산과 유통을 통해 낮은 제품원가를 실현하는 것이다.

② 소비자는 가장 우수한 품질이나 효용을 제공하는 제품을 선호한다는 개념으로, 기업은 보다 나은 양질의 제품을 생산하고 이를 개선하는 데 노력을 기울인다.

③ 기업은 경쟁회사 제품보다 자사 제품을 더 많이 구매하도록 설득하기 위하여 이용 가능한 모든 효과적인 판매활동과 촉진도구를 활용하여야 한다고 보는 개념으로, 판매를 위한 강력한 판매조직의 형성이 필요하다. 또한 생산능력의 증대로 제품 공급의 과잉상태가 발생하고, 고압적인 마케팅 방식에 의존한다.

01

정답의 이유

② 푸시 지원금은 중간상을 대상으로 한 판매촉진활동이다.

오답의 이유

①·③·④ 샘플 제공, 프리미엄, 현금 환급은 소비자를 대상으로 하는 판매촉진활동이다.

더 알아두기

판매촉진활동

구분	소비자 대상 판촉 수단	유통업자 대상 판촉 수단
가격 수단	할인쿠폰, 현금 환급, 보상 판매	푸시 지원금, 광고공제, 진열공제
비가격 수단	샘플 제공, 사은품 제공, 추첨응모권, 경품, 고정고객 우대 프로그램	판매보조자료 제공, 판매원 훈련, 판매원 파견, 반품 회수, 인센티브

경영학의 기초 정답 및 해설

PART 2

기업의 이해

TOP 1

01

정답 ③

정답의 이유

기업의 사회적 책임(CSR)이란 기업이 지속적으로 존속하기 위해서 기업의 이해 당사자들이 기업에 기대하고 요구하는 사회적 의무들을 충족시키기 위해 수행하는 활동을 말한다.

③ 윤리적 책임이란 환경 · 윤리경영, 제품 안전, 여성 · 현지인 · 소수 인종에 대한 공정한 대우 등의 책임을 말한다.

더 알아두기

기업의 사회적 책임

제1단계 – 경제적 책임	이윤 극대화와 고용 창출 등의 책임
제2단계 – 법적 책임	회계의 투명성, 성실한 세금 납부, 소비자의 권익 보호 등의 책임
제3단계 – 윤리적 책임	환경 · 윤리경영, 제품 안전, 여성 · 현지인 · 소수인종에 대한 공정한 대우 등의 책임
제4단계 – 자선적 책임	사회공헌 활동 또는 자선 · 교육 · 문화 · 체육활동 등에 대한 기업의 지원을 의미

02

정답 ④

정답의 이유

④ 자본의 비한계성은 자본조달의 한계가 없는 대기업(주식회사)의 특징이다.

더 알아두기

중소기업

자본금 · 종업원 · 시설 등의 규모가 일정 수준보다 작은 기업을 중소기업이라고 칭한다. 중소기업은 대개 대기업의 보완적 역할을 담당하기도 하며, 때에 따라 특수기술이나 수공기술이 필요한 물자 생산을 담당하기도 한다. 규모가 비교적 작아서 시장수요의 변동에 탄력적으로 대응할 수 있고, 소유와 경영이 분리되지 않았기 때문에 효율적인 경영에 가능한 측면이 있다. 하지만 기업의 낮은 신용도와 자본의 영세성은 중소기업의 단점이라 여겨지는 부분이다.

03

정답 ①

정답의 이유

① 수직적 결합(Vertical Combination)이란 원료–생산–판매의 과정을 결합함으로써 비용절감, 생산성 향상, 시너지효과를 지향하는 것으로 전방적 결합과 후방적 결합으로 구분할 수 있다. 예를 들어 자동차 생산회사가 부품업체와 결합하면 후방적 결합이며, 자동차 판매회사와 결합하면 전방적 결합이 된다.

오답의 이유

② 수평적 결합(Horizontal Combination)은 동업종 간 합병으로 대형화를 구축하여 시장점유율 증대, 마케팅비용 절감, 시장지배력 강화 등을 지향한다.

04

정답 ①

정답의 이유

① 관련다각화는 핵심 역량을 효율적으로 활용하여 시너지를 극대화할 수 있다. 대표적인 예로 세계 최고의 이커머스 기업인 아마존을 들 수 있다. 아마존은 다이나믹한 사업 영역을 갖고 있는 기업으로 2억 3천만 개에 달하는 상품을 판매하고 있는 초우량기업이다. 관련다각화를 통해 세계에서 가장 큰 클라우드 서비스를 제공하며, 아마존 프라임 비디오를 통해 음악과 비디오 스트리밍 서비스도 제공하고 있다. 또한 자체적으로 하드웨어와 모바일 OS를 개발하고, e-Book시장을 만드는 등 리더의 역할을 해오고 있다.

오답의 이유

②·③·④ 비관련다각화의 특징은 내부 자원의 효율적 활용이 가능하고, 다양한 범위의 경제적 효과가 있으며, 다분야사업으로 현금흐름이 원활하다는 것이다. 그러나 사업 운영에 필요한 핵심 역량을 갖고 있지 못한 사업 분야이므로 인수 이후에도 이를 효과적으로 통합하고 운영하기 어렵다.

더 알아두기

다각화·계열화의 비교

다각화 (Diversification)	• 목적: 위험분산 • 종래의 업종 이외에 다른 업종에 진출하여 동시 운영	수직적 다각화: 승용차+부품
		수평적 다각화: 트럭+승용차
		사행적 다각화: 섬유회사+컴퓨터
계열화 (Integration)	• 목적: 생산 공정 합리화와 안정된 판로의 확보 • 기업이 생산이나 판매, 자본 및 기술 등의 여러 가지 이유로 서로 관계를 맺음	대기업의 중소기업 계열화

※ 기업관련다각화 → 규모경제(예 코카콜라) → 청량음료
※ 기업비관련다각화 → 범위경제(예 일본 소니사) → 시청각제품군

05

정답 ③

정답의 이유

③ 주식회사는 현대산업사회의 전형적인 기업형태로 자본(소유)과 경영을 분리하여 주주라는 불특정 전문경영자에 의한 운영이 가능하고 다수인으로부터 거액의 자본조달이 가능하다.

06

정답 ③

정답의 이유

③ 카르텔은 동일업종이나 유사업종에 속하는 기업들이 독립성을 유지하면서 일정한 협약에 따라 이루어지는 기업의 수평적 결합 방식이다. 이들은 일정한 협약에 따라 경쟁을 피하고 시장을 통제하여 가격을 유지하는 방식으로 기업의 안정을 추구하지만 결속력이나 통제력은 약한 편이다. 따라서 기업 간에 가격 인상 등의 이탈 유인이 여전히 존재한다.

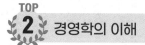

TOP 2 경영학의 이해

01

정답 ③

정답의 이유

생물학자 버틀란피(Bertalanffy)는 시스템을 '전체의 목적을 위해 함께 일하는 부분으로 구성된 체계'라고 정의했다. 또한 개방시스템에서 이뤄지는 구조적 절차로 '투입 – 과정 – 산출 – 피드백'의 4단계를 언급하면서, 이 과정을 거치면서 외부의 다양한 요인들과 상호작용을 한다고 주장하였다.

02

정답 ②

정답의 이유

② 성장욕구는 매슬로우의 욕구가 아니라 ERG이론에 해당한다.

더 알아두기

매슬로우(Maslow)의 5단계 욕구 이론

03
정답 ④

정답의 이유

④ 일반적으로 성장성은 기업의 창업 후 고려해야 할 사항이다.

04
정답 ②

정답의 이유

② 복제하기 힘든 범위의 경제로는 핵심 역량, 내부자본 할당, 복수시장 경쟁, 시장지배력의 이용이 있다.

05
정답 ③

정답의 이유

③ 매슬로우의 욕구단계이론에 의하면 인간의 욕구는 위계적으로 조직되어 있으며 하위 욕구의 충족이 상위 욕구의 발현을 위한 조건이 된다고 본다. 매슬로우의 5단계 욕구는 '㉡ 생리적 욕구 → ㉠ 안전 욕구 → ㉢ 사회적 욕구 → ㉤ 존경 욕구 → ㉣ 자아실현 욕구'의 순서로 진행된다.

06
정답 ③

정답의 이유

③ 포드 시스템은 '저가격, 고임금'을 중시하는 고전적 접근법으로서, 컨베이어 시스템을 통한 원가절감, 대량생산, 판매가격인하 등의 경영합리화를 도모하는 것을 말한다. 생산의 표준화를 위해서 제품의 단순화, 부품의 표준화, 기계의 전문화 그리고 작업의 단순화를 꾀한다.

더 알아두기

포드 시스템

• 포드 자동차회사(Ford Motors Company)에서 포드(H. Ford)에 의해 구상되고 실시된 경영합리화 방안이다.

• 테일러 시스템을 바탕으로 능률향상을 시간연구나 성과통제와 같은 인위적인 방식에만 의존한 것이 아니라, 자동적인 기계의 움직임을 종합적으로 연구함으로써 컨베이어 시스템(Conveyor System)에 의한 대량생산방식을 통해 능률 향상을 도모하였다.

Taylor System	Ford System
• 과업관리를 실시	• 동시관리를 실시
• 작업자 개인의 능률을 중시	• 전체적인 작업능률을 중시
• 고임금과 저노무비로 관리 이념을 실천	• 고임금과 저가격으로 경영 이념을 실천
• Stop Watch를 이용	• Conveyor Belt를 이용
• 작업자 중심	• 기계 중심
• 노사 쌍방이 운영하는 것이 기업	• 노동자와 소비자에게 서비스하는 것이 기업

TOP 3 경영자의 역할

01
정답 ①

정답의 이유

① 단기이익을 추구하는 경영자는 전문경영자이다. 전문경영자는 임기가 정해져 있어 임기 연장을 위해서는 성과가 있어야 한다.

더 알아두기

소유경영자와 전문경영자의 비교

소유경영자 (Owner)	기업을 소유하고 있는 사람, 즉 출자자 또는 대주주가 직접 경영에 참가하여 운영·관리하는 경영자
전문경영자 (Professional Manager)	• 고도의 기술과 대규모의 자본 필요 • 소유와 경영의 분리에 따라 경영의 역할 담당 • 종업원보다는 경영자의 속성

02

정답 ②

정답의 이유

② 전문경영자는 기업의 거대화에 따라 경영의 내용이 복잡해지면서 등장한 경영자로, 기업에 대한 전문적인 지식, 자신의 경험·능력 등을 활용하여 경영만 전담한다. 즉, 이들은 소유경영자의 자산을 증식하기 위해 고용된 대리인이 아니라, 전문적 지식을 바탕으로 기업의 성장을 도모하는 역할을 한다.

오답의 이유

① 최고경영자는 기업의 가장 높은 위치에 있는 경영자로, 주로 기업의 전반적인 경영을 계획하고 책임진다.

③ 직능경영자는 한 가지 직능적 활동 또는 부서의 활동에 대한 책임을 지는 경영자를 의미한다.

④ 일선경영자는 현장의 최일선에서 생산 혹은 제조에 직접 관여하여 작업자의 활동을 감독하는 경영자로 현장실무능력이 요구되며, 현장경영자라고도 한다.

03

정답 ②

정답의 이유

② 민츠버그(Mintzberg)는 경영자의 역할을 대인관계에서의 역할, 정보전달자로서의 역할, 의사결정자로서의 역할 3가지로 구분하였다.

경영전략

01

정답 ④

정답의 이유

④ SWOT분석은 기업 내·외부 환경의 S(강점), W(약점), 외부 환경인 O(기회), T(위협)를 나누어 상황별 대처 방안을 제시하고, 기업 강점을 이용하여 주어진 기회를 기업에 유리하게 만들거나 위협에는 적절히 대처하고, 약점을 최대한 보완하는 전략을 수립하는 분석방법이다.

오답의 이유

① 가치사슬분석은 기업이 상품과 서비스를 만들어 유통하면서 고객들에게 가치를 제공하는 활동에 관한 분석

② 시장침투전략은 기존 시장에서 기존 상품을 더 팔아 성장을 유지하려는 마케팅 전략

③ 사업포트폴리오 분석은 적절한 자원 분배를 위해 경영진이 사업 포트폴리오에서 핵심적인 사업단위를 식별해 내고, 각각의 사업단위를 평가하는 행위

02

정답 ①

정답의 이유

① 성장기에는 시장이 커지면서 경쟁자들이 진입하게 되고 이에 대비하기 위하여 제품의 품질에 대한 신뢰성을 확보하게 된다.

오답의 이유

②·③ 성숙기에 해당하는 설명이다.

④ 쇠퇴기에 해당하는 설명이다.

더 알아두기

제품수명주기(PLC; Product Life Cycle)
신제품이 시장에 출시되어 사라지기까지의 시간적 과정을 말한다.

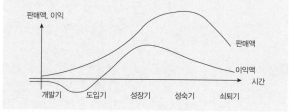

03

정답 ①

정답의 이유

① 사회적 책임투자(SRI; Social Responsible Investment)란 기업의 재무적 요소뿐만 아니라 환경, 노동, 투명한 지배구조, 지역사회의 공헌도 등 비재무적 요소를 고려하여 장기적인 관점에서 지속가능경영을 실천하는 기업에게 투자하는 것을 말한다. 즉, 환경오염이나 유해행위를 하는 기업을 투자대상에서 배제함으로 이들이 도태되도록 하는 방식이다.

01

정답 ③

정답의 이유

③ 지휘는 근로자에게 동기를 부여하고 행동을 지휘하며 갈등을 해결하는 역할을 하고, 통제는 업무가 계획대로 수행되고 있는지 점검하고 감독하는 역할을 한다.

02

정답 ③

정답의 이유

③ 마이클 포터는 기업의 가치 창출 활동을 본원적 활동(Primary Activities)과 지원 활동(Support Activities)의 2가지 범주로 구분하고 있다. 본원적 활동에는 물류투입, 제조 · 생산, 물류, 영업마케팅, 서비스가 있고, 지원 활동에는 기업하부구조, 인적자원, 기술개발, 조달활동이 포함된다.

03

정답 ③

정답의 이유

③ 통합화(Combination)는 형식지식을 새로운 형식지식으로 전환시키는 단계이다.

오답의 이유

① 타인의 암묵지식을 경험을 통해 자신의 암묵지식으로 습득하는 단계는 사회화이다.
② 암묵지식을 형식지식으로 전환시키는 단계는 외재화이다.
④ 형식지식을 암묵지식으로 내부화시키는 단계는 내재화이다.

01

정답 ①

정답의 이유

① 추상적 이미지의 브랜드가 구체적 이미지의 브랜드보다 확장 범위가 넓다.

조직행위 정답 및 해설

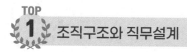

PART 3

TOP 1 조직구조와 직무설계

01
정답 ④

정답의 이유

태스크포스 조직이라고도 불리는 프로젝트 조직은 어떤 구체적인 문제를 다루기 위해 만들어진 후 문제가 해결되거나 임무가 완성되면 해체되는 조직이다. 주로 어떤 프로젝트 업무를 단기간 내에 수행해야 하는 경우 그때마다 기능별 조직에서 인원을 파견받아 형성된다.

④ 환경의 변화에 따라 인력의 수 등을 유연하게 조정할 수 있다는 것은 프로젝트 조직의 장점이다.

오답의 이유

① 프로젝트 조직은 복잡한 환경 속에서 조직에 중요한 혁신 또는 신제품을 개발할 때 어울리는 조직이다.

② 프로젝트 조직은 수평적 정보공유가 활발하게 발생하는 형태의 조직이기 때문에 업무가 줄어든다고 볼 수 없다.

③ 프로젝트 조직은 짧은 시간 동안 조직의 프로젝트가 수행될 때 운용된다.

02
정답 ①

정답의 이유

기능식 조직은 조직이 수행하는 기능에 따라 직무를 구조화하는 부문화 조직구조이다.

① 기능식 조직은 하나의 조직 내 유사한 업무를 담당하기 때문에, 단위화 된 전문지식 및 기술과 같은 자원들을 좀 더 효율적으로 활용할 수 있다.

03
정답 ①

정답의 이유

① 전통적 직무설계에선 기술과 생산요건 중심의 기계론적 인간관을 가정한다. 반면에 기술 다양성은 '직무가 다양한 기술을 요구하는 정도'라는 의미로서, 인간이 중심이 되는 현대적 직무설계 시 고려되는 하나의 요인이다. 따라서 기술 다양성은 전통적 기계적 접근이 아닌, 현대적 직무설계 방법 중 하나인 동기부여적 접근과 더 어울리는 개념이다.

04
정답 ③

정답의 이유

③ 해크먼(R.Hackman)과 올드햄(G.Oldham)의 직무특성모형은 핵심직무특성을 '기술다양성, 과업정체성, 과업중요성, 자율성, 피드백'으로 구분하고 있다. 동기부여는 해크먼과 올드햄이 제시한 핵심직무특성 5가지에 포함되지 않는다.

05
정답 ③

정답의 이유

③ 해크먼과 올드햄의 직무특성이론에 따르면 동기부여는 직무의 특성이 수행자의 성장 욕구에 부합될 때 강하게 유발된다고 본다. 직무특성이론에서 핵심 직무특성에는 기술다양성, 직무정체성, 직무중요성, 자율성, 피드백이 있는데, 그중 '직무에 대한 의미감'과 관련 있는 요소는 기술다양성, 직무정체성, 직무중요성이다. 자율성은 직무에 대한 책임감과, 피드백은 직무수행결과에 대한 지식과 관련 있다.

TOP 2 동기부여이론

01 정답 ②

정답의 이유

② ERG이론은 앨더퍼(Alderfer)가 주장한 동기부여이론으로 인간의 욕구를 생존욕구(Existence Needs), 관계욕구(Relatedness Needs), 성장욕구(Growth Needs)의 3단계로 구분했다.

오답의 이유

③ PM이론은 리더십 이론 중 행동이론에 포함된다.

더 알아두기

리더십 이론

특성이론	• 1940~1950년대 • 성공적인 리더의 특성 연구
행동이론	• 1950~1960년대 • 리더와 부하 간의 관계를 중심으로 리더의 행동 연구
상황이론	• 1970년대 이후 • 리더와 환경적인 상황의 관계 연구적중레이더

02 정답 ②

정답의 이유

② 직무충실화란 직무의 수직적 확대를 의미하며, 근로자가 직무를 계획, 조직, 실행, 평가하는 정도를 확장시키는 직무설계 방법을 말한다. 즉, 근로자가 현재 수행하고 있는 업무에 책임 및 의사결정 재량권이 추가되는 과업을 더 부여하는 것을 말한다.

오답의 이유

① 직무확대에 해당하는 내용으로 과업량을 늘리고 권한을 추가한다.

③ 직무순환에 대한 내용으로 과업을 주기적으로 변경하지 않음으로써 과업의 단조로움을 극복한다.

④ 직무순환에 대한 내용으로 직원들 간에 담당하는 직무를 교환하지 않는다.

03 정답 ③

정답의 이유

③ 맥클리랜드(McClelland)는 개인의 욕구를 권력욕구, 친교욕구, 성취욕구 3가지로 나누고, 3가지 욕구 중 성취욕구를 가장 중요시 했다.

오답의 이유

① 매슬로우(Maslow)는 욕구를 '생리적욕구 – 안전욕구 – 사회적욕구 – 존경욕구 – 자아실현욕구'로 구분하였다.

② 앨더퍼(Alderfer)의 ERG이론에 따르면 현재욕구가 좌절되면 하위욕구가 더욱 증가한다.

④ 허츠버그(Herzberg)의 2요인이론에 따르면 임금, 업무조건, 회사정책, 다른 사람과의 관계, 직무안정 등은 위생요인에 해당하고, 성취감, 인정, 책임감, 성장가능성 등은 동기요인에 해당한다.

04 정답 ②

정답의 이유

② 허츠버그는 만족과 관련된 요인을 동기요인(Motivator Factor)으로, 불만족과 관련된 요인을 위생요인(Hygiene Factor)으로 분류했다. 2요인이론은 만족과 불만족을 동일한 개념의 양극으로 보지 않고 독립된 개념으로 본다. 따라서 만족의 반대는 불만족이 아니라 만족이 0(영)인 상태이다.

오답의 이유

① 성취감은 동기요인에 해당한다. 위생요인은 일 그 자체보다는 직무의 맥락과 관계되는 것으로서, 조직의 방침(정책)과 행정, 관리감독, 상사 · 부하 · 동료와의 관계, 근무환경, 보수, 개인생활, 지위, 안전 등이 있다. 동기요인으로는 직무 자체, 성취감, 인정, 책임감, 성장 및 발전 등을 들 수 있다.

③ 직원의 동기수준을 높이는 것은 동기요인과 관련된다. 위생요인은 불만족을 줄일 수는 있지만 만족을 주지 못한다.

④ 허츠버그는 만족과 불만족을 서로 독립된 개념으로 보았기 때문에, 불만족을 해소하여도 만족의 상승을 이끌어 낼 수는 없다고 보았다.

01
정답 ②

정답의 이유

② 예산편성은 페이욜(H. Fayol)이 주장한 리더의 본질적 역할에는 포함되지 않는다.

더 알아두기

경영자의 관리과정 5요소

페이욜(H. Fayol)은 경영자의 관리과정 5요소를 '계획(Planning) – 조직화(Organizing) – 지휘(Commanding) – 조정(Coordinating) – 통제(Controlling)'로 구분하였다.

02
정답 ④

정답의 이유

④ 상황이론은 유일·최선의 관리방식을 추구하는 고전적 조직이론 비판하기 위한 이론이다.

더 알아두기

상황이론

조직 효과성 극대화를 위한 보편적인 조직원리가 있다는 가정을 비판하면서 등장한 이론이다. 효과적인 조직구조나 관리방법은 환경 등의 상황요인에 따라 달라지기 때문에 구체적인 상황인 환경, 기술, 구조 등에 따라 적합한 조직구조나 관리방법을 찾아내는 것에 중점을 두었다.

03
정답 ①

오답의 이유

② 서번트 리더십은 리더의 희생으로서 조직의 발전을 추구하는 리더십이다. 서번트는 하인을 의미한다.

③ 부하들이 자기통제에 의해 자신을 스스로 이끌어 나가는 셀프리더로 키우는 리더십은 슈퍼 리더십이다.

④ 변혁적 리더는 구성원 스스로 업무에 대한 확신감을 가질 수 있도록 동기를 부여하고 업무결과에 대한 욕구를 자극함으로써,

구성원 스스로 추가적인 노력을 통해 기대 이상의 성과를 가져오도록 유도한다.

조직변화와 조직문화

01
정답 ①

정답의 이유

① 공통된 리더십은 작업집단보다는 작업팀에 해당하는 용어이다.

더 알아두기

작업집단과 작업팀

구분	작업집단	작업팀
목표	정보 공유	단체 성과
업무시너지	크지 않음	큼
기술	다양함	상호보완적
책임	개인 책임	팀 책임

02
정답 ④

정답의 이유

④ 정보시스템 구성요소의 소프트웨어(Software)는 컴퓨터의 작업을 지시하는 프로그램으로 컴퓨터 운영을 통제하는 시스템이다.

더 알아두기

파스칼과 피터스의 조직문화 구성요소(7S 모델)

공유가치(Shared Value), 전략(Strategy), 구조(Structure), 제도(System), 구성원(Staff), 기술(Skill), 리더십 스타일(Leadership Style)

커뮤니케이션과 의사결정

01

정답 ③

정답의 이유

③ 투사법이란 특정 주제에 대해 직접적으로 질문하지 않고 단어, 문장, 이야기, 그림 등 간접적인 자극을 제공해 응답자가 자신의 신념과 감정을 이러한 자극에 자유롭게 투사하게 함으로써 진솔한 반응을 표현하게 하는 방법이다.

오답의 이유

① 프로빙 기법은 응답자의 응답이 완전하지 않거나 불명확할 때 다시 질문하는 것으로 캐묻기라고도 한다.

② 래더링 기법은 소비자가 특정 제품의 속성이나 가치를 어떻게 자신의 개인적 가치(Personal Value)에 연결시키는가를 설명하는 이론이다.

④ 에스노그라피는 특정 집단 구성원의 삶의 방식, 행동 등을 그들의 관점에서 이해하고 기술하는 연구 방법이다. 문화의 고유성을 인정하고, 사람들이 어떻게 지각하고 행동하는가를 그들이 속한 일상적·문화적 맥락 속에서 파악한다.

02

정답 ④

정답의 이유

④ 사슬형은 공식적 명령체계이며, 수직적 경로를 통해 의사가 전달되는 것으로, 군대식 조직에서 주로 활용되며 만족도가 낮다.

오답의 이유

② 원형은 권력의 집중이 없고 민주적으로 구성되므로 의사소통 속도가 빠른 편이며, 위원회조직이 대표적이다.

③ Y형은 직계조직(Line)과 참모조직(Staff)이 혼합된 조직에 적합한 유형이다.

더 알아두기

의사소통 네트워크의 특성

쇠사슬형	공식적 명령 체계
수레바퀴형	• 공식적 작업 집단 • 중심인물이 존재 • 간단한 작업일 경우에만 유효 • 상황파악과 문제해결의 즉각성
Y형	• Line-Staff 집단 • 확고하지는 않으나 리더의 존재가 있음
원형	• 위원회 조직 • 지역적으로 분리되었거나 자유방임적 조직 • 종합적 문제해결 능력은 떨어지지만 구성원 만족도는 높음
완전연결형	• 비공식적 조직 • 구성원들의 창의성을 최대한 발휘할 수 있는 상태 • 구성원 만족도가 가장 높음

조직행위론의 이해

01

정답 ④

정답의 이유

④ 동인 이론은 개인의 행동은 과거의 경험을 중심으로 만족스러운 결과를 추구했던 과정에서 형성된다고 보는 이론이다. 1차적 동인은 생리적 동인으로 학습되지 않은 동인인 반면, 2차적 동인은 사회발생적 동인으로 학습된 동인이다. 일반적 동인은 1차적 동인과 2차적 동인 사이에 위치하며, 생리적 동인은 아니지만 1차적 동인과 같이 학습되지 않은 동인이다.

집단 행위에 대한 이해

01
정답 ④

정답의 이유

④ 프로젝트 조직은 특정한 사업목표를 달성하기 위하여 일시적으로 조직 내의 인적·물적 자원을 결합하는 조직형태로, 해산을 전제로 하여 임시로 편성된 일시적 조직이며, 혁신적·비일상적인 과제의 해결을 위해 형성되는 동태적 조직이다.

오답의 이유

① 기능별 조직은 생산, 회계, 인사, 영업 등과 같이 기능을 나누고 각 기능을 담당할 부서 단위로 조직된 구조를 말한다.

② 사업부제 조직은 기능별 조직과 달리 사업부 단위를 편성하고 각 사업부 단위에 독자적인 생산, 마케팅, 영업 등의 권한을 부여한다. 따라서 분권화된 의사결정이 특징이다.

③ 매트릭스 조직은 프로젝트 조직과 기능별 조직을 절충한 조직형태로, 구성원 개인을 원래의 종적 계열과 함께 횡적 또는 프로젝트 팀의 일원으로서 임무를 수행하게 하여 한 사람의 구성원이 동시에 두 개 부문에 속하게 된다.

더 알아두기

위원회 조직과 프로젝트 조직의 비교

구분	위원회 조직	프로젝트 조직
지속성	장기	단기
구성원	역할 조직	전문성, 기술
구성원의 안정성	안정적	유동적
업무에 대한 구성원의 태도	수동적	적극적

권력과 갈등

01
정답 ②

정답의 이유

② 피셔와 유리(Fisher & Ury)의 협상갈등전략은 윈윈전략으로 상황에 더 집중하여 상호 이익을 취하는 합의점을 찾아야 한다.

더 알아두기

피셔와 유리, 『Yes를 이끌어 내는 협상법』

도서에 나오는 협상갈등 해결방법에는 '사람과 문제를 분리하라, 입장이 아닌 이해관계에 초점을 맞춰라, 상호 이익이 되는 옵션을 개발하라, 객관적 기준을 사용할 것을 주장하라'라고 제시되어 있다.

회계학 정답 및 해설

PART 4

TOP **1** 자산

01

정답 ③

정답의 이유

이동평균법은 구입이 이루어질 때마다 가중평균단가를 구하고 상품출고 시마다 출고단가를 계속 기록하는 방법이다. 이동평균법을 적용하여 기말재고자산을 구하면,

$$[(10개 \times 200원 + 30개 \times 220원) \times \frac{20개}{40개} + (50개 \times 230원)] \times \frac{30개}{70개}$$

≒6,771원이다.

구분	재고금액	매출원가	재고(누적)
1월	2,000	—	10개
	(+)6,600		
2월	8,600	—	40개
	(−)4,300		
3월	4,300	4,300	20개
	(+)11,500		
4월	15,800	—	70개
	(−)9,029		
5월	6,771	9,029	30개

02

정답 ③

정답의 이유

③ 감가상각방법은 유형자산의 원가배분방법으로, 우리나라 기업회계기준에서는 정액법, 정률법, 이중체감법, 연수합계법, 생산량비례법을 인정한다. 생산성비율법은 감가상각방법에 포함되지 않는다.

03

답 ②

정답의 이유

② 유럽형은 만기에만 결제가 가능하고 미국형은 언제든지 결제가 가능하다.

더 알아두기

옵션계약의 종류

선택권 보유자	• 콜옵션(Call Option): 기초자산을 매입하기로 한 측이 옵션보유자가 되는 경우 • 풋옵션(Put Option): 기초자산을 매도하기로 한 측이 옵션보유자가 되는 경우
권리행사 시기	• 유럽식 옵션(European Option): 옵션의 만기일에만 권리를 행사할 수 있는 형태의 옵션 • 미국식 옵션(American Option): 옵션의 만기일이 될 때까지 언제라도 권리를 행사할 수 있는 형태의 옵션
거래장소	• 장내옵션: 정규 거래소에 상장되어 거래되는 옵션 • 장외옵션: 은행이나 증권사 등 거래당사자끼리 전화나 텔렉스 등을 통해 거래하는 옵션. 장외옵션은 계약당사자들 간에 자유롭게 계약조건을 정한다는 점에서 선도계약과 비슷함

04

정답의 이유

- (매출원가)=(기초재고자산)+(당기상품매입액)−(기말재고자산)
  =150만 원+800만 원−180만 원
  =770만 원
- (판매가능자산)=(기초재고자산)+(당기상품매입액)
  =(매출원가)+(기말재고자산)
  =150만 원+800만 원=770만 원+180만 원
  =950만 원

TOP 2 회계의 기초이론

01

정답 ②

오답의 이유

①·④ 재무회계는 외부정보이용자의 의사결정에 정보를 제공하는 것을 목적으로 하기 때문에 일정한 회계원칙을 가지고 있지만, 관리회계는 주 대상자가 내부정보이용자이기 때문에 일정한 형식이 존재하지 않는다.
③ 재무회계는 과거관련 정보는 주로 제공하고, 관리회계는 미래지향 정보를 제공한다.

더 알아두기

재무회계와 관리회계

내용	재무회계	관리회계
사용 목적	외부정보이용자의 의사결정에 유용한 정보제공	내부정보이용자의 의사결정에 유용한 정보 제공
주 이용자	외부이용자(주주, 채권자와 미래의 투자자 및 정부)	내부이용자(경영자)
작성 기준	기업회계기준과 같이 일반적으로 인정된 회계원칙	일정한 형식이 없으며, 의사결정에 목적적합한 방법
정보의 특성	과거관련 정보	미래지향 정보

02

정답 ①

정답의 이유

① 채권자는 기업의 성과 여부에 상관없이 일정한 이익을 취하며 주주는 성과에 따른 책임을 진다. 따라서 주주는 채권자가 이자비용을 가져가고 남은 가치를 지분율에 맞게 받는다.

더 알아두기

주주와 채권자의 비교

주주	• 실질적인 기업의 소유자로서 주주총회의 구성원임 • 기업의 성패에 따라 자신이 보유한 지분율만큼의 책임을 짐 • 자신이 보유한 지분 이상의 수익과 손해는 보지 않음
채권자	• 채무자에게 급부를 할 것을 요구할 자격이 있음 • 채무자에게 금전적 가치를 제공하는 대신 정해진 기간 동안 이자 및 원금을 수령할 권리를 가짐

03

정답 ③

오답의 이유

① 손익 계산서는 수익에서 비용을 차감한 순손익을 통해 기업의 경영성과를 보여준다.
② 기업의 재무 상태를 나타내는 보고서는 재무상태표이다.
④ 기업의 현금이 어떻게 조달되는지 보여주는 것은 현금흐름표이다.

04

정답 ①

정답의 이유

① 회계정보의 질적 특성이란 회계정보가 유용하기 위해 갖춰야 할 주요 특성들을 말한다. 일반기업회계기준에 따른 질적 특성은 크게 목적적합성과 신뢰성으로 나뉜다. 그중 목적적합성에는 예측가치와 피드백가치, 적시성이 있으며, 신뢰성에는 검증가능성, 표현의 충실성, 중립성이 있다.

회계정보의 질적 특성

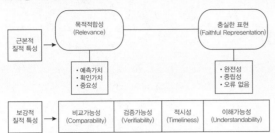

$$(\text{매출총이익률}) = \frac{(\text{매출총이익})}{(\text{매출액})} \times 100$$

$$= \frac{(\text{매출액} - \text{매출원가})}{(\text{매출액})} \times 100$$

$$30 = \frac{x - 140}{x} \times 100$$

$$0.3x = x - 140$$

$$0.7x = x - 140$$

$$x = 200$$

따라서 세탁기 1대의 가격은 200만 원이다.

재무제표

01

정답 ②

정답의 이유

영업순이익은 매출총이익에서 판매관리비용을 뺀 값이다. 이때 매출총이익은 총매출액에서 매출원가를 뺀 값으로, 영업순이익은 다음과 같이 구할 수 있다.

$$(2,000,000 - 1,000,000) - 400,000 = 600,000$$

따라서 영업순이익은 600,000원이다.

더 알아두기

재무제표 공식

- (영업순이익) = (매출총이익) − (판매관리비용)
- (매출총이익) = (총매출액) − (매출원가)
- (법인세차감전순이익) = (영업순이익) − (이자비용)
- (당기순이익) = (법인세차감전순이익) − (법인세)

02

정답 ③

정답의 이유

세탁기 1대의 제조원가를 알고 있고 매출총이익률을 알고 있기 때문에 매출총이익률을 구하는 공식을 활용하면 세탁기 1대의 가격을 알 수 있다.

03

정답 ③

정답의 이유

자본은 자산에서 부채를 차감한 잔여지분인 자기자본을 의미하며, 이는 자본금, 자본잉여금, 이익잉여금, 자본조정으로 구성된다.

③ 부채는 총자산에서 자본을 차감한 값이므로 '총자산(2,800만 원) − 자본[자본금(1,000만 원) + 이익잉여금(300만 원)] = 1,500만 원'이다.

04

정답 ④

정답의 이유

④ 현금흐름표는 일정 기간 동안 기업실체의 현금유입과 현금유출에 대한 정보를 제공하는 재무제표로서 특정 보고기간의 현금의 유입과 현금의 유출내용을 영업활동 현금흐름, 투자활동 현금흐름, 재무활동 현금흐름으로 구분한다.

오답의 이유

① 재무활동이란 기업의 납입자본과 차입금의 크기 및 구성내용에 변동을 가져오는 활동을 말하며, 이는 영업활동과 관련이 없는 부채 및 자본의 증가 · 감소거래를 의미한다.

② 영업활동은 주로 기업의 주요 수익창출활동에서 발생한다.

③ 투자활동이란 장기성자산 및 현금성자산에 속하지 않는 기타 투자자산의 취득과 처분활동을 말하며, 이는 영업활동과 관련이 없는 자산의 증가 · 감소거래를 의미한다.

01

정답의 이유

(총수익)−(총비용)=(순이익), (총비용)=(변동비)+(고정비)

$1,000x - [\{(200,000 \times 1,000(변동비)\} + 20,000,000(고정비)]$
$= 20,000,000$

$1,000x = 240,000,000$

$\therefore x = \dfrac{240,000,000}{1,000} = 240,000$
$= 240,000$

02

정답의 이유

③ • (단위당 공헌이익) = (단위당 판매가격) − (단위당 변동비)
$= 1,000 - 800$
$= 200$

• [손익분기점(BEP) 매출량] $= \dfrac{(고정비)}{(단위당공헌이익)}$
$= \dfrac{600,000}{200}$
$= 3,000$

01

정답의 이유

① 우선주는 보통주보다 재산적 내용에 있어서 우선권이 인정되는 대신 의결권이 부여되지 않은 주식을 말한다. 참가방법에 따라 참가적 우선주, 비참가적 우선주, 누적적 우선주, 비누적적 우선주로 나뉜다. 또한 통상의 우선주가 분기별로 고정배당이 지급되는 반면, 변동배당우선주는 사전에 결정된 기간마다 배당이 재조정된다.

오답의 이유

② 이자가 미리 정해져 있는 것은 사채이다.

③ 우선주도 배당에 대한 세금이 부여된다.

④ 우선주라도 비용은 공제 후 우선 배당이 이루어진다.

더 알아두기

보통주와 우선주의 비교

• 보통주(Common Stock): 의결권, 배당권, 신주인수권, 잔여재산청구권 등이 부여된 주식

• 우선주(Preferred Stock): 이익배당과 잔여재산분배 등 재산상 권리가 보통주보다 우위에 있는 반면, 일반적으로 의결권이 없는 주식

재무관리 정답 및 해설

PART 5

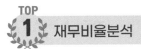

TOP 1 재무비율분석

01

정답 ①

정답의 이유

① 레버리지 비율은 기업이 타인자본에 의존하고 있는 정도를 나타내는 비율이다. 부채 비율, 이자보상 비율이 레버리지 비율에 해당한다.

오답의 이유

② 수익성 비율은 기업이 얼마나 효율적으로 관리되고 있는가를 나타내는 종합적 지표다. 투자수익률이 수익성 비율에 해당한다.

③ 활동성 비율은 기업이 소유하고 있는 자산들을 얼마나 효율적으로 이용하고 있는가를 측정하는 비율이다. 재고회전율이 활동성 비율에 해당한다.

④ 유동성 비율은 기업의 단기 지급능력에 해당하는 현금 동원력을 가늠하는 지표로, 재무구조 안정성을 측정하는 비율이다. 당좌비율이 유동성 비율에 해당한다.

02

정답 ①

정답의 이유

① 부채 비율은 기업의 자본 구성상의 안정성을 측정하는 데 사용하며, 이 비율이 낮으면 재무 구조가 안정적이라고 본다.

$$(부채 비율) = \frac{[타인자본(부채총계)]}{[자기자본(자본총계)]}$$

오답의 이유

② 총자본순이익률은 기업의 수익성을 대표하는 비율로 경영에 투하된 총 자본에 대한 이익률을 나타낸다.

$$(총자본순이익률) = \frac{(세전순이익)}{[총자본(총자산)]}$$

③ 매출액순이익률은 기업의 경영 활동에 따른 성과를 총괄적으로 파악하는 비율로 매출액 1원에 대한 순이익을 나타낸다.

$$(매출액순이익률) = \frac{(순이익)}{(매출액)}$$

④ 이자보상 비율은 기업의 부채에 따른 이자 비용으로 이 비율이 1보다 커야 이자를 정상적으로 지급할 수 있다.

$$(이자보상 비율) = \frac{(영업이익)}{(이자 비용)}$$

03

정답 ③

정답의 이유

③ 활동성 비율이란 기업에서 소유하고 있는 자산이 얼마나 효율적으로 활용되는가를 나타내는 비율로, 매출액을 각종 주요 자산항목으로 나눈 비율로 측정된다. 대표적 방법으로 매출액을 총자산으로 나눈 총자산회전율이 있다.

오답의 이유

① 수익성 비율은 기업이 투자한 자본으로 얼마만큼의 이익을 달성했는지를 측정하는 비율을 의미한다.

② 유동성 비율은 유동자산항목과 유동부채항목을 비율로 만들어 기업의 단기채무지급능력을 평가하는 비율을 의미한다.

주요 재무비율

- **유동성 비율**: 유동성(Liquidity)은 보통 기업이 단기부채를 상환할 수 있는 능력으로 정의된다. 즉, 유동성이란 기업이 현금을 동원할 수 있는 능력이라 할 수 있는데 이러한 유동성을 보여주는 비율들을 유동성 비율이라 하며, 짧은 기간 내에 갚아야 하는 채무를 지급할 수 있는 기업의 능력을 측정해준다.
- **레버리지 비율**: 부채성 비율이라고도 하며, 기업이 타인자본에 의존하고 있는 정도를 나타내는 비율이다. 특히 장기부채의 상환능력을 측정하는 것이다.
- **활동성 비율**: 기업이 소유하고 있는 자산들을 얼마나 효과적으로 이용하고 있는가를 측정하는 비율이다. 이와 같은 비율들은 매출액에 대한 각 중요 자산의 회전율로 표시되는 것이 보통이며 여기서 회전율이란 자산의 물리적 효율성을 말하는 것이다.
- **수익성 비율**: 기업의 수익성은 기업의 여러 가지 정책과 의사결정의 종합적 결과로서 나타나는 것이다. 앞에서 설명한 비율들은 기업이 어떻게 운영되고 있는가를 부분적으로 고려하고 있는 데 반하여, 수익성 비율은 기업의 모든 활동이 종합적으로 어떤 결과를 나타내는가를 측정한다.
- **시장가치 비율**: 주식가격과 관련된 여러 가지 비율도 기업을 분석하는 데 있어 매우 중요하다. 시장가치 비율은 투자자가 기업의 과거 성과와 미래 전망에 대해 어떻게 평가하고 있는지를 알 수 있게 하는 지표이다.

04

정답 ①

정답의 이유

㉠ 채권자 소유의 부채가 소유주의 몇 배가 되는지 나타내는 비율이다.

㉡ 기업이 보유한 총자산이 매출액을 창출하는 데 얼마나 효율적으로 이용되는가를 측정하는 비율이다.

㉣ 보통주 1주에 귀속되는 순이익을 표시한 것으로 기업의 경영성과를 나타내는 데 중요한 역할을 한다.

오답의 이유

㉢ $(\text{자기자본비율}) = \dfrac{(\text{자본})}{(\text{총자산})}$

㉤ $(\text{주가수익율}) = \dfrac{(\text{보통주1주당주가})}{(\text{주당순이익})}$

05

정답 ①

정답의 이유

① 재구매율은 제품을 구매한 사람들 중에서 다시 구매한 사람들의 비율을 말한다.

$$\therefore (\text{재구매율}) = \frac{12}{50} \times 100\% = 24\%$$

TOP 2 자본예산 기법 - 투자안의 경제성 분석

01

정답 ④

정답의 이유

④ 순현가법(순현재가치법)은 현금유입의 현재가치에서 현금유출의 현재가치를 뺀 것으로, 매출액이 아닌 순현금흐름의 현재가치를 기준으로 한다.

더 알아두기

순현재가치법(NPV; Net Present Value method)

- **의의**: 투자로 인하여 발생할 미래의 모든 현금흐름을 적절한 할인율로 할인한 현가로 나타내어 투자결정에 이용하는 방법이다.
- **순현재가치법의 유용성**
  - 화폐의 시간가치를 고려한다.
  - 내용연수 동안의 모든 현금흐름을 고려한다.
  - 현금흐름과 할인율만으로 투자안을 평가하므로 자의적 요인이 배제된다.
  - 투자안에 대한 가치가산의 원칙이 적용된다. 즉, A와 B 두 투자안에 모두 투자할 경우의 순현가는 각 투자안의 순현가를 합한 것과 동일하다.
  - 선택된 모든 투자안의 순현가의 합으로 해당 기업의 가치를 알 수 있다.

02

정답의 이유

② 목표이익률 가격결정은 총원가에 대한 특정 목표이익률을 가산하여 가격을 결정하는 방법으로 원가 중심 가격결정법에 해당한다. 생산자 입장에서 결정되며, 손익분기점 분석을 주로 이용한다.

오답의 이유

① 지각기준 가격결정은 소비자 입장에서 결정되는 방법으로, 제품의 지각 가치를 기반으로 가격이 결정된다.

③ 모방 가격결정은 현재 시장가격을 기준으로 하여 업계의 가격 수준에 맞춰 가격을 일치시키는 방법으로, 경쟁기준 가격결정법에 해당한다.

④ 입찰참가 가격결정은 경쟁 기업이 입찰 시 설정하는 가격을 기준으로 이와 비슷하게 가격을 결정하는 방법으로, 경쟁기준 가격결정법에 해당한다.

03

정답 ②

정답의 이유

② 내부수익률(IRR; Internal Rate of Return)은 투자에 관한 현금유입의 현가와 현금유출을 같게 해 순현재가치(NPV)=0이 되게 하는 할인율로서 투자안으로부터 순현금흐름의 현재가치의 합과 기초투자액을 일치시켜 주는 할인율이다.

오답의 이유

① 평균이익률(Average Rate of Return)은 평균투자액 또는 총 투자액에 대한 연평균 순이익의 비율이다.

③ 순현재가치(NPV; Net Present Value)는 투자로부터 기대되는 미래의 현금흐름을 자본비용으로 할인하여 현금유입의 현재가치에서 현금유출의 현재가치를 차감한 값을 말한다. 순현재가치가 0보다 크면 타당성이 있는 사업으로 판단한다.

④ 수익성지수(PI; Profitability Index)는 자본비용으로 할인된 현금유입의 현재가치를 현금유출의 현재가치로 나눈 값으로, 투자액 1원에 의해 창출된 가치를 나타낸다. 지수가 1보다 크면 경제성이 있어 투자할 가치가 있다고 본다.

---

3 재무관리의 기초개념

01

정답 ③

정답의 이유

③ 채권에 대한 이자 지급은 사업비용이기 때문에 발행한 기업에 법인세 감면 효과를 가져온다.

오답의 이유

① 타인자본조달은 주식 지분율에 변동을 주지 않기 때문에 소유권을 포기하지 않게 된다.

② 부채 조달 시 타인자본 비용이 발생한다. 따라서 변제 기한 문제와 같은 요소들이 기업의 현금흐름에 악영향을 줄 수가 있다.

④ 이율 하락에 따른 이자 비용 감소는 대출을 포기하였을 때의 기회비용을 하락시킨다.

02

정답 ②

정답의 이유

ⓒ · ⓒ 기업어음 발행과 은행차입은 간접적 자본 조달 방법(간접금융)에 속한다.

오답의 이유

㉠ · ㉢ 주식 발행과 회사채 발행은 기업의 직접적 자본 조달 방법(직접금융)에 속한다.

화폐의 시간가치

01

정답 ②

정답의 이유

② 6,050만 원＝(원금)×$(1+0.1)^2$＝(원금)×1.21

∴ (원금)＝$\dfrac{6,050}{1.21}$＝5,000만 원

PART 5 재무관리 정답 및 해설 | 35

주식과 채권의 평가

01

정답 ④

정답의 이유

④ 영구채권(Perpetual Bond)은 만기 없이 이자만 지급하는 채권이다.

더 알아두기

채권

- 의의: 정부, 공공기관, 기업이 일반대중 투자자들로부터 비교적 장기의 자금을 집단적, 대량적으로 조달하기 위하여 부담하는 채무를 표시하는 유가증권
- 채권의 종류
  - 할인채(Discount Bond or Zero-Coupon Bond): 만기까지 이자지급이 전혀 없고 만기에 가서 액면금액을 받는 채권이다.
  - 이표채(Coupon Rate Bond): 이자지급채권으로, 만기까지 매 기간 일정액의 이자를 지급받고 만기에 가서 마지막 이자와 액면금액을 받는 채권이다. 이표채의 가격은 액면이자율과 시장이자율 간의 관계에 의해 좌우된다.
- 채권의 관계
  - 할인채(Discount Bond): 시장이자율＞액면이자율
    → 채권가격＜액면가
  - 액면채(Par Bond): 시장이자율＝액면이자율
    → 채권가격＝액면가
  - 할증채(Premium Bond): 시장이자율＜액면이자율
    → 채권가격＞액면가

효율적 자본시장

01

정답 ④

정답의 이유

④ 적대적 M&A란 말 그대로 거래당사자와의 합의에 의하지 않고 어느 일방의 전략과 작전에 의해 일방적으로 시도되는 기업인수합병 시도를 의미한다. 역매수 제의는 역으로 상대기업을 인수하려고 공개매수를 시도하는 것으로 적대적 M&A가 개시된 이후 이를 저지하기 위한 구체적 방어전략 중 하나이다.

오답의 이유

①·②·③ 적대적 M&A를 시도하는 측(공격자)은 M&A 대상기업의 주식(지분) 취득을 통하여 경영권을 획득하고자 하며, 이를 위하여 주로 시장매집, 공개매수, 위임장경쟁의 방안을 활용한다.

포트폴리오 이론

01

정답 ①

정답의 이유

① 대부분 투자자들이 하나의 투자대상에 투자하기보다는 여러 자산에 나누어 투자하게 되는데, 이때 나누어 투자한 여러 자산의 모임을 우리는 포트폴리오(Portfolio)라 칭한다. 포트폴리오의 위험 분산 효과는 상관계수가 작은 주식으로 포트폴리오를 구성할수록 더욱 커지게 된다. 즉 상관계수가 -1일 때 분산 효과가 가장 크며, 상관계수가 1일 때 분산 효과는 발생하지 않는다.

생산관리 정답 및 해설

PART 6

TOP 1 재고자산관리

01
정답 ①

정답의 이유

① 창고비용은 재고유지비용이므로 재고비용에 포함된다.

더 알아두기

재고비용

발주·주문 비용	물품의 주문과 관련하여 드는 비용으로서, 물품을 주문해서 입고되기까지의 과정에서 발생하는 비용 ◍ 수송비, 하역비, 통관비 등
준비비용	제품을 생산하기 위해 발생하는 비용으로서, 생산공정의 변경 또는 기기 교체 등으로 발생하는 비용 ◍ 생산중단으로 인한 유휴비용, 직접 노무비, 공구비용 등
재고유지 비용	재고 입고 후 재고보관, 재고유지에 발생하는 비용. 재고량이 증가할수록 유지비용은 증가 ◍ 재고창고의 임대료·보관료, 재고 도난 및 변질에 의한 손실비용 등
재고부족 비용	품절로 인하여 물품을 판매하지 못했을 때 발생되는 기회비용

02
정답 ④

정답의 이유

④ 매출손실비용은 재고비용에 해당하지 않는다.

TOP 2 자재소요계획 및 적시생산시스템

01
정답 ④

정답의 이유

④ 생산능력소요계획(CRP)은 자재소요계획(MRP) 운영과는 관계 없는 별도의 계획이다.

더 알아두기

자재소요계획(MRP)

자재소요계획(MRP)이란 재고의 종속성을 이용한 일정계획 및 재고통제기법이다. 자재소요계획(MRP)의 구성요소로는 주일정계획(MPS), 자재명세서(BOM), 재고기록철(IR) 등이 있다.

02
정답 ①

정답의 이유

① JIT는 요구에 의한 풀(Pull) 시스템, MRP는 계획에 의한 푸시(Push) 시스템이다.

적시생산시스템과 자재소요계획

구분	JIT 시스템	MRP 시스템
재고	부채	자산
로트 크기	즉시 필요한 양의 크기	일정계획에 의거한 경제적 로트
납품업자	인간적 관계	기능적 관계
조달기간	짧게 유지	길수록 좋음
생산준비 시간	최소	무관심
전략	요구에 의한 Pull 시스템	계획에 의한 Push 시스템
생산계획	안정된 MPS	변경이 잦은 MPS
관리방식	눈으로 보는 관리 (Kanban)	컴퓨터 처리
품질	무결점	불량품 인정
적용	반복생산	비반복생산

TOP 3 수요예측

01

정답 ②

정답의 이유

$$100 + 0.6 \times (110 - 100) = 100 + 6$$
$$= 106$$

지수평활법에 대입하여 계산을 해보면 106이 나오므로 올해의 예측 수요는 106만 대이다.

더 알아두기

지수평활법
$$F_{t+1} = F_t + a(D_t - F_t)$$
(F_t = 예측수요, D_t = 실제수요, a = 지수평활계수)

02

정답 ③

정답의 이유

③ 델파이기법은 여러 전문가의 의견을 설문을 통해 반복적으로 집계하여 합의된 아이디어를 도출하도록 유도하는 질적 예측기법이다. 양적 예측기법인 회귀식 분석과는 거리가 멀다.

오답의 이유

④ 마코브 분석은 대표적인 공급량 예측 기법으로 일정 기간 동안 하나의 직위에서 다른 직위로 시간의 흐름에 따라 조직구성원이 이동할 확률을 분석하여 이를 통해 인적 자원의 흐름을 예측하는 모형이다.

생산시스템의 설계

01

정답 ②

정답의 이유

② 유기적 조직은 개인과 개성이 존중되고 이들의 기능이 횡적 유대로써 기업 전체의 목적에 부합되도록 유도되는 관리체계이고, 기계적 조직은 공식적인 권한 계층이 존재하고 명령계통의 원칙이 적용되는 통제 중심의 조직구조로 과업 분업화와 공식화의 정도가 높으며 권한이 조직 상층부에 집중되어 있다. 따라서 단위생산은 유기적 조직, 대량생산은 기계적 조직이 적합하다.

총괄생산계획

01

정답 ④

정답의 이유

④ 작업일정계획(OP)은 자재소요계획(MRP)의 구성요소가 아니다.

생산일정계획

01 정답 ②

정답의 이유

② 주문생산은 제품을 소량으로 만들기 때문에 납기관리가 중요하고, 재고생산은 제품을 대량으로 만들기 때문에 수요예측이 중요하다.

품질관리

01 정답 ④

정답의 이유

④ 신뢰성은 잘못되거나 실패할 가능성의 정도로, 소비자가 받아들이는 제품에 대한 만족도와는 관련이 없다.

더 알아두기

가빈의 품질 8차원

- **성능(Performance)**: 제품과 서비스의 기본적 운영특성으로 대개는 측정이 가능하다. 자동차의 최대속도, 가속력, 안전성 등이 항공사는 정시 도착률 등이 성능에 해당한다.
- **특징(Feature)**: 제품이나 서비스가 사용자에게 소구하는 부가적인 특성이다. 자동차의 에어백, 항공사의 기내식 등이 이에 해당한다. 그 외 어둠 속에서 번호를 볼 수 있는 전화기, 눈부심을 줄여주는 전구의 코팅 등도 좋은 예이다.
- **신뢰성(Reliability)**: 일정 기간 동안 제품이 고장 없이 작동할 확률이다. 평균고장간격(MTBF; Mean Time Between Failures), 초기 고장평균시간(MTTF; Mean Time To Failures) 등은 내구재의 주요 품질요소다.
- **적합성(Conformance)**: 제품이나 서비스가 명세서의 규격과 일치하는 정도이다. 일치에 대한 전통적 접근법은 미리 정해진 허용오차 한계에 맞추는 것이다. 제품의 95% 이상이 허용오차 한계 안에 있으면 품질이 높다고 간주하는 식이다.
- **내구성(Durability)**: 제품의 성능이 제대로 발휘되는 수명의 길이로 측정한다. 예를 들면 전구의 필라멘트가 끊어지거나 자동차 머플러에 구멍이 생겨서 교체되기 전까지 얼마나 오래 쓸 수 있는가를 측정하며 이 기간을 기술적 수명이라고 한다. 반면 제품이 수리될 수 있을 때 내구성 측정은 더 복잡하다. 수리 가능한 제품은 수리율과 관련 수리비용에 따라 더 이상 사용하지 않는 것이 경제적일 때까지 사용한다. 이 수명을 경제적 수명이라도 한다.
- **편의성(Serviceability)**: 제품이 고장났을 때 서비스를 받는 속도와 서비스를 수행하는 사람의 능력과 행동이다. 서비스의 속도는 반응시간이나 수리까지 걸리는 평균시간으로 측정한다. 서비스를 수행하는 사람의 행동은 서비스가 이루어지고 난 후에 고객조사, 재수리 요구의 횟수, 서비스 불만 대응 절차 평가 등을 통해 측정이 가능하다.
- **미적감각(Aesthetics)**: 사용자가 외양, 질감, 색채, 소리, 맛 등 제품의 외형에 대해 반응을 나타내는 주관적 차원이다. 개인에 따라 다르고 유행에 따라 변한다.
- **품질인식도(Perceived Quality)**: 소비자는 제품이나 서비스에 대한 완전한 정보를 갖고 있지 못하므로 광고, 상표, 명성 등 간접적인 측정에 기초하여 품질을 지각한다. 항공기 탑승자는 좌석의 청결이나 정돈상태를 보고 그 항공사의 수준을 추정하고 어떤 사람은 상표명으로 품질을 추론한다.

PART 7 인사관리 정답 및 해설

TOP 1 인사고과

01

정답 ②

정답의 이유

② 행위기준고과법(BARS)은 직무수행자와 관리자의 공동 설계 및 개발이 복잡하고 많은 시간과 비용의 투입을 요구하기 때문에 실무에 적용하기 어렵다는 단점이 있다.

더 알아두기

행위기준고과법(BARS)

인성적인 부분을 중시하는 전통적인 인사평가 방법의 비판에 기초하여 피평가자의 실제 행동을 관찰하여 평가하는 방식이다. 이는 주요사건기록법과 평정척도법을 혼용하여 평가해 해당 직무에 직접 적용되는 행동묘사문을 다양한 척도의 수준으로 평가한다. 이 때문에 상대적으로 신뢰도가 높은 고과 방법으로 알려져 있다. 하지만 개발에 시간과 비용이 많이 들어가며, 직무와 조직이 변화하면 고과의 타당도가 낮아질 우려가 있다.

02

정답 ①

정답의 이유

① 대비효과는 평정을 함에 있어 절대적 기준에 기초하지 않고 평정대상자를 바로 직전의 피평정자나 평정자 자신과 비교하여 평정함으로써 나타나는 오류이다.

오답의 이유

② 시간오류는 제공된 정보가 시간의 차이가 날 때 발생하는 오류를 말하며, 이는 초기 및 최근효과가 존재한다. 정보가 차례대로 제시되는 경우 뒤의 내용보다 앞의 내용을 많이 기억하는 것을 초기효과, 이와 반대로 뒤(최근)의 내용을 많이 기억하는 것을 최근효과라고 한다.

③ 투사효과(Projection)는 평정자 자신의 감정이나 경향을 피평정자의 능력을 평가하는 데 귀속시키거나 전가하는 오류를 말하며, 주관의 객관화라고도 한다. 예를 들면, 정직하지 못한 사람이 남을 의심하거나 부정직한 의도가 있는 것으로 지각하는 경우를 말한다.

④ 후광효과는 현혹효과라고도 하며, 대상자의 두드러진 하나의 특성이 그 대상자의 다른 세부 특성을 평가하는 데에도 영향을 미쳐 모든 것을 좋거나 나쁘게 평가하는 현상이다.

평가의 오류

상동적 태도	상대방을 소속집단으로 평가하는 오류 예 지역, 출신학교, 성별 등
현혹효과 (Halo Effect)	후광효과라고도 하며, 하나의 특징적 부분의 인상이 전체를 좌우하는 오류 예 얼굴이 예쁘니 마음씨도 고울거야.
상관적 편견 (내재적 퍼스낼리티 이론)	사람의 특질 간에 연관성이 있다는 오류 예 국어와 영어, 성적과 리더십 등
선택적 지각	외부적 상황이 모호할 경우 원하는 정보만 선택하여 판단하는 오류 예 비슷한 글씨를 익숙한 것으로 착각하는 것 등
대비효과	한 사람에 대한 평가가 다른 사람의 평가에 영향을 주는 오류 예 우수한 답안을 채점한 후 다음 사람의 답안 채점 시 등
유사효과	지각자가 자신과 비슷한 상황의 사람에게 후한 평가를 하는 오류
주관의 객관화 (Projection)	자신과 비슷한 기질을 잘 지적하는 오류
기대 (Expectation)	자기실현적 예언
지각적 방어	상황이나 사실을 객관적으로 지각하지 못하는 오류
관대화 경향	평가에 있어 가능한 한 높은 점수를 주려는 오류
가혹화 경향	평가에 있어 가능한 한 낮은 점수를 주려는 오류

TOP 2 임금관리의 개념

01

정답 ①

오답의 이유

② 집단성과급제도는 기업의 생산량을 향상시키기 위한 제도이다.

③ 집단이기주의가 발생하여 조직의 협력을 깨뜨릴 우려가 있다.

④ 집단의 성과를 측정하기 때문에 개인별 성과측정은 어렵다.

02

정답 ④

정답의 이유

④ 성과급은 표준단가결정, 작업량측정 등 계산이 복잡하다.

오답의 이유

① 집단성과급은 집단별 성과평가를 통해 성과급을 차등지급함으로써 임금의 내부공정성을 확보하면서도 개인 간, 부서 간 협업을 통한 기업 경쟁력 강화로 이어질 수 있는 체계를 구축함과 동시에 동반 성장의 기반을 구축할 수 있다는 장점이 있다. 대표적으로 스캔론플랜, 럭커플랜, 임프로쉐어플랜 등이 있다.

② · ③ 성과급은 노동의 성과를 측정하여 측정된 성과에 따라 임금을 산정하여 지급하는 방식이다. 합리적이므로 근로자의 수용성이 높으며 생산성 제고, 원가절감, 근로자의 소득증대효과가 있다. 그러나 임금이 확정액이 아니므로 근로자의 수입이 불안정하며 생산량만을 중시하여 제품 품질이 낮아질 수 있다.

TOP 3 인적자원계획

01

정답 ②

정답의 이유

② 유연시간근무제는 근로자들이 개인의 여건에 따라 근무 시간과 형태를 조절할 수 있는 제도로, 기업 조직에 유연성을 제공하는 제도이다. 그러나 직원별 시간대가 서로 상이할 경우 일정관리 조정이 어려운 단점이 있다.

오답의 이유

① 탄력근무제는 업무가 많을 때 특정 근로일의 근무 시간을 연장하고, 업무가 적을 때 근무 시간을 줄이는 제도로 회사의 업무가 급할 때 유용하게 활용될 수 있다.

02

정답의 이유

③ 대체형식법은 유사하고 대등한 2개 이상의 측정도구로 동일한 대상을 검사하는 방법으로 복수양식법과 동일한 방법이다. 각 측정도구별로 결과의 상관계수가 높으면 신뢰성이 높고, 상관계수가 낮으면 신뢰성이 낮다. 같은 시험을 다시 실시하는 방법은 실시-재실시 검사에 해당한다.

오답의 이유

① 실시-재실시 검사는 일정 기간을 두고 동일한 대상에게 동일한 시험을 다시 측정하는 방법이다.

② 양분법은 하나의 검사를 양쪽으로 나누어 측정하는 방법으로 홀수와 짝수별로 문제를 나누는 것이 이에 해당한다.

노사관계관리

01

정답의 이유

① 오픈숍(Open Shop)은 노동조합에 가입한 조합원뿐만 아니라 가입하지 않은 비조합원도 채용할 수 있도록 한 제도이다.

오답의 이유

② 클로즈드숍(Closed Shop)은 사용자가 근로자를 채용할 때 근로자가 노동조합에 가입되어 있는 것을 채용조건으로 하는 제도이다.

③ 유니온숍(Union Shop)은 사용자가 조합원뿐만 아니라 비조합원도 채용할 수 있으나, 채용이 된 근로자는 일정 기간 내에 반드시 노동조합에 가입하여 조합원 자격을 가져야 하는 제도이다.

④ 에이전시숍(Agency Shop)은 조합원과 비조합원 모두에게 조합비를 징수하는 제도이다.

더 알아두기

노동조합의 가입 방법

오픈숍 (Open Shop)	사용자가 조합원 또는 비조합원의 여부에 상관없이 아무나 채용할 수 있으며, 근로자 또한 노동조합에 대한 가입이나 탈퇴가 자유로운 제도
유니온숍 (Union Shop)	• 사용자에게 조합원 또는 비조합원의 여부에 상관없이 종업원을 고용할 자유는 있으나, 일단 고용된 후 일정기간 이내에 종업원은 노동조합에 가입하여야 하는 제도 • 유니온숍 하에서 근로자가 노동조합을 탈퇴하게 되면 원칙적으로 사용자는 해당 근로자를 해고할 의무를 지게 됨
클로즈드숍 (Closed Shop)	• 사용자가 조합원만을 종업원으로 신규 채용할 수 있는 제도 • 비조합원은 원칙적으로 신규 채용할 수 없음

경영정보시스템 정답 및 해설

PART 8

TOP 1 · e 비즈니스 시스템 모델과 구성요소

01
정답 ③

정답의 이유

암묵지란 학습과 경험을 통하여 개인에게 체화되어 있지만 겉으로 드러나지 않는 지식을 말한다.

③ 컴퓨터 매뉴얼은 형식지에 해당하는 예시이다.

더 알아두기

형식지와 암묵지

형식지 (Explicit Knowledge)	암묵지 (Tacit Knowledge)
형식을 갖추어 외부로 표출되어 여러 사람이 공유할 수 있는 지식	체화(體化)되어 있지만 말이나 글 등의 형식을 갖추어 표현할 수 없는 지식
구체적, 체계적	추상적, 비체계적
예 매뉴얼, 문서	예 노하우, 개인만의 지식, 어머니의 손맛

02
정답 ②

정답의 이유

② 기업은 균형성과표(BSC)를 통해 기업의 성과를 재무, 고객, 내부프로세스, 학습과 성장 4가지 분야로 구분하여 평가 및 관리할 수 있다. 경영전략 관점은 균형성과표(BSC)에서 고려하지 않는다.

03
정답 ①

정답의 이유

① 채찍효과는 소를 몰 때 긴 채찍을 사용하면 손잡이 부분에서 작은 힘이 가해져도 끝부분에서는 큰 힘이 생기는 데에서 붙여진 명칭으로, 고객의 수요가 상부단계 방향으로 전달될수록 각 단계별 수요의 변동성이 증가하는 현상을 말한다. 즉, 최종소비자로부터 소매업, 도매점, 제조업체, 부품업체순으로 공급사슬을 거슬러 올라갈수록 상부단계에서는 최종소비자의 수요를 불확실하게 인식하여 수요의 변동폭이 커지는 현상을 의미한다. 이러한 문제점을 해결하기 위해 공급자로부터 최종소비자까지 이동하는 전 과정을 파악하고 관리하는 작업흐름이 공급사슬관리(SCM; Supply Chain Management)이다.

오답의 이유

② ERM(Employee Relationship Management)은 기업과 종업원들 간의 관계를 관리해 나가기 위한 방법론이다.

③ 시그마는 표준편차를 의미한다. 따라서 6시그마란 100만 개의 생산 제품에서 3~4개의 불량품만 발생하도록 품질수준을 유지(혁신)시키는 것을 말한다.

④ JIT(Just In Time)는 재고수준을 0으로 유지하여 재고를 쌓아 두지 않고 적기에 제품을 공급하는 방식이다.

04
정답 ④

정답의 이유

균형성과표(BSC; Balanced Score Card)는 조직의 비전과 전략을 달성하기 위해 도입된 개념으로서, 기업성과에 기여하는 네 가지 영역(재무, 고객, 내부 프로세스, 학습과 성장)에 대한 성과측정의 수단이다. 환경 관점은 BSC의 구성요소에 해당하지 않는다.

01

정답 ②

[정답의 이유]

② 처음에는 정형적인 의사결정에 쓰였으나 현재는 비정형적인 의사결정에도 쓰인다.

더 알아두기

의사결정지원시스템(DSS)

사업체를 비롯한 조직의 의사 결정을 지원하는 컴퓨터 기반 정보 시스템으로 대량의 데이터를 처리 및 분석하여 의사 결정에 필요한 지식을 추출하고 사용자에게 제공하는 역할을 한다.

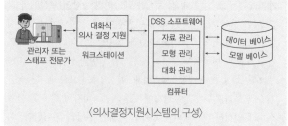

〈의사결정지원시스템의 구성〉

02

정답 ③

[정답의 이유]

③ 폭포수 이론은 앞 단계가 종료되어야 다음 단계로 넘어가는 선형 순차 모형으로 각 단계는 이전 단계로 갈 수 없기 때문에 통상 개발에 들어가면 수정하기가 굉장히 어려우며, 수정을 억지로 하면 프로젝트 기간이 지연되는 등 유연성이 낮다.

[오답의 이유]

②·④ 애자일 이론은 지속적으로 요구사항 개발과 변경을 수용하고 변화에 유연하고 신속하게 적응하여 효율적으로 시스템을 개발하는 이론이다. 애자일 이론은 이터레이션이라는 일정 기간의 단위를 활용하여 고객에게 1~2주 사이로 계속 피드백을 주면서 결과물을 수정해 나간다.

01

정답 ①

[정답의 이유]

① 소기업이 집중화전략을 쓰는 경우 경쟁사보다 낮은 비용구조 확보를 위해 저원가전략을 고려해야 하는 경우도 있다.

더 알아두기

포터의 본원적 경쟁전략

		경쟁우위	
경쟁영역	넓은 영역	원가우위 전략	차별화 전략
	좁은 영역	원가 집중화	차별적 집중화
		저원가 ← → 차별화	

PART 9 계량의사결정론&국제경영과 국제경제 정답 및 해설

계량의사결정론

01
정답 ④

정답의 이유

④ 시험효과는 대상자가 시험에 익숙해짐에 따라 변화하는 것을 말한다.

오답의 이유

① 성숙효과는 시간이 지나감에 따라 자연스럽게 변화하는 것으로 외생변수의 타당성을 저해한다.

② 매개효과에서 매개변인이란 종속변인에 영향을 주는 독립변인 이외의 변인으로, 그 효과가 직접적인 것은 아니지만 연구에서 통제되어야 할 변인이다. 예를 들어 사회경제적 수준에 따라 학업 성취도에 차이가 있다면 부모의 사회 · 경제적 지위가 학업 성취도를 예언하는 데 매개변인으로 작용하게 된다.

③ 상호작용효과는 여러 변인들이 서로 영향을 주는 방식으로 두 가지 이상의 변수에 대해 각각의 기준을 조합하였을 때, 그들이 상호 간에 어떤 효과를 나타내는 상태로 하나의 종속변수에 대한 두 독립변수의 결합효과라고 할 수 있다.

국제경영과 국제경제

01
정답 ④

오답의 이유

① 라이센싱계약은 해외시장에 이미 진입해 있는 자회사와도 이루어질 수 있다.

② 상대적으로 많은 비용이 드는 것은 프렌차이징이 아니라 해외직접투자이다. 프렌차이징은 자본을 많이 투자하지 않고도 가맹점을 늘려 시장을 확대하는 방법이다.

③ 계약생산은 외국의 기업과 계약을 맺고 마케팅과 판매를 직접 담당하도록 하는 것을 말한다.

02
정답 ③

정답의 이유

③ 환경오염 문제의 해결을 위해 국제 환경 협약과 관련된 법령을 제 · 개정하여 적극적으로 국제 협약을 이행하고 환경 정책의 국제화를 도모해야 한다.

오답의 이유

① · ② · ④ 인구증가, 도시화, 산업화는 환경오염의 원인에 해당한다.

실전모의고사 정답 및 해설

PART 10

1회 실전모의고사

빠른 정답

01	02	03	04	05	06	07	08	09	10
②	③	④	①	③	④	②	②	④	④
11	12	13	14	15	16	17	18	19	20
②	④	①	②	③	④	③	③	②	④
21	22	23	24	25					
①	①	②	④	③					

01
정답 ②

정답의 이유

② S-T상황은 내부에는 강점이 있고, 외부에서는 위협이 있는 상황이므로 내부의 강점을 활용하여 위협을 극복해야 한다.

오답의 이유

① W-T의 상황에 적합한 대처방안이다.

③ W-O의 상황에 적합한 대처방안이다.

④ S-O의 상황에 적합한 대처방안이다.

더 알아두기

SWOT 분석

구분		기업내부요인	
		약점(Weakness)	강점(Strength)
외부환경요인	위협(Threats)	〈WT 전략〉 • 외부 위협 회피 • 내부 약점 보완	〈ST 전략〉 • 외부 위협 회피 • 내부 강점 활용
	기회(Opportunities)	〈WO 전략〉 • 외부 기회 활용 • 내부 약점 보완	〈SO 전략〉 • 외부 기회 이용 • 내부 강점 활용

02
정답 ③

정답의 이유

③ 정보시스템의 구성요소는 하드웨어(Hardware), 소프트웨어(Software), 데이터베이스(Database), 통신 및 네트워크(Telecommunication and Network), 사람(People), 절차(Procedure)가 있다.

03
정답 ④

정답의 이유

④ 준자율적 작업집단(Semi-Autonomous Work Group)은 컨베이어시스템의 집단작업의 인간성 상실을 보완한 작업시스템이다.

오답의 이유

① 직무순환(Job Rotation)은 좌우상하의 흐름이다.

② 직무확대(Job Enlargement)는 좌우의 흐름이다.

③ 직무충실화(Job Enrichment)는 상하의 흐름으로 허츠버그의 2요인과 관련있다.

04
정답 ①

정답의 이유

의사소통(Communication) 과정은 집단 의사소통 과정에서 '발신자(송신자) - 메시지 - 경로(매체) - 해독 - 수신자로의 피드백' 과정이며 집단에서 이슈는 의사소통, 리더십, 권력과 갈등이 있다.

05

정답의 이유

③ 집단사고(Groupthink)는 집단의 응집성이 너무 높을 경우, 의사결정의 합의 욕구가 지나쳐서 잘못된 대안의 선택 가능성이 높아진다. 원인은 외부로부터 고립, 비민주적 리더십, 토의절차상 합리적 방법의 부재, 구성원 간의 동질성 등이다.

오답의 이유

① 집단규범은 조직의 지켜야하는 규칙과 질서이다.
② 집단 간 갈등 부서별 서로의 이익을 쟁취하기 위한 갈등이다.
④ 집단응집력은 조직원들의 결속력을 말함이다.

06

정답 ④

정답의 이유

④ 재무레버리지(Financial Leverage)는 타인자본을 이용함으로써 고정재무비용(이자비용)을 부담하는 것을 말한다.
재무레버리지 분석(Financial Leverage Analysis)은 영업이익이 변화함에 따라 고정 재무비가 주당순이익에 미치는 영향을 분석하는 것이다.

더 알아두기

재무레버리지 효과(Financial Leverage Effect)
타인자본사용에 따라 발생하는 고정적인 이자비용이 지렛대(Lever) 역할을 하여 주주에게 돌아가는 세후 순이익의 변화율은 영업이익 변화율에 비하여 확대되어 나타나는 것을 말한다.

07

정답 ②

정답의 이유

② 브룸의 기대이론은 개인이 여러 가지 행동대안을 평가하여 가장 중요시되는 결과를 가져올거라 믿어지는 행동대안을 선택하는 것이다.

더 알아두기

브룸(Vroom)의 기대이론 과정

08

정답 ②

정답의 이유

② 자산과 원재료, 소모품 등을 구입하는 활동은 구매행위로 지원 활동에 포함된다.

오답의 이유

① 투입요소를 최종제품 형태로 만드는 활동은 운영 활동으로 본원적 활동에 포함된다.
③ 제품을 구매자에게 유통시키기 위한 수집, 저장, 물적 유통과 관련된 활동은 물류산출 활동으로 본원적 활동에 포함된다.
④ 구매자가 제품을 구입할 수 있도록 유도하는 활동은 마케팅 활동으로 본원적 활동에 포함된다.

09

정답 ④

정답의 이유

④ 핵심역량은 기업의 가장 중심적 사업으로 본인이 직접 관여하고 핵심 외에는 아웃소싱으로 다른 기업과 공동운영한다. 아웃소싱은 경비절감을 위해 외부의 인력, 시설, 기술 자원을 잘 활용하는 기법이다.

10

정답의 이유

④ 유동성배열의 원칙은 재무상태표에 적용되는 원칙이며 총액표
시의 원칙은 포괄손익계산서와 재무상태표 작성의 공통의 원칙
이다.

더 알아두기

포괄손익계산서
일정 기간 동안 기업의 경영성과를 보고하는 동태적 재무제표이다.
기업의 경영성과는 이익의 크기를 측정하는데 이용된다. 기록의 방
법에는 당기업적주의와 포괄주의가 있다.

11

정답 ②

정답의 이유

EVA = 세후영업이익 − 세후총자본비용
　　 = (영업이익 − 법인세비용) − (총자본 × 가중평균자본비용)
　　 = {3,000만 원 − (3,000만 원 × 0.2)} − (1억 원 × 0.1)
　　 = (3,000만 원 − 600만 원) − 1,000만 원
　　 = 1,400만 원

더 알아두기

경제적 부가가치(EVA; Economic Value Added)
경제적 부가가치는 타인자본에 대한 이자비용만을 고려하는 회계적
이익과는 달리 자기자본을 포함한 총자본의 비용을 공제한 후에 남
은 이익을 나타낸다. 이와 같이 평가된 EVA는 바로 기업이 그 해에
실현한 진정한 경제적 이익을 나타낸다.

12

정답 ④

정답의 이유

④ 고객규모는 시장세분화 변수에 포함되지 않는다.

더 알아두기

시장세분화의 기준
- 지리적 세분화: 지역, 도시규모, 인구밀도, 기후 등의 변수로 인구
밀도에 따라 대도시, 중소도시, 교외, 시골로 구분
- 인구통계적 세분화: 연령, 성별, 가족규모, 가족생활주기, 소득, 직
업, 교육, 종교, 인종, 세대, 사회계층 등의 변수로 가족생활주기에
따라 독신청년, 젊은 무자녀 부부, 젊은 유자녀 부부, 중년 유자녀
부부, 장년 무자녀 부부, 장년 독신으로 구분
- 구매행위적 세분화: 구매동기, 혜택, 사용자 지위, 사용률, 충성도,
구매준비단계, 제품에 대한 태도의 변수로 혜택에 따라 품질, 서비
스, 가격, 속도로 구분
- 심리묘사적 세분화: 라이프 스타일, 개성 등의 변수로 개성에 따
라 사교적, 개인적, 권위적, 야심적으로 구분

13

정답 ①

정답의 이유

① 정형적 의사결정은 반복적으로 발생하는 일상의 의사결정이다.
대표적으로 선형계획법이 있으며, 프로그램화가 가능한 의사결
정이다.

오답의 이유

② 비정형적 의사결정은 경영자의 창의력이나 직관에 의존하며, 비
반복적으로 발생하므로 프로그램화가 불가능한 의사결정이다.

③ 전략적 의사결정은 기업의 기본적인 성격에 영향을 주는 의사결
정으로 기업의 내부와 외부환경에 관한 의사결정이다. 장기적
이고 거시적인 성격을 갖는다.

④ 상충적 의사결정은 게임이론으로 서로의 의사결정이 상대에 영
향을 주는 의사결정과정이다.

14
정답 ②

[정답의 이유]
② 행위관찰평가법은 구체적 행위에 대해 피고과자들의 빈도를 측정하는 방법이다.

[오답의 이유]
① 직접서열법을 피평가자를 총체적으로 평가하여 서열을 매기는 직무평가방법이다.
③ 분류법은 인사고과방법이 아니라 직무평가방법이다.
④ 쌍대비교법은 구성원들을 둘씩 짝지어 순위를 평가하는 직무평가방법이다.

15
정답 ③

[정답의 이유]
③ 경쟁기준 가격결정법(Competition-oriented Pricing)에서 모방가격결정법(Going-rate Pricing)은 현행 시장가격을 기준으로 업계의 가격수준에 자사 가격을 일치시키는 방법이나 제품차별성이 낮고 가격탄력성이 높은 시장(완전경쟁시장)에서 선도기업의 가격에 동조할 수밖에 없는 경우이다. 지도가격(Leadership Price)은 선도업체가 설정한 가격을 의미하며 후발업체는 이 가격에 자사가격을 연동시켜 일종의 가격카르텔(Price Cartel)을 형성함으로써 가격경쟁을 회피하는 수단이 된다.

16
정답 ④

[정답의 이유]
④ 다각화는 신시장과 제품의 결합이다.

[오답의 이유]
① 제품개발(Product Development)은 기존시장에 부응하는 신제품을 개발하거나 제품을 개량한다.
② 시장침투(Market Penetration)는 기존시장에서 기존제품의 판매증대를 도모한다.
③ 시장개척(Market Development)은 기존제품을 가지고 신시장을 개척해서 판매증대를 도모한다.

17
정답 ③

[정답의 이유]
경제적 주문량을 구하는 공식은 다음과 같다.

$$EOQ = \sqrt{\frac{2DO}{C}}$$

지문의 숫자를 공식에 대입해 보면,

$$= \sqrt{\frac{2 \times 10,000 \times 200}{100}} = 200$$

따라서 EOQ는 200이다.

18
정답 ③

[정답의 이유]
③ C2B(Customer to Business)는 고객-기업 간의 거래이다.

[오답의 이유]
① 기업이 고객에게 제품 및 서비스를 전달하는 수단으로서 전자상거래를 이용하는 것을 B2C 거래라고 한다.
④ 기업-기업 거래(B2B; Business to Business), 가치 창출이 이루어지는 활동을 기업 간 거래에 초점을 둔 것이다.

19
정답 ②

[정답의 이유]
② 리엔지니어링은 기존의 업무방식을 근본적으로 고려하여 시스템 전체를 재구성하는 것으로서 업무, 조직, 기업문화까지 전부분에 대하여 대폭적으로 성과를 향상시키는 것이다.

[오답의 이유]
① 벤치마킹은 조직의 업적 향상을 위해 다른 조직의 제품, 서비스, 업무방식 등을 비교하여 새로운 아이디어를 얻고 경쟁력을 확보해 나가는 체계적이고 지속적인 개선활동 과정을 뜻한다.
③ 리스트럭처링은 구조조정이라고도 하며, 조직을 새로운 방향으로 조정하는 것을 말한다. 사업포트폴리오의 개편, 부채비중감소와 같은 자본구조의 변화, 조직구조의 혁신, 보상과 인센티브제도의 개혁 등 기업경영의 시스템의 변화를 의미한다.
④ 전사적 품질관리(TQC)는 품질 향상을 위해 생산부서만이 아니라 기업의 모든 종업원이 품질을 지속적으로 관리하는 것을 말한다.

20

정답의 이유

④ 의사결정의 성격에 따른 분류는 성격에 따라 정형적 의사결정과 비정형적 의사결정으로 구분하며 정형적 의사결정은 반복적으로 발생하는 일상의 의사결정이고 대표적으로 선형계획법이 있으며, 프로그램화가 가능하다. 비정형적 의사결정은 경영자의 창의력이나 직관에 의존하며 비반복적이어서 프로그램화가 불가능하다.

21

정답 ①

정답의 이유

(주)B의 순자산의 공정가치는 40억이고 합병 후 영구적 영업현금흐름은 $\frac{3억}{0.1}$＝30억이므로 (주)B의 전체 순자산의 가치는 70억이고 60억을 지급하므로 10억의 합병 차익을 산출할 수 있다.

22

정답 ①

정답의 이유

① 할인발행은 액면가액보다 낮은 금액으로 발행한 경우를 말한다(액면가액＞발행가액).

오답의 이유

③ 액면발행은 액면가액으로 사채를 발행한 경우에 해당한다.

④ 할증발행은 액면가액보다 높은 금액으로 발행한 경우를 말한다(액면가액＜발행가액).

23

정답 ②

정답의 이유

② 아지리스의 성숙/미성숙 이론은 인간에 대한 관점을 설명하는 이론이다.

오답의 이유

① 피들러의 상황모형은 리더의 성향 분류인 과업지향적, 관계지향적 2가지에 상황변수 3가지를 2^3으로 계산해 전체 8가지를 설명했다.

③ 관리격자 이론(Managerial Grid)은 블레이크와 모우톤(Blake & Mouton)에 의한 이론으로 생산과 인간에 대한 관심을 변수로 보고 (9, 9)로 계량화한 리더십이다.

④ 리커트(Likert)의 연구는 System 1, System 2, System 3, System 4로 4개의 유형으로 리더십을 나누고 있다.

24

정답 ④

정답의 이유

④ 유급휴가제는 보수를 주면서 휴가가 인정되는 제도이다.

더 알아두기

인간관계관리제도

인간관계관리제도에는 제안제도(Suggestion System), 인사상담제도(Personnel Counseling), 사기(Morale)조사, 고충(Grievance)처리제도, 의사소통(Communication)이 있고 기타에는 소시오메트리(Sociometry), 브레인스토밍(Brain Storming), 종업원지주제도(Employee Stock Ownership System), 감수성훈련(Sensitivity Training) 등이 있다.

25

정답 ③

정답의 이유

목표수익＝총수익－변동비용－고정비용

$10,000,000 = (500개 \times 판매가격) - 50,000,000 - 10,000,000$

여기에서 500개×판매가격＝70,000,000이므로

∴ 판매가격＝140,000

빠른 정답

01	02	03	04	05	06	07	08	09	10
②	④	④	②	②	③	④	②	①	②
11	**12**	**13**	**14**	**15**	**16**	**17**	**18**	**19**	**20**
②	②	④	④	④	②	③	④	①	②
21	**22**	**23**	**24**	**25**					
④	③	④	③	②					

01 정답 ②

정답의 이유

② 아웃소싱은 비핵심 부분으로 외부에서 핵심 부분 회사 자체 인재양성으로 분리된 이중인재 관리기법이다. 즉, 핵심 역량은 인재를 키우는 것이고 아웃소싱은 외부에서 인재를 영입하는 이론이다.

02 정답 ④

정답의 이유

④ 직무순환은 현대 직무설계 기법으로 사내에서 다른 종류의 일로 옮겨가며 근무하는 제도로써 제너럴리스트 양상이 가능하다.

03 정답 ④

정답의 이유

④ CPM/PERT로 관리할 수 있는 프로젝트의 예는 빌딩, 경기장, 고속도로 등 대형 토목공사, 건축공사, 고급 의료기가 있는 병원 이전, 연구 실험 기자재가 설치된 연구소 이전, 선박 건조, 비행기 조립, 기업의 인수·합병, 슈퍼 컴퓨터의 설치, 월드컵 유치 등이다.

04 정답 ②

정답의 이유

② 역경매는 '판매자 : 구매자 = n : 1'의 비율로, 구매자가 제품구매 의사를 밝힌다. 다수의 판매자가 저렴한 가격을 제시하고, 판매자가 경쟁하게 된다.

05 정답 ②

정답의 이유

② 순응임금제는 생계비지수, 판매가격, 이익 등의 여러 조건이 변할 때 그에 순응하여 임금률을 자동적으로 변동 조정되도록 하는 제도이다. 생계비순응임금제는 인플레이션일 때 근로자의 실질임금의 저하를 방지하기 위하여 사용된다.

더 알아두기

순응임금제의 종류

순응임금제는 생계비순응임금제, 판매가격순응임금제, 이익순응임금제가 있다. 생계비순응임금제는 인플레이션일 때 근로자의 실질임금의 저하를 방지하기 위하여 사용되며 판매가격순응임금제는 광업과 같이 임금이 제품원가의 큰 비중을 차지하는 업종에서 많이 사용한다.

06 정답 ③

정답의 이유

③ 소비자의 행동단계에서는 판매촉진과 인적판매가 가장 효과적인 촉진믹스이다. 광고와 PR은 효과가 장기간에 걸쳐 나타나므로 인지단계에서 효과적이다. 구매단계에서는 좀 더 직접적인 자극을 줄 수 있는 판매촉진과 인적판매가 가장 효과적인 수단이다.

07 정답 ④

정답의 이유

무역의존도＝[무역액(수출액＋수입액)]÷국민소득(또는 GNP)

($5,000＋$4,000)÷$10,000×100＝90%

더 알아두기

무역의존도

한 국가의 무역이 차지하는 정도를 나타내는 지표이다. 즉 한 나라의 경제가 무역에 얼마나 의존하고 있는가를 나타내는 지표로, 수출의존도는 국민총생산(또는 국민소득)에 대한 수출액의 비율을, 수입의존도는 국민총생산(또는 국민소득)에 대한 수입액의 비율을 말한다. 따라서 무역의존도는 일정 기간(보통 1년)에 있어서 국민총생산에 대한 수출입총액의 비율을 의미한다.

08 정답 ②

정답의 이유

② 유동비율(Current Ratio)은 1년 내에 현금화가 가능한 유동자산을 1년 이내에 만기가 도래하는 유동부채로 나눈 비율이다. 유동비율이 높으면 단기 채무에 공사 지급능력이 우수하다고 볼 수 있다.

09 정답 ①

정답의 이유

① 효율적 시장가설(EMH; Efficiency Market Hypothesis)에서 약형 효율적 시장(Weak Form Dfficient Market)은 모든 과거의 정보가 현재 주가에 반영되어 있는 시장을 말한다. 약형 효율적 시장가설에서 말하는 과거 정보는 대부분의 경우 과거 주식가격과 거래량의 움직임을 지칭하나, 주로 주식가격의 변화양상에 초점을 맞추고 있다.

오답의 이유

③ 비공개된 내부 정보까지 완전히 반영된 시장은 강형 효율적 시장이다.

④ 준강형 효율적 시장은 공식적 정보인 공시가 주가에 적용 여부이다.

10 정답 ②

정답의 이유

- 단위당고정비 ＝ $\dfrac{총고정비}{판매량}$

  ＝ $\dfrac{400,000,000}{100,000}$

  ＝ 4,000

- 판매가격 ＝ $\dfrac{(단위당변동비＋단위당고정비)}{(1－가산이익률)}$

  ＝ $\dfrac{10,000＋4,000}{1－0.2}$

  ＝ 17,500

11 정답 ②

오답의 이유

① 전환사채를 주식으로 전환하면 사채가 감소하고 주식이 발행된다.

③ 무상증자를 실시하면 자본잉여금 등이 감소하고 발행주식수가 증가한다.

④ 현물출자로 유형자산을 취득하면 유형자산과 발행주식수가 증가한다.

12 정답 ②

정답의 이유

② BCG 매트릭스는 상대적 시장점유율과 시장성장률을 기초로 사업포트폴리오를 분석하는 모형으로 현금젖소(Cash Cow)는 시장성장률은 낮지만 상대적 시장점유율이 높아서 현금창출이 꾸준한 상황이다.

오답의 이유

① 개(Dog)의 상황은 시장성장률과 상대적 시장점유율 둘 다 낮은 상황이므로, 시장에서 철수를 준비하는 것이 바람직하다.

③ 물음표(Question Mark) 상황은 상대적 시장점유율은 낮지만 시장성장률이 높은 상황이므로 별(Star)로 이동하도록 관리하는 것이 바람직하다.

④ 별(Star)은 상대적 시장점유율과 시장성장률 둘 다 높은 상황이므로, 시장확대전략이 필요하다. 현상유지전략은 현금젖소(Cash Cow) 상황에 필요하다.

13

정답의 이유

④ 시장 정보에 대한 필요성은 지역마케팅으로부터 국제 마케팅으로 발전하여 과거보다 더 신속히 더 많은 시장정보를 필요로 한다. 구매자의 1차적 욕구로부터 2차적 욕구로 발전되어 소득증가에 따라 선별적으로 변화하는 구매자의 특성, 스타일 및 기타 속성에 대한 반응을 예측할 필요가 있다. 가격으로부터 비가격경쟁으로 발전되고 상표결정, 제품차별화, 광고 및 판촉의 사용증가에 따라 이러한 마케팅 도구들의 효과성에 대한 정보가 필요하다.

14
정답 ④

정답의 이유

④ 경상이전수지는 송금, 기부금, 정부의 무상원조 등 대가없이 주고받은 거래의 차액을 나타낸다.

오답의 이유

국제간의 거래에서 자본거래를 제외한 경상적 거래에 관한 수지이다. 자본수지 · 종합수지와 함께 국제수지를 구성하며 다음과 같이 분류된다.

① 상품수지는 상품의 수출과 수입의 차액을 나타내는 수지
② 서비스수지는 해외여행, 유학 · 연수, 운수서비스 등과 같은 서비스 거래 관계가 있는 수입과 지출의 차액을 나타내는 수지
③ 소득수지는 임금, 배당금, 이자처럼 투자의 결과로 발생한 수입과 지급의 차액을 나타내는 수지

15
정답 ④

정답의 이유

④ 접근성은 정보가치에 포함되지 않는다.

오답의 이유

기업경영에서 정보가치는 적합성, 정확성, 적시성, 형태성이다.

16
정답 ②

정답의 이유

② 균형성과표는 기업의 성과를 재무, 고객, 내부프로세스, 학습과 성장의 4가지 분야로 구분하여 평가 및 관리하는 것을 말한다.

17
정답 ③

정답의 이유

③ 네트워크는 선형계획법의 구성요소에 포함되지 않는다.

오답의 이유

① 목적함수(Objective Function)는 의사결정의 목적을 나타낸 것으로, 1차식으로 표현되는 이익극대화 혹은 비용최소화를 표현한 함수를 말한다.

② 제약조건(Constraints)은 제한된 물적 자원, 노동시간 등의 의사결정변수 상호 간의 제약을 나타낸 것으로, 1차 방정식 혹은 1차 부등식으로 표현된다.

④ 비음조건(Non-negativity)은 모든 의사결정변수와 여유변수, 잉여변수, 인공변수는 0보다 크거나 같아야 한다는 제약조건이다.

18
정답 ④

정답의 이유

직장 내 교육훈련(OJT; On the Job Training)은 직속상관과 부하의 일대일 교육으로 구체적인 직무를 수행하는 과정에서 직속상사가 부하에게 직접적으로 개별지도를 하고 교육훈련을 시키는 라인담당자 중심의 교육훈련방식이다.

더 알아두기

OJT의 장단점

장점	저비용, 결과평가의 용이, 상사와 부하의 두터워지는 신뢰관계 등
단점	전문적 교육능력 부족, 다수 종업원의 동시훈련 불가, 일과 훈련의 병행 어려움 등

19

정답의 이유

① 델파이법은 전문가들에게 서면으로 정보를 수집한 후에 지속적인 피드백 과정을 거쳐서 의사결정을 내리는 방법이다.

오답의 이유

② 시뮬레이션은 어떠한 현상을 가상으로 수행하여 실제 상황에서의 결과를 예측하는 방법이다.

③ 브레인스토밍은 문제에 대한 해결방법을 비판 없이 무작위로 내놓으면서 최선책을 찾는 방법이다.

④ 명목집단기법은 구성원들이 익명으로 종이에 아이디어를 기록하여 제출한 후 구성원들이 아이디어를 평가하고 선택하는 방법이다.

20

정답 ②

정답의 이유

② 판별분석은 성공적인 점포위치와 그렇지 못한 점포위치를 판별하는 변수를 결정하는 기법으로 상권분석이다. 총괄 생산계획은 수량적 요건을 만족시킬 수 있도록 생산시스템의 능력을 생산율, 고용수준, 재고수준으로 조정해 나가는 제도이다.

21

정답 ④

정답의 이유

④ 사용자 측의 쟁의행위에는 직장 폐쇄(Lock-out)가 있는데, 이는 노조 측의 쟁의행위에 대한 대항수단이다.

더 알아두기

부당노동행위의 종류

불이익 대우	근로자가 조합원이라는 것을 이유로 근로자를 다른 근로자와 차별대우하여 해고하거나 불이익을 주는 행위
반조합 계약 또는 황견계약 (Yellow-dog Contract)	근로자가 노동조합에 가입하지 아니할 것 또는 탈퇴할 것을 고용조건으로 하거나 특정한 노동조합의 조합원이 될 것을 고용조건으로 하는 행위
단체교섭거부	노동조합 측으로부터의 단체협약 체결이나 기타의 단체교섭을 정당한 이유 없이 거부하거나 해태하는 행위
지배개입 및 경비원조	근로자가 노동조합을 조직 또는 운영하는 것을 지배하거나 이에 개입하는 행위와 노동조합의 운영비를 원조하는 행위
보복적 불이익 대우	근로자가 정당한 단체행동에 참가한 것을 이유로 하거나 또는 노동위원회에 대하여 사용자의 부당노동행위를 신고증언하거나, 기타 행정관청에 증거를 제출한 것을 이유로 그 근로자를 해고하거나 불이익을 주는 행위

22

정답 ③

정답의 이유

③ 근로자파견법에는 '근로자파견업이란 파견사업주가 근로자를 고용한 후 그 고용관계를 유지하면서 근로자파견 계약에 따라 사용사업주의 지휘명령을 받아 사용사업주를 위해 근로에 봉사케 하는 것'이라고 규정되어 있다.

23

정답 ④

정답의 이유

④ 멘토링(Mentoring)은 인간관계중심이고 정서적 측면이 반영되고 개인적 생활을 중시하며 수평적·쌍방적 관계의 교육이다. OJT는 업무중심이고 생산성 향상이 목적이며 업무에 국한되며 수직적일방적 관계의 교육이다.

24

정답의 이유

③ 서번트 리더십(Servant Leadership)이란 부하 섬긴다는 뜻으로 부하 성장을 도와주고 조직목표를 달성한다.

25

정답 ②

정답의 이유

② 매슬로우(A. Maslow)는 인간의 욕구는 '생리적–안전–사회적
–존경–자아실현 욕구'로 계층화되어 있으며 하위욕구가 충족
되면 상위욕구가 동기부여의 요인으로 작용한다고 주장하였다.
또한 충족된 하위욕구는 더 이상 동기부여의 역할을 할 수 없다
는 '만족–진행' 모형을 제시하였다.

오답의 이유

① 맥그리거(D. McGregor)는 X이론과 Y이론을 주장하였다.

③ 페이욜(H. Fayol)은 일반관리론, 경영관리의 5요소(계획, 조직,
지휘, 조정, 통제) 등 관리의 일반원칙을 제시하였다.

④ 사이먼(H. Simon)은 조직의 의사결정은 제한된 합리성에 의한
의사결정이라고 주장하였다.

3회 실전모의고사

빠른 정답

01	02	03	04	05	06	07	08	09	10
②	①	④	④	①	①	②	②	①	②
11	12	13	14	15	16	17	18	19	20
①	②	④	①	①	②	②	④	①	③
21	22	23	24	25					
②	②	④	②	③					

01

정답 ②

정답의 이유

② 상품의 매매, 금전의 수입과 지출 등 결과적으로 기업의 자산,
부채, 자본, 수익, 비용의 증감 변화를 일으키는 모든 사실을 회
계상의 거래라고 하며, 이를 화폐금액으로 표시할 수 있어야 한
다. 따라서 일상생활에서는 거래로 간주되지 않는 일반적인 손
실이나 이득에 대해서도 회계상 거래로 인식되어 재무제표에 반
영되기도 한다. 사원의 채용, 상품 등의 주문, 단순 계약 등은
회계상의 거래에 포함되지 않는다.

02

정답 ①

정답의 이유

① 유한회사는 1인 이상의 사원이 출자한 금액만큼만 (유한)책임을
지는 회사를 말한다.

03

정답 ④

오답의 이유

① CRM(Customer Relationship Management)은 고객관계관
리라고 하며, 기업이 고객의 정보를 축적 및 관리하여 필요한
서비스를 제공할 수 있도록 하는 것이다.

② SCM(Supply Chain Management)은 공급망 관리라고 하며,
공급망 전체를 하나의 통합된 개체로 보고 이를 최적화하고자
하는 경영 방식이다.

③ DSS(Decision Support System)는 의사결정지원시스템이라고 하며, ERP를 통해서 수집된 자료를 요약, 분석, 가공하여 경영관리자의 의사결정을 지원하는 시스템이다.

04
정답 ④

정답의 이유

④ 체크오프 시스템은 사용자가 근로자에게 임금을 지급하기 전에 미리 임금에서 조합비를 공제하여 조합에 일괄 납부하는 노동조합의 조합비 징수방법의 하나를 말한다. 자금 확보를 뒷받침해 주는 제도로서 조합원 2/3 이상의 동의가 있으면 노조는 세력 확보 수단으로서 체크오프 조항을 둘 수 있다.

05
정답 ①

정답의 이유

① JND(Just Noticeable Difference)란 가격변화를 느끼게 만드는 최소의 가격변화폭을 의미한다. JND보다 작은 수준의 가격인상은 소비자 저항 없이 기업 수익을 높일 수 있는 방법이다. 반대로 JND보다 작은 수준의 가격인하는 소비자들에게 저렴해졌다는 인상을 주지 못한다.

오답의 이유

② 단수가격(Odd-Number Pricing)이란 가격을 정확히 천 원, 만 원 단위로 끝나는 가격 대신에 끝자리에 약간의 자투리를 두는 가격결정 방법이다.

③ 유보가격(Reservation Price)이란 구매자가 어떤 상품에 대해 지불할 용의가 있는 최고 가격을 말한다.

④ 베버의 법칙(Weber's Law)은 차이의 인식 가능 여부는 초기 자극의 강도에 달려 있다는 것이다. 베버의 법칙에 따르면 초기 자극의 강도가 작으면 이후에 일어나는 환경 변화를 고객이 잘 알아차리는 반면, 초기 자극 강도가 크면 이후에 일어나는 환경 변화에 고객이 둔감해진다. 따라서 낮은 가격의 제품은 가격이 조금만 올라도 구매자가 가격 인상을 알아차리지만 가격이 높은 제품은 가격이 어느 정도 올라도 구매자가 가격 인상을 알아차리지 못한다.

06
정답 ①

정답의 이유

① 자재소요계획은 최종제품 제조에 소요되는 원자재, 부품, 부분품 등과 같이 종속수요 품목의 재고관리를 위한 재고관리기법으로 입력 자료로 주일정계획(MPS), 자재명세서(BOM), 재고기록철(IRF)을 필요로 한다.

07
정답 ②

정답의 이유

② 다수표적시장에서는 그 시장에 맞는 마케팅 전략을 수립·개발·홍보할 수 있는 차별적 마케팅 전략을 구사한다.

08
정답 ②

정답의 이유

② 공정성이론은 조직구성원이 자신의 투입에 대한 결과의 비율을 동일한 직무 상황에 있는 준거인의 투입 대 결과의 비율과 비교해 자신의 행동을 결정하게 된다는 이론이다.

오답의 이유

① 기대이론은 구성원 개인의 모티베이션의 강도를 성과에 대한 기대와 성과의 유의성에 의해 설명하는 이론이다.

③ 욕구단계이론은 인간의 욕구는 위계적으로 조직되어 있으며 하위 단계의 욕구 충족이 상위 계층 욕구의 발현을 위한 조건이 된다는 이론이다.

④ 목표설정이론은 의식적인 목표나 의도가 동기의 기초이며 행동의 지표가 된다고 보는 이론이다.

09

정답의 이유

① 기업형 VMS(Corporate VMS)는 상품의 판매에 있어서 유통경로가 서로 다른 수준에 있는 구성원들(공급업자, 제조업자, 유통업자)을 통합해 하나의 기업조직을 이루는 형태이다.

더 알아두기

수직적 마케팅 시스템

수직적 마케팅 시스템(VMS; Vertical Marketing System)은 생산자로부터 소비자에게로 흐르는 과정의 수직적 유통단계를 전문적으로 관리하고 집중적으로 계획한 유통망이다. 경로를 하나의 경쟁단위로 인식하고 규모의 경제, 효율적인 시스템, 최대의 시장영향력 행사가 목표이다.

10

정답 ②

정답의 이유

② 할당 표본추출방법에 관한 설명으로 미리 정해진 비율만큼 표본을 추출하는 것이 핵심이다.

오답의 이유

① 할당 표본추출방법은 비확률 표본추출방법에 해당한다.
③ 층화 표본추출방법에 관한 설명이다.
④ 군집 표본추출방법에 관한 설명이다.

11

정답 ①

정답의 이유

① 제품수명주기의 단계별 특징 및 마케팅 전략에서 도입기(Introduction Stage)는 제품이 시장에 도입되면서 판매가 완만하게 증가하는 기간이다. 소비자의 제품인지도, 수용도를 높이기 위한 적극적인 광고, 홍보 및 판촉을 통해 제품 존재를 알리는 기간으로 기본수요(Primary Demand)의 자극단계이다. 제품개발비와 초기시설투자비, 판촉, 홍보비용으로 인해 이익은 거의 없다.

더 알아두기

제품수명주기(PLC; Product Life Cycle)

• 개념: 제품이 시장에 처음 도입되어 성장기, 성숙기를 거쳐 쇠퇴기를 통해 시장에서 사라지게 될 때까지의 기간을 말한다.

• 제품수명주기별 특징

  − 도입기: 제품을 개발하여 시장에 출시하는 단계로 인지도나 판매성장률이 낮고 판매량이 적으므로 제품의 기본 수요를 자극하는 전략이 필요한 시기이다.

  − 성장기: 제품이 시장에 정착하여 수요가 급격히 증가하고 기업의 매출액이 증가하는 단계이다. 이 시기에는 매출과 판매량이 빠르게 성장한다는 특징을 가진다.

  − 성숙기: 판매가 극에 달하고 경쟁 또한 최고에 도달한 시기로 후반으로 갈수록 이익은 감소하며, 경쟁에 밀려서 시장에서 사라지는 기업들이 등장한다.

  − 쇠퇴기: 시장에서 제품이 판매되지 않거나 점차 하락하는 단계를 말하며 이익과 판매량, 경쟁업체 수가 감소한다.

12

정답 ②

정답의 이유

• 총수익 = 판매량 × 판매가격
  = 5,000개 × 1,000
  = 5,000,000

• 총비용 = 고정비 + 변동비
  = 1,000,000 + (5,000개 × 500)
  = 3,500,000

• 영업이익 = 총수익 − 총비용
  = 5,000,000 − 3,500,000
  = 1,500,000

13

정답 ④

정답의 이유

매입채무를 x라 할 때, $\dfrac{200}{x+17} \times 100 = 400$, $x = 33$이므로 자본금은 $400 - 33 - 17 - 100 - 50 = 200$이다.

14

정답의 이유

① 제품 – 시장 매트릭스에서 기존 시장에 그대로 머물면서 기존 제품의 매출을 늘리고 시장점유율을 한층 높여가는 성장전략은 시장 침투 전략이다.

더 알아두기

신사업전략(앤소프의 시장확장그리드)

구분	기존 제품	신제품
기존 시장	시장 침투 전략	제품 개발 전략
신규 시장	시장 개발 전략	다각화 전략

- 시장 침투 전략: 시장 침투(Market Penetration) 전략은 기존 시장에서 기존 제품 및 서비스를 더 많이 판매해 성장을 도모하는 전략이다.
- 시장 개척 전략: 시장 개척(Market Development) 전략은 기존 판매 제품은 그대로 유지하면서 새로운 시장으로 진출하는 전략이다.
- 제품 개발 전략: 제품 개발(Product Development) 전략은 동일한 고객 또는 동일한 시장에서 새로운 제품 및 서비스를 판매하는 전략이다.
- 다각화 전략: 다각화(Diversification) 전략은 신제품을 새로운 시장에 판매하는 전략이다. 제품과 시장 모두 사전 지식과 경험이 없고, 이해도 부족한 상태이기 때문에 실패할 위험이 가장 크지만, 새로운 도전으로서 가장 크게 성장할 수도 있는 기회가 존재하는 전략이기도 하다.

15

정답의 이유

① 중기계획은 수요예측, 총괄생산계획, 대일정계획에 의한 개괄적인 설비능력계획 등을 포함한다.

16

오답의 이유

① 전략적 의사결정은 기업조직의 외부문제와 관련한 것으로, 기업 조직이 생산하고자 하는 제품의 믹스 및 제품을 판매하려는 시장의 선택에 대한 의사결정이다. 시장의 상황에 따라 어떤 제품을 어느 정도 생산할지, 어떠한 제품에 어느 정도의 자원을 투하할 것인지에 관한 기본적 의사결정이다.

③ 업무적 의사결정은 기업자원의 전환과정에 있어 효율을 최대로 하기 위한 의사결정으로 현 업무의 수익성을 최대로 하는 것을 목적으로 한다. 각각의 기능 부분 및 제품라인 등에 대한 자원의 분배, 업무의 일정계획화, 통제활동 등이 주요 내용이다.

④ 위험하에서의 의사결정은 어떤 결과가 발생할 가능성이 확률로 주어질 수 있는 상황하에서의 의사결정을 말한다.

17

정답의 이유

② OC(Organization Change)승진제도는 조직변화를 통한 승진 기회의 확대이다.

오답의 이유

③ 대용승진제도는 형식적 승진으로, 승진은 시켜야 하나 해당 직책이 없는 경우로, 보수나 지위는 상승하나, 직무 내용은 변화가 없다.

18

정답의 이유

④ 목표관리(MBO)란 목표를 설정할 때 종업원들을 참여하도록 하여 생산목표를 명확하고 체계적으로 설정·활용하여 공식 목표를 실체화하는 과정이다. 질보다 양을 추구하며 조직 내외의 상황이 안정적이어야만 한다.

19 정답 ①

정답 ①

정답의 이유

① 인사고과 방법 중 강제할당법(Forced Distribution Method)은 미리 정해놓은 비율에 따라 피고과자를 강제로 할당하는 방법이다. 피고과자의 수가 많을 때 타당성이 있다.

오답의 이유

② 서열법(Ranking Method)은 피고과자의 능력과 업적에 대하여 순위를 매기는 방법으로 동일한 직무에 대해서만 적용 가능하다.

③ 평정척도법(Rating Scale Method)은 피고과자가 실제 직무에서 행하는 행위의 관찰에 근거한 성과평가 방법이다.

④ 자기고과법(Self-rating)은 피고과자가 자신의 능력과 희망을 서술함으로써 고과하는 평가방법이다.

20 정답 ③

오답의 이유

① 모집활동과 관련이 있다.

② 보상활동과 관련이 있다.

④ 유지활동과 관련이 있다.

21 정답 ②

정답의 이유

② 소멸 가능성이 아니라 지속 가능성(신뢰성)을 지녀야 시장세분화가 유용해진다.

오답의 이유

① 측정 가능성이란 세분시장의 규모와 구매력을 측정할 수 있는 정도를 의미한다.

③ 충분한 규모의 시장성이란 세분시장의 규모가 수익을 내기에 충분한가를 나타낸다.

④ 접근 가능성이란 세분시장에 접근할 수 있고 그 시장에서 활동할 수 있는 정도를 의미한다.

22 정답 ②

정답의 이유

② 판매자 중심시장에서 구매자 중심시장으로 전환된 것이 관계마케팅의 등장배경이 되었다.

더 알아두기

관계마케팅

관계마케팅은 종전의 생산자 또는 소비자 중심의 한쪽 편중에서 벗어나 생산자(판매자)와 소비자(구매자)의 지속적인 관계를 통해 서로 원윈(Win-Win) 할 수 있도록 하는 관점의 마케팅 전략으로 기업과 고객 간 인간적인 관계에 중점을 두고 있다. 고객과 끊임없이 대화하면서 관계를 강화하고 원하는 제품을 정확히 파악해 고객 만족도를 높이는 대응전략이 관계마케팅의 핵심이다.

23 정답 ④

정답의 이유

④ 신제품 가격결정법에서 손실유도품(Loss Leader)은 기업 전체의 이익증대 목적으로 특정 품목의 가격을 낮게 설정해 이 제품과 관련이 있는 자사 타품목의 매출액 증가로 기업 전체의 이익을 늘리려는 가격정책이며 교차판매(Cross-Selling)가 가능한 제품계열을 가지고 있을 때에만 사용가능하다. 예를 들면 프린터는 싸게 잉크 카트리지는 비싸게 판매하는 전략이다.

24 정답 ②

정답의 이유

② 상동적 태도는 소속집단에 대한 고정관념을 기초로 해서 이루어지는 오류이다.

오답의 이유

① 현혹효과는 특정 부분에서 받은 지각으로 전반적인 인상을 평가하려는 오류를 말하는 것으로 후광효과라고도 한다.

③ 주관의 객관화는 자신의 감정이나 관점으로 상대방을 평가하려는 경향으로 투영효과(Projection)라고도 한다.

④ 중심화 경향은 평가 시에 매우 좋음과 매우 나쁨의 판단을 기피하여 중간으로 평가하는 경향을 말한다.

25

이 수식에서 고정비는 10,000,000원이고 단위당 판매가격은 10,000원이며 단위당 변동비가 5,000원이므로 변동비율은 0.5이다.

- 손익분기점의 매출액 $= \dfrac{\text{고정비}}{\text{공헌이익률}} = \dfrac{\text{고정비}}{1-\text{변동비율}}$

  $= \dfrac{10,000,000}{1-0.5} = 20,000,000$원

- 손익분기점 매출수량 $= \dfrac{\text{고정비}}{\text{단위당 공헌이익}}$

  $= \dfrac{\text{고정비}}{\text{단위당 판매가격}-\text{단위당 변동비}}$

  $= \dfrac{10,000,000}{10,000-5,000}$

  $= 2,000$개

더 알아두기

손익분기점 분석(BEP analysis ; Break-Even Point analysis)
손익분기점 분석은 손익분기점을 찾아내는 분석기법을 말하는데, 여기서 손익분기점이란 수익과 비용이 일치하여 이익이 0이 되는 판매량 또는 매출액을 의미한다.

60 | 군무원 합격 저격_경영학

좋은 책을 만드는 길 독자님과 함께하겠습니다.

도서나 동영상에 궁금한 점, 아쉬운 점, 만족스러운 점이
있으시다면 어떤 의견이라도 말씀해 주세요.
시대고시기획은 독자님의 의견을 모아 더 좋은 책으로 보답하겠습니다.

www.sidaegosi.com

2022 군무원 합격 저격_경영학

개정2판1쇄 발행	2022년 03월 10일 (인쇄 2022년 02월 15일)
초 판 발 행	2020년 06월 05일 (인쇄 2020년 04월 29일)
발 행 인	박영일
책 임 편 집	이해욱
저 자	SD 군무원시험연구소
편 집 진 행	강상희 · 이민정
표지디자인	김도연
편집디자인	박지은 · 장성복
발 행 처	(주)시대고시기획
출 판 등 록	제 10-1521호
주 소	서울시 마포구 큰우물로 75 [도화동 538 성지 B/D] 9F
전 화	1600-3600
팩 스	02-701-8823
홈 페 이 지	www.sidaegosi.com
I S B N	979-11-383-1886-0 (13350)
정 가	20,000원

합격저격
군무원

경영학
영역별 기출문제집

정답 및 해설